RONGZI DANBAO ZULIN BAOLI ANLI PINGXI

融资担保租赁保理
案例评析

丁　昆◎著

中国财经出版传媒集团

经济科学出版社
Economic Science Press

·北京·

图书在版编目（CIP）数据

融资担保租赁保理案例评析／丁昆著 . -- 北京：
经济科学出版社，2025.3. -- ISBN 978 - 7 - 5218 - 6744 - 2

Ⅰ . F832. 21

中国国家版本馆 CIP 数据核字第 2025S9S231 号

责任编辑：白留杰　凌　敏
责任校对：李　建
责任印制：张佳裕

融资担保租赁保理案例评析

RONGZI DANBAO ZULIN BAOLI ANLI PINGXI

丁　昆　著

经济科学出版社出版、发行　新华书店经销

社址：北京市海淀区阜成路甲 28 号　邮编：100142

教材分社电话：010 - 88191309　发行部电话：010 - 88191522

网址：www. esp. com. cn

电子邮箱：bailiujie518@ 126. com

天猫网店：经济科学出版社旗舰店

网址：http://jjkxcbs. tmall. com

北京季蜂印刷有限公司印装

710×1000　16 开　17.75 印张　280000 字

2025 年 3 月第 1 版　2025 年 3 月第 1 印刷

ISBN 978 - 7 - 5218 - 6744 - 2　定价：76.00 元

（图书出现印装问题，本社负责调换。电话：010 - 88191545）

（版权所有　侵权必究　打击盗版　举报热线：010 - 88191661

QQ：2242791300　营销中心电话：010 - 88191537

电子邮箱：dbts@ esp. com. cn）

内容简介

    本书从融资担保、融资租赁、融资保理以及相关金融诈骗等几个方面，按照案例介绍、案例分析、案例启示、关联法规相结合的方法，通过61个实际案例，归纳案例焦点，揭示风险隐患，提出实务经验，梳理了在实践工作中需要注意的风险事项。本书坚持"问题导向"，紧紧围绕《中华人民共和国民法典》等法律、法规、部门规章，力求向读者阐释担保、租赁、保理业务工作的具体环节、容易出现的问题，以及相关法律的内涵，分析了案例的经验教训及给我们的警示。

    "法律的生命不在于逻辑，而在于经验"，本书以案释法，以法析案，具有较强的可读性和参考借鉴价值。本书适合于从事融资担保、融资租赁、融资保理、法律服务、风控管理及监督等相关人员阅读参考。

序　言

2024 年 7 月党的二十届三中全会指出，当前和今后一个时期是以中国式现代化全面推进强国建设、民族复兴伟业的关键时期。中国式现代化包括政治、经济、科技、文化、金融等全面的现代化，在金融业的现代化中融资担保、融资租赁、商业保理是一个重要的组成部分。

随着我国社会经济的快速发展，融资担保、融资租赁、融资保理也快速发展。从融资担保业来看，据不完全统计，截至 2022 年末，全国共有融资担保法人机构 4367 家，直接融资担保在保余额为 48164 亿元，建立了覆盖全国各级的政府性融资担保体系和"4321"新型政银担风险分担机制。截至 2022 年末，全国政府性融资担保机构数量达 1465 家，较 2021 年末增加 37 家；政府性融资担保放大倍数为 3.28 倍，较 2021 年增加 0.68 倍。截至 2022 年末，政府性融资担保机构直保余额达 19905 亿元，同比增长 32.5%；其中，小微企业融资担保直保余额达 13691 亿元，同比增长 45.4%[①]。但与国际平均水平相比，我国融资担保行业发展还有较大提升空间，我们应该清醒地认识到，我国融资担保业总体上与世界发达国家相比，还有差距。2022 年全国政府性融资担保公司融资担保放大倍数为 3.28 倍，与国际发达国家 20 余倍放大倍数的平均水平相比，提升的空间非常大。差距就是潜力，差距就是空间，说明我国融资担保业的发展前景十分广阔，在中国式现代化的建设中大有可为。

融资担保、融资租赁、融资保理是非银行服务业的一个重要组成部分，是社会经济发展中的重要一环，是降低企业经营社会交易成本，提高经济效率效益的重要金融工具。现代银行实力雄厚，资金来源稳定，利率较低，是

---

① 中国普惠金融指标分析报告（2022 年）[R]. 中国新闻金融网，https：//www. financialnews. com. cn/jg/zc/202312/t20231205_283529. html.

企业经营融资的一个主要渠道。但是，银行融资贷款的门槛高，对企业的资质、信誉、成长性要求较高，融资贷款需要足额的抵押物，这样许多中小企业，特别是一些创新型的企业，没有相应的抵押物，难以在银行获得贷款。而融资担保、融资租赁、商业保理机构为中小企业融资服务具有许多优势。如选择客户的成本比较低，可以发挥其细致管理、个性化服务、多形式的抵押措施，有效提升为中小企业融资的成功率；可以通过优化贷中管理流程，形成对于小额贷后管理的个性化服务，分担银行的管理成本；可以有效解决银行处置难的问题，以灵活的处理手段进行风险化解；可以为不同企业设计专用的融资方案模式，大大节省企业主的时间与精力，能够满足企业主急用资金的需求。

传统经济发展模式，过分依赖于银行金融，对非银行的金融产品、金融工具重视不够，制约了经济发展的空间，限制了经济多元化发展渠道，增加了经济运营的成本。在社会经济的发展过程中，除了银行金融的支撑外，客观上需要融资担保、融资租赁、商业保理等非银行金融业的服务支持，两者缺一不可，互相支持，互为补充，才能形成良好的金融服务生态环境。产业金融、科技金融、互联网金融、贸易金融、农业金融、消费金融、中小微企业金融等客观上都需要融资担保业提供及时、细致、便捷、可行的不可替代的金融服务。这些方方面面的金融服务，是社会经济发展不可或缺的经济条件，是小微企业生存发展的基础条件。金融服务环境好，经济发展就蓬勃兴旺；否则，就会举步维艰。

我国改革开放以来，融资担保、融资租赁、融资保理虽然有了快速的发展，但随着社会主义市场经济的发展，与国际经济贸易的交流日益扩大，各类经济主体持续活跃，中国式现代化不断推进，金融业的改革开放不断深入，融资担保、融资租赁、融资保理业发展面临着新的形势、新的挑战，加快发展迫在眉睫，深化改革任重道远。目前，融资担保、融资租赁、融资保理业的发展还存在一些问题，如：法律法规还需要进一步完善，一些问题经常发生，缺乏法律法规的约束；信用平台还需要进一步加强，信用查询渠道有限；科技水平还需要进一步提高，大数据、区块链、AI 技术的运用急需推广；监督管理还需要进一步强化，行政、智能、市场、社会监督管理需要有机结合起来；行业人员业务素质还需要进一步提升，加强培训、完善考核、健全机制，是融资担保、融资租赁、融资保理业的基础性工程。

　　丁昆同志长期从事金融工作，具有深厚的金融理论功底和丰富的金融工作经验，运用中国裁判网关于融资担保、融资租赁、融资保理等方面的案例分析，根据融资担保业运行的实际情况，结合实际工作中的经验教训，探讨分析了一些疑难问题，进行法律法规和行业操作规范的分析，归纳国内外防范金融风险的措施，力求从体制、机制、法律、法规、程序、标准、融资担保、融资租赁、商业保理的全过程来探讨防止金融风险、完善金融生态环境问题，对于实际工作者具有较好的借鉴和参考作用。

　　防范融资担保、融资租赁、融资保理业风险是一个长期的过程，此书是一个有益的探讨，希望能够引起理论工作者和实践工作者的重视，共同研究防范风险问题，为打造融资担保、融资租赁、融资保理业美好的明天贡献力量。

武汉大学经济管理学院教授、博士生导师

2025 年 2 月 20 日

目 录

融资租赁类风险案例评析 …………………………………… 133

融资保理类风险案例评析 …………………………………… 181

融资担保类风险案例评析

融资担保行业是社会主义市场经济发展的客观需要,对于鼓励创新,扶持新兴朝阳型、科技创新型经济的发展;缓解中小企业融资难、促进中小企业和地方经济发展,发挥着越来越重要的作用,具有良好的社会效益。融资性担保行业在中国经济发展中的作用越来越重要,已成为中国金融体系的一个重要补充,是政府弥补传统金融"市场失灵"的手段之一,在社会主义市场经济发展中有其特殊的社会职能和作用。

融资担保行业也是一个风险较高的领域,涉及多种风险,如操作风险、合规风险、信用风险、道德风险、协作风险、法规政策风险等,稍有不慎就会形成坏账。为此,必须居安思危、警钟长鸣。

一、操作风险

操作风险是指在融资担保过程中,由于内部管理、操作流程、人员素质等因素导致的风险。这种风险通常与担保机构的内部运营和管理水平密切相关。

风险点主要表现为:

内部管理制度不完善,可能导致内部操作失误、管理不善,从而给担保机构带来风险。

操作流程不规范,可能导致操作失误、流程混乱,进而产生风险。

担保人员素质不高,可能导致业务操作失误、法律意识淡薄,从而引发风险。

案例1~案例8就是解析由于错过追索期、抵押合同与不动产登记不一致、未办理不动产抵押登记、尽职调查不够、抵债股权变更手续不严谨、独立担保函把关不严等操作流程不严格，造成融资担保的风险。案例9通过行使不安抗辩权说明规范操作的重要性、必要性。

二、合规风险

合规风险是指担保机构因违反法律法规、监管要求或行业规范而面临的风险。这种风险通常与担保机构的业务操作、内部管理、信息披露等方面有关。

风险点主要表现为：

担保机构可能因业务操作不规范、内部管理不善等原因违反法律法规或监管要求，进而面临处罚或法律诉讼。

担保机构可能因信息披露不充分、不准确等原因损害投资者利益，进而引发法律纠纷和声誉风险。

案例10～案例15就是解析由于担保公司经营范围违规、政府担保违规、法定代表人越权违规、借新还旧担保违规、登记部门违规、反担保设备违规出租造成风险的情况，说明把握合规运行的重要性。

三、信用风险

信用风险是指由于借款人或担保人的信用状况发生变化，导致其不能按照约定履行还款义务，从而给担保机构带来损失的风险。这种风险通常发生在借款人财务状况恶化，甚至破产清算、出现逾期或违约行为时。

风险点主要表现为：

融资人信用评级降低，如融资人出现逾期、拖欠、违约等行为，可能导致其信用评级降低，进而影响其还款能力。

融资人出现破产、重组、清算等现象，导致其不能履行还款义务。

案例16～案例21就是解析由于汇票质押担保失信、仓单质押失控、提单质押失控、债务人不愿意承担代偿金、债务人超额负债、在建工程反担保抵押纠纷等信用问题造成的融资担保公司诉讼的情况，说明考察被担保人信用状况是融资担保公司经营业务的一项基本功。

四、道德风险

道德风险是指在信息不对称条件下，交易一方或多方在最大化自身效用的同时，做出不利于他人行动的现象。在融资担保行业中，道德风险可能来自借款人、担保人或其他相关方。

风险点主要表现为：

借款人为了获取贷款，可能故意隐瞒不利信息或夸大有利信息，导致担保机构误判风险。

担保机构为了获取业务或利益，可能放松审查标准，甚至与借款人串通作弊。

案例22～案例24就是解析由于《保证承诺函》不是当事人签字而无效、银行贷款既抵押资产又质押担保融资、名义股东擅自处置实际出资人股权等道德偏差造成融资担保公司诉讼的情况，说明防止道德风险要慎之又慎。

五、协作风险

协作风险是指担保机构与银行、借款人等合作伙伴之间因合作而产生的风险。这种风险通常与合作伙伴的信用状况、合作条件、市场环境等因素有关。

风险点主要表现为：

银行等金融机构可能因担保机构风险兜底的存在而降低客户准入门槛，放松审查标准，导致后续贷款监管、还款催收等方面的积极性下降。

借款人可能因市场环境变化、财务状况恶化等原因无法按时还款，导致担保机构承担连带保证责任。担保人与被担保人、共同担保人在法律经济责任上的纠纷。

案例25～案例27就是解析担保人如何追究被担保人、共同担保人的责任，理清相互的法律经济关系。

六、法规政策风险

法规政策风险是指由于法律法规、监管政策或政府政策的变化，或者对于法规政策把握不准，而给担保机构带来的风险。

风险点主要表现为：

法律法规的变化可能导致融资担保业务的合法性受到影响，进而引发风险。监管政策的变化可能导致担保机构的业务模式、运营策略等需要调整，以适应新的监管要求。

案例 28 ~ 案例 30 就是解析由于关于建设用地抵押的政策性变化、正确把握行使别除权的法规、合法运用以新还旧贷款担保无效法规的情况，说明把握好政策法规对于担保业务安全的重要意义。

综上所述，融资担保行业面临着多种风险挑战。为了降低这些风险，担保机构需要加强风险管理意识，提高业务操作规范性，完善内部控制体系，并密切关注政策变化和市场动态。同时，与借款人、银行和其他合作伙伴的合作也需要谨慎进行，以降低协作风险的发生。

案例 1

错过追索期，反担保人免责

【案例介绍】①

2014 年 9 月 26 日，L 康公司、被告程某、被告姚某共同向原告某市 Z 兴投资担保公司出具一份《反担保承诺书》，约定：2014 年 9 月 18 日为某市 Z 兴投资担保有限公司向 D 堡利印务有限公司（借款人）向某银行市分行（贷款人）申请 800 万元贷款担保提供反担保，反担保金额以贷款人最终审批并发放的贷款金额为准；反担保方式约定为连带责任保证反担保；反担保有效期间为贷款到期之后两年内。

2014 年 10 月 21 日，Z 兴投资担保公司（甲方、担保人）与 D 堡利印务有限公司（乙方、借款人）签订了一份《贷款担保合同书》。

Z 兴投资担保公司（甲方、担保人）与 D 堡利印务有限公司（乙方、借款人）、L 康公司（丙方、反担保人）于 2014 年 10 月 21 日签订了《贷款反担保合同》。反担保期间为贷款发放之日至贷款到期次日起两年，其间若乙方经营状况发生重大变化由甲方提前履行代偿责任的，甲方有权要求丙方提前履行代偿责任。丙方在其保证范围内承担连带保证责任。

借款借据显示：2014 年 10 月 24 日，某银行市分行向 D 堡利印务有限公司发放借款金额 800 万元，约定借款期限为 2014 年 10 月 24 日 ~ 2015 年 10 月 23 日，期数 12 月，年利率 8.19%。贷款到期后，D 堡利公司由于经营困

---

① 中国裁判文书网（2020）鄂 13 民终 1094 号.

难并没有按时偿还该贷款。2018 年 9 月 26 日，Z 兴投资担保公司向某银行市分行偿还了贷款本金 200 万元。随后，Z 兴投资担保公司对于反担保人 L 康公司、程某、姚某提出诉讼。

法院在庭审中认为，L 康公司、程某、被告姚某向 Z 兴投资担保公司出具 2014 年 9 月 26 日的《反担保承诺书》和 2014 年 10 月 21 日三方签订的《贷款反担保合同》均约定：反担保期间为贷款到期之次日起两年。而借款借据上约定的借款期限为 2014 年 10 月 24 日～2015 年 10 月 23 日，即原告应当在 2017 年 10 月 25 日以前要求被告 L 康公司、程某、姚某承担保证责任。原告向法庭提供两份国内标准快递复印件，但并未提供快递的内容及被告 L 康公司、程某、姚某已收到此快递的证据，原告应承担举证不能的不利后果。原告于 2018 年 11 月 1 日诉至一审法院，已超过了合同约定的保证期间，免除保证人 L 康公司、程某、姚某的保证责任。

【案例分析】

1. 这是一起典型的错过追索期，反担保人免责的案例。2014 年 9 月 26 日，L 康公司、程某、被告姚某向 Z 兴投资担保公司出具的《反担保承诺书》和 2014 年 10 月 21 日三方签订的《贷款反担保合同》均约定：反担保期间为贷款到期之次日起两年。而借款借据上约定的借款期限为 2014 年 10 月 24 日～2015 年 10 月 23 日，即原告应当在 2017 年 10 月 25 日以前要求被告 L 康公司、程某、姚某承担保证责任，原告于 2018 年 11 月 1 日诉至一审法院，已超过了合同约定的保证期间，显然原告错过了法定的追索期。

2. 担保人必须明确向反担保人追偿的时间节点。现在很多经济案件中，主要是债务人失信违约无法偿还，需要担保人进行相应的偿还，从而引起的各种经济纠纷。担保人要注意把握向反担保人追偿的时间节点。担保人向债权人履行了担保义务后，应该及时向债务人追偿，也可同时要求反担保人代债务人偿还担保人已承担的担保责任，从时间节点上讲，可以马上依法诉讼，要求反担保人承担反担保责任并进行追偿。通常反担保合同中约定反担保的时效，只有在时效内追偿，才有法律保障，超过约定时间，就错过了法定的追索期。合同没有约定时效的，按照法律规定，应该在半年内进行追索；否则，不受法律保护。

【案例启示】

本案是担保人承担了担保责任后，对于反担保人的担保追偿权诉讼错过了时效，使担保公司的利益受到了损失。为此，担保公司应该重视对反担保人追偿权诉讼时效问题。

1. 准确理解担保追偿权的定义。担保追偿权是指担保人向债务人及其他反担保人追偿的权利，这种权利产生的前提是担保人为债务人向债权人履行债务或者承担责任之后才能够拥有。在债务人的破产案件中要特别注意行使担保追偿权，如果债权人没有申报债权，依照法律规定，保证人可以预先行使担保人的追偿权，参加破产财产的分配。

2. 担保人在行使追偿权时还应当注意诉讼时效的限制。根据《中华人民共和国民法典》的规定，债权人与保证人没有约定或者约定保证时间不明确的，保证期间为主债务履行期限届满之日起六个月，六个月是一个非常重要的时间节点。

3. 担保公司的代偿项目如何进行追偿？

担保公司一旦产生了代偿项目，必须迅速制订追偿方案，在具体追偿方式的选择上，可以考虑从以下方式中组合：

（1）担保公司应当迅速调查了解被担保人和反担保人的经济状况，与被担保人和反担保人制订还款计划，协商制订具体的还款措施，并监督其严格执行。

（2）如有可能促使被担保人和反担保人增加抵押物价值，核查抵押物的现实情况，加强对抵押物的控制和监控能力。

（3）调查了解被担保人和反担保人与其关联企业经济实力较强的经济往来情况，可以采取债务转移、"债权转股权"的方式来化解债务，以保障公司的利益。

（4）及时行使抵押权。担保公司与抵押人协商，或者通过法律诉讼对抵押物进行折价或者以拍卖、变卖所得的价款受偿。

（5）适时启动向反担保人追索的法律程序，向反担保人主张反担保债权，并送达书面通知，视情况启动诉讼程序。要特别注意债务人是否有主观逃废债务的意向；债务人的债务情况或有多少逾期债务行为；其他债权人是否启动诉讼程序；可执行资产的情况等。

【关联法规】

《中华人民共和国民法典》第六百九十二条①第 2 款规定，【保证期间】债权人与保证人可以约定保证期间，但是约定的保证期间早于主债务履行期限或者与主债务履行期限同时届满的，视为没有约定；没有约定或者约定不明确的，保证期间为主债务履行期限届满之日起六个月。

第六百九十四条【保证债务诉讼时效】一般保证的债权人在保证期间届满前对债务人提起诉讼或者申请仲裁的，从保证人拒绝承担保证责任的权利消灭之日起，开始计算保证债务的诉讼时效。

连带责任保证的债权人在保证期间届满前请求保证人承担保证责任的，从债权人请求保证人承担保证责任之日起，开始计算保证债务的诉讼时效。

---

① 《中华人民共和国民法典》，国家法律法规数据库，https：//flk. npc. gov. cn/detail2. html？ZmY4MDgwODE3MjlkMWVmZTAxNzI5ZDUwYjVjNTAwYmY%3D.

案例 2

抵押合同与不动产登记不一致

【案例介绍】①

2016 年 1 月 6 日，A 公司（借款人）与 Z 通公司（委托人）、J 银行（受托人）三方签署《J 银行股份有限公司一般委托贷款合同》，合同约定 A 公司向 Z 通公司贷款 300 万元，Z 通公司委托 J 银行向其发放贷款。同日，A 公司与 Z 信公司签订《委托担保合同》，合同约定 Z 信公司为 A 公司向 Z 通公司提供贷款 300 万元进行担保。同时 A 公司相关四人与 Z 信公司签订《房地产反担保抵押合同》，反担保期间为从乙方承担担保责任代 A 公司偿付债务之日起计算。Z 信公司与 Z 通公司、J 银行、A 公司签订《委托贷款保证合同》，Z 信公司为 A 公司的借款提供最高额度的连带责任保证，保证范围包括到期的本金及利息、违约金、赔偿金、实现债权的律师费、诉讼费及其他相关费用等。合同到期后 A 公司未归还贷款，Z 信公司依法代为偿还，并依《房地产反担保抵押合同》依法对 A 公司相关四人提出诉讼追偿。

本案中，反担保的房地产他项权利证书中未设置"担保范围"栏目，仅设置有"债权数额"，而《房地产反担保抵押合同》担保范围包括代偿本金和利息，以及因代偿造成的经济损失等附属债权。由此可见，房地产抵押的债权数额在登记机关登记与合同约定的数额出现不一致情况。登记机关登记的是以合同第二条约定的抵押物抵押担保债务的具体数额，合同约定最高额

---

① 中国裁判文书网（2023）新 40 民终 340 号.

度的连带责任保证，担保范围是本金及利息、违约金、赔偿金、实现债权的律师费、诉讼费及其他相关费用等，两者有较大差异。一审法院认为应该以登记机关登记的债权数额作为抵押担保的范围；Z信公司不服一审判决，上诉至二审，二审法院判定以合同约定的担保范围为准，不应以抵押登记的债权数额作为确认抵押担保范围的依据。

【案例分析】

本案的关键是房产抵押的债权数额与合同约定的担保范围数额不一致，从而影响追偿反担保的数额。实践中，基于各类原因会出现抵押登记载明的担保范围（担保额）小于抵押合同约定的担保范围，出现不一致的情形，此时债权人的优先权范围往往成为争议的焦点。司法实践中以登记记载的内容为准的判决或以合同约定的担保范围为准的判决都有，本案中一审以登记记载的内容为准的判决，二审以合同约定的担保范围为准，都有一定的法律依据。

1. 以合同约定的担保范围为准。抵押人并非公示对象，以合同约定担保范围为准。不依照登记金额确认担保范围，主要理由如下：

首先，根据《民法典》第三百八十九条①担保物权的担保范围包括主债权及其利息、违约金、损害赔偿金、保管担保财产和实现担保物权的费用。当事人另有约定的，按照其约定，《抵押合同》明确约定了担保范围，系双方当事人真实意思表示，属有效合同，也符合法律规定。

其次，"债权数额"与"担保范围"从法律角度上讲是两个概念，在他项权利证书中是登记的两项内容，不能将他项权利证书中记载的"债权数额"理解为"担保范围"的记载，不能将二者统一为一个概念。

最后，抵押人不属于不动产物权公示制度的保护对象，不动产登记制度设立的目的在于保护以该不动产为交易客体的第三人的合理信赖利益和交易安全。从合同诚信原则的考虑，抵押人应当认可《抵押合同》对债权数额的约定，案涉他项权利证书中载明的债权数额只是合同的附件。

---

① 《中华人民共和国民法典》，国家法律法规数据库，https：//flk. npc. gov. cn/detail2. html?ZmY4MDgwODE3MjlkMWVmZTAxNzI5ZDUwYjNjNTAwYmY%3D.

2. 在司法实践中有以抵押登记金额为准的判决案例。主要理由有两个：

一是《最高人民法院关于适用〈中华人民共和国民法典〉有关担保制度的解释》①（以下简称《担保制度司法解释》）第四十七条规定，不动产登记簿记载的内容与抵押合同约定的范围不一致的，应以登记簿为准（2021年1月1日至今）。

二是根据登记的目的进行分析。设立登记制度就是强化抵押人的责任和义务，防止重复抵押，对社会有公示作用，公众基于对他项权证记载内容的信赖，如果抵押权人要求在抵押登记证明记载的债权金额以外的、不为第三人所能知晓的金额享有优先受偿权，则有失登记制度的严肃性，违背了登记制度设立的初衷。

总之，在司法实践中两种判决案例都存在，为了解决裁判尺度不统一的问题，司法界似倾向于以登记作为公示方式的以合同约定的担保范围为准，一般的担保应当以登记的范围为准。

因此，金融和担保公司在办理不动产抵押登记时，需严格审查抵押登记的金额与抵押合同约定的金额是否一致，并要求同步备案抵押合同。这类不一致现象既有赖于登记机关系统的不断完善，也需要抵押权人为了自己的利益负担更多审慎核查的义务。

【案例启示】

1. 实践中建议债权人就抵押担保以下事项予以关注。

（1）抵押权人应对当地不动产登记系统设置充分调查并了解登记规则。建议抵押权人充分调查抵押物所在地区登记系统设置及登记规则，包括不动产登记主管部门是否对不动产登记簿的内容进行了调整、是否对"被担保主债权数额"栏目的填写有特别要求和特别解释、是否有专设的"抵押担保范围"栏目等，从而判断当地担保物权登记习惯。

（2）为了维护抵押权人利益，防止抵押担保范围和数额的纠纷，可以考虑在抵押合同中约定排除抵押登记限制的有关内容。

---

① 最高人民法院关于适用《中华人民共和国民法典》有关担保制度的解释，https：//flk. npc. gov. cn/detail2. html?ZmY4MDgwODE3N2U3NTdhYzAxNzgwMDc3ZDIyOTFiNzc%3D.

一是合同约定抵押财产价值由双方一致确认的有资质评估机构的评估为准，对于抵押登记金额不构成抵押权人行使抵押权的任何限制，不表明抵押财产的最终价值，抵押财产最终价值以抵押权人最终依法处分抵押财产所得价款为准。

二是若登记机关要求填写抵押金额，经双方同意本次抵押担保本金金额登记为人民币××元。经双方同意并确认，本款仅为办理抵押登记所用，不得视为对抵押权人依法实现抵押权的任何限制。

2. 如何规范填写抵押登记中的担保主债权数额。

担保合同或反担保合同通常是以最高额抵押担保的概念来约定的，除主债权外，还包括今后的利息、罚息、律师费用等，抵押登记常常以主债权为准，为此，两者的差别比较大。关于如何填写一般抵押登记和最高额抵押登记问题，国土资源部《不动产登记簿使用和填写说明》中有比较详细的规定，建议直接按照抵押合同中明确的最高债权数抵押登记。这样登记可以有效地防止今后认识上的纠纷。

【关联法规】

1. 《中华人民共和国民法典》第三百八十九条①规定，【担保物权的担保范围】担保物权的担保范围包括主债权及其利息、违约金、损害赔偿金、保管担保财产和实现担保物权的费用。当事人另有约定的，按照其约定。

2. 《最高人民法院关于适用〈中华人民共和国民法典〉有关担保制度的解释》② 第四十七条规定，不动产登记簿就抵押财产、被担保的债权范围等所作的记载与抵押合同约定不一致的，人民法院应当根据登记簿的记载确定抵押财产、优先受偿的范围等事项。

---

① 《中华人民共和国民法典》，国家法律法规数据库，https：//flk. npc. gov. cn/detail2. html? ZmY4MDgwODE3MjlkMWVmZTAxNzI5ZDUwYjVjjNTAwYmY％3D.

② 最高人民法院关于适用《中华人民共和国民法典》有关担保制度的解释，https：//flk. npc. gov. cn/detail2. html?ZmY4MDgwODE3N2U3NTdhYzAxNzgwMDc3ZDIyOTFiNzc％3D.

案例 3

未办理不动产抵押登记

【案例介绍】①

2016 年 11 月 29 日被告 S 公司与原告 L 银行签订《流动资金借款合同》，S 公司为产业化龙头企业粮食购销流动资金向银行贷款人民币 10100 万元，借款期限 12 个月，自 2016 年 11 月 29 日~2017 年 11 月 28 日，年利率 4.35%；逾期借款的罚息加收 50%。2016 年 11 月 29 日，L 银行支付了借款 10100 万元。被告 K 担保公司、Y 担保公司、X 园公司、牛某与 L 银行签订的《保证合同》或《自然人保证合同》，均明确约定了保证方式为连带责任保证和保证范围，保证期间为主合同约定的债务履行期限届满之次日起两年。借款到期，被告并未按照合同约定还本付息，构成违约。故 L 银行主张 S 公司偿还借款本息的诉讼请求，法院审理予以支持。

法院认为，L 银行诉请 K 担保公司、Y 担保公司、X 园公司、牛某对 S 公司案涉债务在各自合同约定的限额内承担连带保证责任具有事实和法律依据，依法予以支持。

关于抵押担保问题。被告 S 公司与 L 银行签订的《抵押合同》约定，将国用（2013）第 16875 号土地使用权抵押给原告，用于担保 S 公司案涉借款，这是 S 公司真实意思的表示，不存在任何违反法律的规定，是合法有效合同。但合同签订后双方未对抵押物办理不动产抵押登记，原告提交的（2015）第

---

① 中国裁判文书网（2019）豫 14 民初 118 号.

12号他项权利证书系用于担保2015年被告S公司在原告处另一笔借款，并非对本案案涉借款进行的不动产抵押登记，且2015年的借款已经偿还。本案借款双方虽签订抵押合同，但未办理不动产抵押登记，原告对国用（2013）第16875号土地使用权不享有抵押权。因此，L银行诉请对S公司抵押的不动产享有优先受偿权，并就拍卖、变卖所得优先受偿，法院审理不予支持。

【案例分析】

1. 本案的核心是不动产抵押未登记，所以L银行对S公司抵押的不动产不享有优先受偿权，且对拍卖、变卖所得也没有优先受偿权。

本案中，地产抵押合同是主债权债务合同的从合同，地产抵押直接关系到贷款合同能否成立，抵押人就是债务人本身，抵押权人是债权人。如果债务人无法履行债务时，抵押权人有权对于抵押地产依法进行拍卖并优先受偿。然而，地产抵押合同要具有法律效力，必须与登记结合，地产抵押应当到有关主管部门办理抵押登记，抵押权才能成立。

2. 未办理不动产抵押登记无法得到应有的法律保护。地产抵押仅有合同是不够的，必须以登记为必要条件，地产抵押合同的生效只是从债权法上讲有法律效力，但是如果不进行登记公示，就不一定能够发生物权上的效果。公示登记不仅是法定的程序，也是防止地产重复抵押的有效措施。有效，才能有效防止重复抵押现象，但未办理登记并不影响抵押合同的效力。

【案例启示】

本案充分说明了土地抵押虽然有合同，但未办理不动产抵押登记，就会面临被其他法律案件执行或者面临重复抵押的风险。金融和担保公司如果发现土地抵押未能办理登记公示手续，可以采取以下救济措施。

1. 本案说明不动产抵押合同生效后未办理抵押登记，会产生的法律后果。在实践中如果发现未办理抵押登记的情况，通常按以下情形处理：

（1）迅速到相关行业部门补办不动产抵押登记手续。如果抵押人不愿意办理，说明抵押的不动产可能存在瑕疵，应当尽快依法进行诉讼，人民法院会予以支持。

（2）如果抵押权人发现抵押人已经为其他债权人办理了同一抵押物的登记，或者已经将抵押物转让给其他人等各种原因，不能办理抵押登记的，抵押人承担全部责任。抵押人要尽快给抵押权人商议解决办法，抵押权人可以依法进行诉讼，依法请求抵押人承担责任。

（3）如果抵押财产非抵押人自身的原因，如自然灾害、事故造成抵押财产灭失或者被政府征收等原因导致无法办理抵押登记的，此时，从法律上规定抵押人在约定的担保范围内可以不继续承担相应责任。但是如果抵押人由于以上情况获得保险金、赔偿金或者补偿金等，债权人可以依法要求抵押人承担所获资金相应的赔偿责任。

（4）如果抵押人是其他人员，不是债务人和连带保证人，根据法律规定债权人可以要求抵押人在约定的担保范围内承担责任。

2. 抵押物未办理抵押登记，虽然得不到相应的法律保护，但不影响合同效力。抵押合同签订后如果未办理抵押登记手续，抵押合同有效，但抵押权物权上的效力尚未确立。在未办理抵押物登记的情况下，如果合同约定第三方抵押人需要承担连带责任的，按照合同追偿；如合同未约定第三方抵押人需要承担连带责任的，第三方抵押人只在债务人不能清偿债务时再承担担保的补充责任。有司法案例按照未办理抵押登记的过错来认定抵押人承担 1/2 责任。

3. 银行和担保公司要把握好抵押人的先诉抗辩权问题。由于不动产抵押未登记，抵押权尚未设立，此时抵押人就不能承担抵押人的责任，只承担违约赔偿责任，只有在债务人财产依法强制执行后仍不能履行债务时，才由抵押人承担责任。所以，抵押人享有先诉抗辩权。因此，如果抵押合同未约定抵押人承担连带责任的，建议在发生纠纷时，债权人可对债务人及抵押人一并提起诉讼，并对抵押人财产申请保全，能够最大限度保障债权人利益。

【关联法规】

1.《中华人民共和国民法典》第四百零三条①规定，【动产抵押的效力】

---

① 《中华人民共和国民法典》，国家法律法规数据库，https://flk.npc.gov.cn/detail2.html? ZmY4MDgwODE3MjlkMWVmZTAxNzI5ZDUwYjVjNTAwYmY%3D.

以动产抵押的，抵押权自抵押合同生效时设立；未经登记，不得对抗善意第三人。

2. 《关于适用〈中华人民共和国民法典〉有关担保制度的解释》第四十六条：不动产抵押合同生效后未办理抵押登记手续，债权人请求抵押人办理抵押登记手续的，人民法院应予支持。

抵押财产因不可归责于抵押人自身的原因灭失或者被征收等导致不能办理抵押登记，债权人请求抵押人在约定的担保范围内承担责任的，人民法院不予支持；但是抵押人已经获得保险金、赔偿金或者补偿金等，债权人请求抵押人在其所获金额范围内承担赔偿责任的，人民法院依法予以支持。

因抵押人转让抵押财产或者其他可归责于抵押人自身的原因导致不能办理抵押登记，债权人请求抵押人在约定的担保范围内承担责任的，人民法院依法予以支持，但是不得超过抵押权能够设立时抵押人应当承担的责任范围。

案例 4

建筑工程款优先担保债权受偿

【案例介绍】①

2018 年 1 月 16 日，G 建筑公司承建 L 澳公司工程竣工后，L 澳公司已于 2016 年 9 月 12 日将相应房产及土地抵押给 X 担保公司，办理了涉案不动产权证书，贷款为 1000 万元。

2019 年 1 月 29 日，L 澳公司申请破产重整，一审法院依法受理并指定 A 律师事务所为管理人。2019 年 3 月 25 日，G 建筑公司向 L 澳公司管理人申报工程款债权本金、利息共计 947.89 万元，并主张建筑工程款优先权。2019 年 4 月 18 日，X 担保公司根据抵押合同向 L 澳公司破产管理人申报债权，享有抵押权优先债权 1668.062 万元。

2019 年 12 月，L 澳公司破产管理人在拟定重整计划草案时，根据债权优先顺序将 X 担保公司享有的抵押权优先债权 1249.09 万元转入普通债权。2019 年 12 月 16 日，X 担保公司向 L 澳公司管理人发出《关于认定山东 G 建筑公司建设工程价款优先权的异议函》，主张 G 建筑公司不享有建设工程价款优先权。2019 年 12 月 18 日，L 澳公司破产管理人对 X 担保公司的异议函作出了答复，认为 X 担保公司对 G 建筑公司具有建设工程价款优先权提出的异议不能成立。2019 年 12 月 20 日，X 担保公司诉至一审法院。一审法院判决对 X 担保公司请求确认 G 建筑公司在 L 澳公司破产案件中不享有建筑工程

---

① 中国裁判文书网，（2021）鲁 13 民终 5014 号.

款优先受偿权的主张不予支持。

X 担保公司上诉至中级人民法院，请求确认 G 建筑公司在 L 澳公司破产案件中不享有建筑工程款优先受偿权。二审法院认为，本案系普通破产债权确认纠纷，为了保证破产程序能够富有效率地进行，对破产债权的确认应当在一个合理的时间内完成。破产受理后，于 2019 年 5 月 6 日、9 月 27 日先后召开了第一次、第二次债权人会议，管理人在会上作了《提请债权人会议债权核查报告》《提请债权人会议补充核查债权报告》，管理人经审核确认：G 建筑公司建筑工程债权金额为 947.89 万元，并享有优先权；X 担保公司有财产担保债权金额为 1249.09 万元。第二次债权人会议召开 81 天之后，X 担保公司于 2019 年 12 月 20 日才提起诉讼，未按法定要求在债权人会议核查结束后十五日内提起诉讼，明显错过了诉讼期。为此，二审法院认为，对于上诉人 X 担保公司关于 G 建筑公司在 L 澳公司破产案件中不享有建筑工程款优先受偿权的上诉理由，不予审查。

【案例分析】

1. 本案的核心是 X 担保公司担保债权是特殊债权还是普通债权的问题。主要原因是本案中 G 建筑公司在 L 澳公司破产案件中享有建筑工程款优先受偿权，X 担保公司虽然有财产担保债权，但由于建筑工程款优先受偿权的存在，很大一部分就变成了普通债权。

2. 本案中 X 担保公司是否存在诉讼时效问题。本案中 X 担保公司的失误之一在于对担保抵押债权确认有异议，未按法定时间向人民法院提起债权确认的诉讼。法律规定"异议人应当在债权人会议核查结束后十五日内向人民法院提起债权确认的诉讼[①]。"但是，X 担保公司 81 天后才提出诉讼，明显错过了诉讼时效。

3. 法律规定财产担保债权人对于担保物的优先保护体现在哪些方面。

其一，对于担保物的使用权和处置权有权限制债务人的违约行为。债权人的权益受法律保护，不能因破产管理程序而受到损害，如果破产管理人要

---

① 据《最高人民法院关于适用〈中华人民共和国企业破产法〉若干问题的规定（三）》，国家法律法规数据库，https://flk.npc.gov.cn/detail2.html?ZmY4MDgxODE3OTlkZjYxNDAxNzlhYzIxMzE5ODODFhOTk%3D.

出售或以其他方式处置重要担保物，需要事先获得法院的甄别审核批准。

其二，债权人对债务人侵害债权的行为可以依法予以制止并负有监督的义务。

4. 本案从经济方面分析，表面上看是建设工程款优先权使担保抵押债权无法实现，实质上是 L 澳公司盲目扩大生产规模，超负债生产经营，以致陷入破产的境地。对于行将破产的企业进行贷款担保，是担保行业的大忌。为此，担保行业如何做到不接融资贷款链的最后一棒，不踩企业破产前的地雷，是担保行业需要认真研究的课题。通常判断一家公司是否濒临破产，主要从以下几个方面考察。

一是财务状况恶化。公司资产负债率达到 90% 以上，接近于资不抵债，无力偿还到期债务，负债总额有持续增长趋势，这是公司倒闭的明显迹象。

二是公司流动资金不足以支撑其日常运营，如拖欠员工工资、供应商货款、银行贷款已经逾期等，公司运营随时可能中断，进而走向倒闭。

三是业务运营受阻。公司产品已无市场竞争力，订单量大幅下降，产品大量积压，市场客户对公司产品的兴趣降低。

四是供应链中断。公司生产原料出现断供问题，欠供应商大量货款无法支付，大量销售款无法收回，导致公司无法正常生产。

五是法律诉讼和违规行为。公司涉及多起法律诉讼，特别是与债务、合同等相关的诉讼，预示公司可能存在严重的经营问题。

六是违规行为被曝光。公司因产品质量、生产安全、环境保护、员工权益等违规行为被监管部门处罚或曝光，严重损害其声誉和信誉，可能会导致企业生产经营的灾难性事件。

七是员工流动和士气低落。大量员工离职，尤其是关键岗位的员工离职；员工普遍对公司前景感到悲观，可能是公司面临倒闭的一个重要迹象。

八是公司治理结构问题。公司管理层动荡，公司股东结构非正常变化，公司战略和经营方向的非理性调整等。

以上这些问题并非绝对准确，需要担保公司的业务人员对于公司的具体情况进行深入调查分析，作出符合客观实际的判断，以作出更准确的风控决策。

【案例启示】

本案说明担保公司的担保债权，在企业破产清算中应该注意把握以下几个方面。

一是明确担保债权是属于破产普通债权还是特殊债权。担保公司的担保债权，根据是否抵押、质押等情况，可以分为破产普通债权或者特殊债权。如果担保公司的担保债权属于破产普通债权，只有通过破产程序才可以受偿；如果担保公司的担保债权属于特殊债权，无须通过破产程序即可得到清偿。如以抵押、质押、留置等形式担保的债权，相对于其他债权人优先受偿。因此，明确是否属于破产债权的属性非常重要，直接关系到债权的实现途径。

二是担保人须积极向人民法院申报担保债权。担保公司债权人要特别注意担保债权的申报问题，本案中，由于债权人 X 担保公司在债权人会议 81 天后才提出诉讼，错过了诉讼时效，使自己的合法权益受到影响。担保公司债权人应该在规定的时间内积极向法院申报。

三是担保公司要高度重视债权人会议。债权人会议直接关系到担保债权的申报、担保债权性质的确定，担保人利益的维护，法律诉讼时间的把握。本案就是因为错过了诉讼期，而使担保公司的合法权益难以维护。担保债权人依法参加债权人会议，成为债权人会议的成员，享有表决权，有利于维护自身的合法权益。

【关联法规】

《破产法司法解释三》① 第八条规定，债务人、债权人对债权表记载的债权有异议的，应当说明理由和法律依据。经管理人解释或调整后，异议人仍然不服的，或者管理人不予解释或调整的，异议人应当在债权人会议核查结束后十五日内向人民法院提起债权确认的诉讼。

---

① 据《最高人民法院关于适用〈中华人民共和国企业破产法〉若干问题的规定（三）》，国家法律法规数据库，https：//flk. npc. gov. cn/detail2. html?ZmY4MDgxODE3OTlkZjYxNDAxNzlhYzIxMzE5ODFhOTk%3D.

案例 5

抵押权不能对抗消费性购房人物权期待权

【案例介绍】①

2002 年 7 月 1 日，第三人 S 杉公司与 R 松公司签订《合作协议书》，合作开发位于 L 县内"奥林苑"项目。

2010 年 8 月 16 日，孙某与 S 杉公司签订了《商品房买卖合同》，合同约定：孙某购买 S 杉公司开发建设的位于某县"奥林苑"项目房屋一套，房屋建筑面积为 328.97 平方米，总价款为 181.30 万元，购房款已经付清。

2015 年 1 月 20 日，A 中小企业担保公司作为乙方，B 铝业公司作为甲方，双方签订《委托保证合同》，约定：乙方应甲方申请，同意以保证方式为甲方向 J 银行借款人民币 1000 万元提供担保，贷款人借款本金人民币 1000 万元，借款期限 12 个月，自 2015 年 1 月 22 日起至 2016 年 1 月 21 日。

A 中小企业担保公司与 A 铝业公司、S 杉公司、R 松公司签订两份《抵押反担保合同》，约定：S 杉公司、R 松公司以其共同所有的某县奥林苑 D6D7 栋、G1 栋、G36 栋、E62 栋房屋及相应土地使用权，为 B 铝业公司在前述《委托保证合同》项下的义务向原告提供抵押反担保。A 中小企业担保公司于 2015 年 1 月 20 日获颁某县《房屋他项权证》；于 2015 年 1 月 21 日获颁某县《土地使用权他项权证》。

---

① 中国裁判文书网（2021）桂 03 民终 1618 号.

后因法律诉讼产生被告孙秀阁对"奥林苑"G36幢房产是否享有商品房消费性购房人物权期待权，能否优先于抵押权受偿的问题。

本案中，被告孙某与第三人S杉公司于2010年8月16日签订了《商品房买卖合同》，系双方真实意思表示，且不违反国家法律规定，也不损害国家、集体和他人合法利益，合法有效。签订合同后，被告孙某陆续向第三人S杉公司及R松公司支付了全部购房款以及各种税、费。"奥林苑"G36幢房屋建成后，第三人S杉公司于2011年11月22日将房屋交付给孙某。案涉房屋用途为居住，且被告孙某名下在"奥林苑"并无其他用于居住的房屋。因此，被告孙某应为商品房消费者，被告孙某对"奥林苑"G36幢房产享有商品房消费性购房人物权期待权。依据《最高人民法院关于建设工程价款优先受偿权问题的批复》①和《全国法院民商事审判工作会议纪要》②的相关规定，确认消费性购房人物权期待权具有特殊的受偿权，优先于建设工程价款和贷款抵押权受偿。因此，被告孙秀阁对"奥林苑"G36幢房产享有优先受偿权。原告A中小企业担保公司请求法院判决确认被告对"奥林苑"G36幢房屋不享有消费性购房人物权期待权且不得优先于抵押权受偿之主张，证据不足，法院不予支持。

被告孙某对"奥林苑"G36幢房产享有商品房消费性购房人物权期待权，其权利优先于原告中小企业担保公司的抵押权清偿，从而导致抵押权人即原告A中小企业担保公司无法再对涉案G36幢房产行使抵押权，故对原告的该项诉请，法院不予支持。

【案例分析】

1. 此案的核心是A中小企业担保公司对涉案房产享有的抵押权是否可以优先于购房者孙某对涉案房产享有的权利受偿问题。对此，法律上有明确的规定，为了保证购房者的利益，在一般情况下，购房者的物权期待权是优先于抵押权的。为此，担保公司对于房地产公司的在建工程抵押贷款担保必须慎之又慎。

---

① 该批复于2002年6月11日由最高人民法院审判委员会第1225次会议通过，由最高人民法院发布.
② 全国法院民商事审判工作会议纪要［M］. 北京：人民出版社，2019.

2. 实践中，一些房地产开发企业因欠债资产被冻结、被强制执行的情况时有发生，关于尚登记在房地产开发企业名下但已出卖给消费者的商品房的处理问题，比较复杂，法院通常是保护商品房消费者的利益。法院给予明确保护的有以下几个方面：

一是在人民法院查封之前，房地产开发企业已经与商品房购买者按照自愿平等的原则，签订合法有效的书面买卖合同。

二是商品房购买者在房地产开发企业所购商品房系用于居住，名下无其他用于居住的房屋。

三是商品房购买者已支付或通过银行按揭支付的购房价款超过合同约定总价款的50%。

四是为了保护消费者，对于前三条规定的商品房消费者的权利优先于抵押权人的抵押权。

【案例启示】

本案例提醒担保公司对于房地产开发公司的贷款担保要慎之又慎，要明确在建工程抵押权的优先问题，认真做好担保前的尽职调查，考虑在建工程抵押的法律风险。

1. 关于房地产开发贷款担保中优先权的问题。影响实现在建工程抵押权法定优先受偿权的主要有以下几种情况。

（1）划拨土地应缴纳出让金的优先权。其优先逻辑很简单，以划拨土地使用权抵押的，自然要在土地出让金缴纳后，土地使用权才从法律上确立。为此，以划拨土地使用权抵押权的受偿顺序只能位于土地使用权出让金之后。

（2）保障建筑工人的利益，建设工程价款优先受偿权。国家法律有明确规定，建设工程价款在该工程折价或者拍卖的价款中优先受偿。实践中有很多金融单位要求开发商逼迫承包商签订放弃优先受让承诺书，从而规避建设工程价款优先受偿权问题，但实际情况都难以如愿，司法判例基本认为此承诺损害农民工的利益，应属无效。

（3）保障购房者居住，房屋买受人的排除执行权。购房者的行为通常是善意的，为了保护购房者的利益，房屋买受人享有对在建工程抵押权的排除执行权。

（4）税收优先权。对此，《税收征收管理法》第四十五条①规定，税务机关也有权就所欠税款在抵押物价值范围内向抵押权人进行追偿。

（5）破产费用的优先权。对此，《破产法》有明确规定，清偿破产费用在企业破产中具有优先权。

2. 商业银行和担保公司对于在建工程抵押权贷款担保应当注意的问题。

一是加强贷前调查。银行信贷审查要求企业提供划拨土地出让金、建设工程价款支付、房屋出售、税收缴纳情况，综合考虑开发商实力来决定是否发放开发贷款和担保。

二是合理评估确定在建工程价值和未来货值。贷款担保额度测算要考虑在建工程价值和未来货值，计算扣除具有优先受偿权的债务数额。

三是严格贷款担保资金的专项封闭式管理。要跟踪发放房地产开发担保贷款资金的流向，注意房屋销售的按揭贷款，保证资金回笼。

四是加强项目房产销售资金的监控。关注不动产登记处登记数据与售楼处销售数据的差异。防止开发商商品房销售合同不备案，将资金挪作他用。

3. 充分考虑在建工程抵押的法律风险。实践中在建工程抵押的法律风险比较多，归纳起来主要存在以下法律风险。

一是房地产不能竣工，成为烂尾工程，无法交付的风险。房地产开发资金投入大，影响因素多，市场变化快，如果房地产开发企业经验不够、资金不足、金融高杠杆率过大，房地产项目延期竣工，甚至破产歇业、形成烂尾楼等现象也屡见不鲜。

二是开发商拖欠建筑商施工价款，致使工程无法进行，导致银行抵押权落空的风险。一些房地产开发企业由于资金不足，盲目扩大开发规模，往往贷款购买土地，由建筑商垫资施工，再提前预售商品房，企图以小博大，获得最大的效益。如果一个环节出现问题，就会造成项目失败。为此，房地产开发商拖欠建筑商的施工价款比比皆是。国家为了保护建筑工人特别是农民工的利益，相关法律明确规定，建筑工程承包人的优先受偿权优于抵押权和其他债权。这样，对于银行的抵押权常常会出现落空的情况。

三是商品房预售款未归还贷款，形成的购房人的消费权优先导致抵押权

---

① 《中华人民共和国税收征收管理法》，国家法律法规数据库，https：//flk. npc. gov. cn/detail2. html?MmM5MDlmZGQ2NzhiZjE3OTAxNjc4YmY3OGNmZjA3ODU％3D.

落空的风险。这个问题类似于建筑商施工价款的问题，开发商预售商品房的收入，按理应当用于归还在建工程贷款，如果挪作他用，就会出现设定了抵押权的在建工程将作为期房被消费者购买，购房人如果在银行进行按揭贷款买房，相当于对在建工程又设定了一个新的抵押。在这种情况下，为了保护消费者的利益，通常法院支持购房人的消费权优先。

4. 在建工程抵押法律风险的防范。从以上分析在建工程抵押贷款和担保的法律风险比较大，银行和担保公司需要慎之又慎，但不是说完全不能介入，通常要把握好以下几个方面的条件。

（1）拟抵押工程手续完备。开发项目建设已具备法定的全部条件，项目《国有土地使用权证》不存在法律纠纷，《建设工程规划许可证》《建设用地规划许可证》都已经办理，开发项目建设正常进行，不是烂尾项目。

（2）房地产开发公司的资金杠杆率合理，项目实际投入资金占项目资金投资比例不低于40%，否则风险过大。

（3）建筑商开具的放弃工程价款优先受偿的承诺，此承诺虽然不一定有作用，但有承诺比没有好。

（4）开发商和贷款银行签订按揭贷款只在开发贷款银行办理协议，这是为了更好地监控房屋销售资金流向。

（5）在建工程抵押贷款资金的全程监管，是控制风险的一个重要措施。应当要求开发商销售商品房资金在贷款行开立单独唯一账户，控制资金流是防控风险的必要措施。

（6）为了保证贷款资金的专款专用，资金使用要向贷款行提出资金使用计划，银行对贷款资金的使用要实行管控，杜绝体外循环，防止挪作他用。

（7）把控好商品房销售的按揭贷款用于还贷的环节，按揭贷款只能在开发贷款银行办理，确保按揭贷款资金用于还贷，防止挪作他用。

【关联法规】

《最高人民法院关于人民法院办理执行异议和复议案件若干问题的规定》①

---

① 最高人民法院关于人民法院办理执行异议和复议案件若干问题规定理解与适用［M］. 北京：人民法院出版社，2015.

第二十九条规定，金钱债权执行中，买受人对登记在被执行的房地产开发企业名下的商品房提出异议，符合下列情形且其权利能够排除执行的，人民法院应予支持：（1）在人民法院查封之前已签订合法有效的书面买卖合同；（2）所购商品房系用于居住且买受人名下无其他用于居住的房屋；（3）已支付的价款超过合同约定总价款的百分之五十。

案例 6

抵债股权变更风险

【案例介绍】①

2017 年 7 月 28 日，A 汽车有限公司、B 融资租赁有限公司、C 实业有限公司、D 禾公司分别与 E 小贷公司签署《最高额借款合同》，各自向 E 小贷公司借款 1500 万元，总计 6000 万元。2017 年 7 月 28 日，D 禾公司与 E 小贷公司、A 汽车有限公司、B 融资租赁有限公司、C 实业有限公司签署《最高额质押合同》，约定 D 禾公司为《最高额借款合同》中 6000 万元全部债务提供质押担保，将以其持有的 F 农信社 8266369 股股权质押给 E 小贷公司。2017 年 8 月 11 日，E 小贷公司分别将 6000 万元借款支付至 A 汽车有限公司指定的账户。

2017 年 12 月 4 日，E 小贷公司根据《最高额借款合同》的约定，认为债务人及担保人出现约定违约情形，宣布上述四笔贷款提前到期，依法要求借款人及保证人立即偿还全部本息。

2017 年 12 月 4 日，E 小贷公司将上述四份《最高额借款合同》项下的债权及其他相关权利转让给 G 达公司，并向相关债务人、担保人寄送了《债权转让通知书》，《债权转让通知书》均已被签收。G 达公司分别于 2017 年 12 月 5 日、29 日向 E 小贷公司支付了上述债权转让款，共计 6000 万元。G 达公司与 E 投资公司有股份经济关系，为此又将 F 农联社股权转让

---

① 中国裁判文书网（2019）最高法民终 1946 号.

给 E 投资公司。

E 投资公司于 2017 年 12 月 5 日以"往来款"的名义向 G 达公司转账 4512 万元；于 2018 年 1 月 30 日向 G 达公司转账 1500 万元，款项用途为"F 农联社股权转让款"。

2017 年 12 月 11 日，F 农信社第四届理事会作出《关于同意法人社员 D 禾（中国）有限公司股权转让的决议》，批准同意 E 投资公司受让 D 禾公司的股权转（受）让申请。同日，E 投资公司与 D 禾公司签订《股金转让协议书》《确认书》，确认 D 禾公司原持有的 F 农信社 34388095 股的股金归 E 投资公司所有。

F 农信社按照其章程办理了内部股金系统转让变更登记手续，并为 E 投资公司预先制作了《股金证》（但尚未交付）。2017 年 12 月 12 日，F 农信社向县市场监督管理局申请办理 F 农信社非公司企业法人出资人变更备案手续（尚未完成）。

2017 年 12 月 12 日，省高级人民法院根据黄某的申请，作出（2017）×民初×××号民事裁定，要求 F 农信社及县市场监督管理局协助执行冻结 D 禾公司名下的 F 农信社 4.2% 股权（出资额 3306.5476 万元），冻结期限为三年，自 2017 年 12 月 12 日起至 2020 年 12 月 11 日。

E 投资公司对冻结 D 禾公司名下的 F 农信社 4.2% 股权保全措施提出异议，省高级人民法院于 2018 年 2 月 23 日驳回 E 投资公司的异议申请。E 投资公司不服法院的裁定，从而提起诉讼。

一审法院认为，本案争议焦点是 E 投资公司对冻结 D 禾公司名下的 F 农信社 4.2% 股权是否能成为阻止法院执行的实体权利，是否能够有权对抗法院的执行行为。从本案现有证据材料看，D 禾公司与 E 投资公司仅就转（受）让 D 禾公司持有的 F 农信社 4.2% 股权完成了 F 农信社内部的股金转让变更手续。E 投资公司虽主张各方已经办理 F 农信社出资人变更备案手续，但实际情况并非如此，直至一审法院对上述股权采取查封、冻结措施时，这些股权仍登记在 D 禾公司名下。因此，在另案保全过程中根据原工商行政管理机关的登记，认定上述股权系 D 禾公司名下财产并予以查封、冻结，并无不当。E 投资公司不服一审法院的判决，从而提出上诉。

二审法院认同一审法院的意见，认为查封案涉股权符合上述司法解释的规定。

【案例分析】

本案从贷款、股权质押、签订《最高额借款合同》《最高额质押合同》《债权转让通知书》《股金出让预约登记申请书》《受让股金申请书》等一系列手续，均符合法律的规定，6000万元借款的本息应该是有保障的。但由于第三方申请法院冻结当事人的股权，使股权转让受阻，6000万元债权本息回收前途未卜。法院认为有以下几个方面的理由。

一是在《股金转让协议书》签订的时间之前，E投资公司向G达公司转款4500万元，认为是股金转让款不符合常理。在尚未签订股权转让协议书，且F农信社理事会尚未审批同意股权转让的情况下，E投资公司即支付大部分股权转让款缺乏合理性。

二是转款4500万元用途备注为"往来账"，没有注明是购买股权资金。

三是从合同约定来看，案涉《股金转让协议书》签订在后，但该协议并未记载E投资公司已经支付大部分股权转让款，反而约定6000万元的股权转让款在合同生效后支付。

四是向G达公司转账1500万元，虽然款项用途为"F农联社股权转让款"，但是从法律上讲，要有D禾公司给E投资公司授权付款的法律证据；没有证据证明项，从法律上讲，该笔付款亦不能视为向D禾公司支付的股权转让款。

总之，存在以下法律问题。

一是E投资公司在F农信社股权的受让过程中，法律经济关系没有理顺。从该金融业务的关系来分析，是A汽车有限公司等向E小贷公司贷款，D禾公司以其持有的F农信社8266369股股权质押给E小贷公司作为担保。现在A汽车有限公司未能还款，E小贷公司将质押的F农信社股权，转让给G达公司，E投资公司又从G达公司手中买回股权。这样要将D禾公司的股权转到E投资公司的名下，不是简单的E投资公司向G达公司付款的问题，还需要D禾公司授权E投资公司向G达公司付款。显然，具体实施过程中缺乏这一环节。

二是付款的时间在《股金转让协议书》签订之前，且又不注明股金转让款。这主要因素是E投资公司和G达公司本身就是关联公司，所以，忽略了严格的法律经济关系，从而形成错误。

三是模糊了质押、抵偿和股权转让过户的关系，认为抵偿就自然过户了，自己的公司如何操作都可以，从而忽略了股权转让过户的法律手续关系。

【案例启示】

1. 担保工作无小事，每一个环节、每一项措施，都有严谨的法律内容、法律规范、法律风险，正确理解与把握，都事关金融业务的成败，经济利益的多少，作为金融业务的工作者必须慎之又慎。

2. 法律诉讼保全更安全。在该业务过程中，看似一切合理，却由于第三方执行，完全变成了另外一回事。这里有法律经济关系没有理顺的问题，应该提前通过法律诉讼保全，这样法律冻结保全在前，也许就不存在后面的一切问题。

3. 认真把握抵押、质押、留置、抵偿、股权过户的含义和法律特征，在担保和接受反担保的合同中，依法合理地维护自身的权益，防止由于操作不当使公司利益受到损失。

【关联法规】

《最高人民法院关于人民法院民事执行中查封、扣押、冻结财产的规定》[1] 第十七条规定，被执行人将其所有的需要办理过户登记的财产出卖给第三人，第三人已经支付部分或者全部价款并实际占有该财产，但尚未办理产权过户登记手续的，人民法院可以查封、扣押、冻结；第三人已经支付全部价款并实际占有，但未办理过户登记手续的，如果第三人对此没有过错，人民法院不得查封、扣押、冻结。

---

① 《最高人民法院关于人民法院民事执行中查封、扣押、冻结财产的规定》，国家法律法规数据库，https：//flk. npc. cn/detail2. html?ZmY4MDgxODE3OWY1ZDNlNzAxNzlmYTQxMzZmYjA0NTc%3D.

案例 7

在建工程抵押担保失控

【案例介绍】①

2003 年 7 月 18 日，J 银行（贷款人，乙方）与 X 金公司（借款人，甲方）签订《固定资产借款合同》，约定 X 金公司因 X 金大厦项目用款，特向 J 银行申请借款；借款金额 6600 万元；借款期限为 24 个月，由 Z 担保公司为 X 金公司借款进行担保。

2003 年 7 月 15 日，许某作为保证反担保方与 Z 担保公司签订为 X 金公司借款进行担保的《保证反担保合同》。

2003 年 7 月 18 日，J 银行与 Z 担保公司签订《保证合同》，约定：为了确保 X 金公司与 J 银行签订的借款合同项下 X 金公司义务得到切实履行，Z 担保公司愿意向 J 银行提供保证担保。合同第 12 条约定，J 银行有义务监督 X 金公司办理有关权证及相应抵押登记手续的进程。在 X 金公司开发的"X 金大厦"项目取得原市国土资源和房屋管理局颁发的正式《国有土地使用证》后，J 银行与 X 金公司应在 3 个工作日内开始办理该项目土地使用权及在建工程的抵押登记手续。自项目土地使用权抵押登记生效之日起，Z 担保公司所承担的 X 金公司贷款连带保证责任自动解除。

2003 年 7 月 16 日，X 金公司向 J 银行提交《借款借据》。2003 年 7 月 18 日，J 银行开具贷款放出通知单，总金额为 6600 万元。

---

① 中国裁判文书网（2018）京民再 139 号.

由于借款合同履行期限届满后，X 金公司未能向 J 银行归还尚欠 5600 万元贷款本金及利息，Z 担保公司也未能履行保证代偿责任，J 银行为此诉讼至法院。

Z 担保公司称，X 金公司于 2005 年 4 月 1 日取得《国有土地使用证》后，J 银行应在 3 个工作日内与 X 金公司共同办理抵押登记手续，J 银行怠于履行该项义务，违反了合同的有关约定，致使《保证合同》第 12 条约定的内容不能得到实现，故 Z 担保公司应免除《保证合同》中约定的保证责任。

法院认为，由于 X 金公司取得《国有土地使用证》时，X 金大厦大部分的建筑面积已经被 X 金公司予以销售，该部分的所有权人已经不是 X 金公司，这与 J 银行和 Z 担保公司签订《保证合同》时双方约定第 12 条的情况相比发生了重大变化，J 银行与 X 金公司共同办理抵押登记手续已不具备现实条件。2005 年 4 月 13 日，J 银行给 Z 担保公司的《通知函》中对上述情况明确予以告知，并希望 Z 担保公司继续承担保证责任，对此 Z 担保公司当时并未提出异议，亦未主张解除保证义务。

Z 担保公司称，X 金公司在取得《国有土地使用证》之前所发生的商品房销售行为是无效行为，合法销售行为尚未发生，故 J 银行办理在建工程的抵押登记手续，不存在任何障碍。对于该理由，法院认为，卖方销售房屋时未取得商品房预售许可证并不当然导致商品房买卖合同无效，卖方在起诉前取得的，可以认定合同有效。目前 Z 担保公司未提供证据证明 X 金公司与 F 工程有限公司等单位签订的一系列《商品房买卖合同》已被生效裁判认定为无效合同，故法院对其理由不予以采信。

根据本案查明的事实，《保证合同》中约定的"自抵押登记生效之日起，Z 担保公司承担的连带保证责任自动解除。"条件已无法成就，而不能成就的原因不能归咎于 J 银行，Z 担保公司亦未能提供充分证据证明 J 银行存在违约行为，故判令 Z 担保公司承担《保证合同》中约定的保证责任并无不当。

【案例分析】

1. 本案 Z 担保公司与 J 银行签订的《保证合同》，设想是 X 金公司办理有关权证及相应抵押登记手续后，J 银行与 X 金公司在 3 个工作日内开始办理该项目土地使用权及在建工程的抵押登记手续。自项目土地使用权抵押登记生效之日起，Z担保公司所承担的X金公司贷款连带保证责任自动解除。但是事情的进展远远不是这么简单，《国有土地使用证》迟迟办不下来，待办下来时，房子销售差不多了，Z担保公司承担的连带保证责任自动解除的条件成立不了。这里Z担保公司没有把握好的关键点在于，没有跟踪X金公司办理《国有土地使用证》进度和商品房的预售情况，在《国有土地使用证》迟迟没有办下来的情况下，商品房已经大量预售，此时没有及时果断依法行使抗辩的合法权利；特别是2005年4月13日，J银行给Z担保公司的《通知函》中对上述情况明确予以告知，并希望Z担保公司继续承担保证责任，对此Z担保公司当时并未提出异议，亦未主张解除保证义务。

2. Z担保公司对于在建工程抵押的复杂性认识不足。因为在建工程不是确定的标的物，其所有权尚未确定，也无法办理登记备案手续，今后在工程款结算中，还面临着建筑工人的工资优先结算问题，所以在建工程抵押风险非常大。本案中，按程序办理《国有土地使用证》后才能办理在建工程的抵押登记手续，现实中只要建筑工程基础工程已经完工，或者建筑工程已经封顶，开发商就可能违规销售，购买者是善意的第三人，其利益又必须保护，实际依法确定《商品房买卖合同》无效非常难。为此，对于在建工程办理抵押手续不确定因素很多，必须慎之又慎。

【案例启示】

1. 融资担保公司人员应当认真把握理解在建工程担保的法律效力。

（1）关于在建工程的界定。目前法律上对于在建工程概念尚无明确界定。通常理解在建工程是正在建造的建筑物，为建筑物在建设过程中的状态。

（2）在建工程抵押的主体。用在建工程进行抵押贷款，只能是对在建工程享有财产权的权利人，其他人无权作为抵押人。

（3）在建工程抵押标的物的范围。

一是抵押物通常应是已建成部分，不能扩展到未建成部分。对此，住房城乡建设部《城市房地产抵押管理办法》① 有具体规定。在建工程抵押标的

---

① 《中华人民共和国城市房地产管理法》，国家法律法规数据库，https://flk.npc.gov.cn/detail2.html?ZmY4MDgwODE2ZjNjYmIzYzAxNmY0NjJjNmNjODI4MGM%3D.

物必须现实存在，如果以未建成部分抵押，存在很大的不确定性，债权人的权利有很大的风险。在实践中，金融机构通常与抵押贷款方将整个工程（未建成部分加已建成部分）作为贷款抵押标的，再根据实际工程的进度情况，在总的授信额度内逐步放款。这种担保方式，实践中比较好操控把握，灵活方便又可控。

二是设立在建工程抵押权时实行房地一致原则。虽然土地使用权与附着于土地的建筑物、构筑物或者附着物所有权可以相互分离，但在法律实践中，土地使用权与建筑物、构筑物或者附着物所有权在主体归属上应该保持一致，这样便于理清法律关系，有利于保障贷款人及抵押人的利益，通常称之为土地使用权与建筑物所有权一体化原则。

三是未开工建设的工程，或者是实际开工但未办理合法建设手续的工程，不能作为在建工程抵押权标的物，对此，法律上有明确规定。

2. 在建工程抵押的方式。

（1）关于在建工程能否为第三人做抵押担问题。在建工程抵押通常是土地使用权抵押后建设资金不够而采取的非常措施，借款人与抵押人为同一个人，这样有利于把握资金的流向、工程建设的进度，从而控制贷款资金的安全。如果借款人与在建工程抵押人不为同一个人，此类抵押登记机构通常不予受理，因为贷款资金的管理比较复杂，风险很大。

（2）关于在建工程抵押能否采用最高额抵押方式问题。通常，随着在建工程继续建造，抵押物价值会增加，贷款债权人的风险会随之降低，为此，在建工程抵押可以采用最高额抵押方式。

3. 关于在建工程抵押登记问题。在建工程抵押权必须以在建设管理部门登记为生效要件，只有合法登记的在建工程抵押合同才能生效成立。有以下三个问题阻碍在建工程抵押权生效。

（1）通常，在建工程取得《施工许可证》前，不能办理抵押登记，因为工程尚未正式合法开工。虽然用于抵押的在建工程具备各种相关证件，但整个建设工程只有正式办理了《施工许可证》，方为手续完备、程序合法、安全可靠。

（2）对于在建工程在预售许可之前，还是在预售许可之后设定抵押问题。从在建工程抵押贷款的风险安全来讲，在建工程在预售许可之后设定抵押，贷款的安全性高。然而，从在建工程抵押的终极目的来说，预售许可之前是房产开发建设业主最需要资金的时候，如果不能在其预售许可前抵押，则开发公司可能面临由于资金的短缺而无法顺利完工的风险。因此，金融机构在把握风险的前提下，对于在建工程，只要已合法开工就可以考虑设定抵押贷款事宜。

（3）在建工程能否办理余额抵押登记问题。这里主要是分析在建工程的建设和市场情况，如果项目建设顺利，资金使用情况良好，可以考虑对在建工程追加贷款或增加借款。

4. 在建工程抵押中权利的冲突及解决。

（1）建设用地使用权与在建工程抵押权竞合及解决。在房地产开发建设过程中，如果房、地抵押权人不同，有一个顺位抵押权问题，这里在先登记的土地抵押权人为第一顺位抵押权人；在后登记的在建工程抵押权人为该房地产（在建工程及所占土地）的第二抵押权人。

（2）在建工程抵押权与商品房预购人期待权冲突及解决。这是一个在实践中经常遇到的问题，从法理上讲，在建工程已经抵押，如果商品房要进行预售，必须向抵押权人提前清偿债务，解除在建工程的抵押，方能预售。然而，这时房产建设业主通常难以先归还贷款再预售。在实践中抵押人通常与抵押权人协商，进行批次消灭债权、抵押权，边解除抵押手续边预售商品房，预售资金抵押权人要进行控制。

在司法实践中时常会出现抵押权与商品房预购人房屋拥有所有权的冲突问题，此时，如果商品房预购人是善意的购买，法律上倾向于保护商品房预购人的利益。这里常常会出现抵押权人的利益难以保障的问题，抵押权人只能以合同之诉要求售房业主承担违约或损害赔偿。为此，抵押权人要密切关注抵押在建工程的预售过程，防止抵押权落空。

（3）在建工程抵押权与建设工程价款优先受偿权冲突及解决。国家法律明确规定建设工程价款有优先受偿权，许多抵押权人由于在建工程抵押权与建设工程价款优先受偿权冲突，而使贷款无法收回，这是在建工程抵押贷款最大的风险。关注建设工程价款结算情况，是贷款银行和担保公司对于在建工程抵押业务把握风险的一个重要环节。

5. 行使在建工程抵押权需要注意的相关事项。

（1）实践中行使在建工程抵押权比较复杂，困难很多。由于在建工程作为商品的特殊性，对于在建工程进行变价，要注意以下几点：第一，受让人通常需有相应的经营资格，对于在建工程具有相应的建设开发经营资格；第二，受让需要办理完善一系列法律手续。在建工程不仅仅是建筑物，而是涉及相应的土地使用权、建设工程规划许可证、施工合同等手续的变更登记。

（2）在建工程抵押后，后续会增加许多工程量，在变价时对于后续工程量如何处理。这是一个比较复杂的问题，对此，《民法典》有关于新增建筑物也一并处分的相关规定。为了避免纠纷应该事先在抵押合同中进行约定，通常抵押权人要求抵押人在无法偿还欠款需变现抵押标的物时，承诺抵押登记后建设的工程与抵押部分一起变现。

（3）根据法律规定，在建工程抵押权人未能受偿的债权是普通债权而不是特殊债权，只能与其他普通债权人一样从债务人的其他财产中受偿。

（4）行使在建工程抵押权还要注意一个问题，如果抵押的在建工程属于国有资产，根据法律规定，必须按照国有资产处理的办法和程序进行评估、拍卖、挂牌交易。

【关联法规】

《城市房地产抵押管理办法》①（2001 年修正）第三条规定，本办法所称在建工程抵押，是指抵押人为取得在建工程继续建造资金的贷款，以其合法方式取得的土地使用权连同在建工程的投入资产，以不转移占有的方式抵押给贷款银行作为偿还贷款履行担保的行为。

第二十八条规定，以在建工程抵押的，抵押合同还应当载明以下内容：（1）《国有土地使用权证》《建设用地规划许可证》《建设工程规划许可证》编号；（2）已交纳的土地使用权出让金或需交纳的相当于土地使用权出让金的款额；（3）已投入在建工程的工程款；（4）施工进度及工程竣工日期；（5）已完成的工作量和工程量。

---

① 《中华人民共和国城市房地产管理法》，国家法律法规数据库，https：//flk. npc. gov. cn/detail2. html?ZmY4MDgwODE2ZjNjYmIzYzAxNmY0NjJjNmNjODI4MGM%3D。

案例 8

独立担保函效力纠纷

【案例介绍】^①

A 公司在沙特承接了工程项目，Q 工程公司与 A 公司签订工程分包合同，S 银行为之担保，并出具了《履约担保函》和《预付款担保函》。S 银行在函中明确表示，案涉《履约担保函》中愿意无条件地、不可撤销地就承包人 Q 工程公司履行与 A 公司订立的合同，向 A 公司提供担保，表示在收到 A 公司以书面形式提出的在担保金额范围内的赔偿要求后，7 天内无条件支付。在《预付款担保函》中再次表明，收到 A 公司的书面通知后，7 个工作日内无条件支付。S 银行的两份保函均作出了见索即付的意思表示，保函总额为 5000 万元。

工程分包合同签订后，A 公司向 Q 工程公司支付了 3500 万元工程预付款，Q 工程公司已经进行了施工，案涉建筑工程已经完成 23%，预付款按完工工程已经涵盖了预付款的产能。后因施工合同纠纷，经市仲裁裁决 Q 工程公司返还超付工程款，A 公司起诉 S 银行，认为两份保函均是独立保函，均为见索即付的独立保函，S 银行应当承担 5000 万元的保函兑付责任，请求依法认定两份保函均为独立保函的性质，维护独立保函的市场规则。

最高人民法院最终判决：两份保函均为独立保函的性质，合法有效。S 银行应当依法向 A 公司承担所签订《预付款担保》项下的担保责任。

---

① 中国裁判文书网（2021）最高法民申 5896 号.

【案例分析】

根据现行国家政策规定，银行开具独立保函只能是在对外经济活动中使用，本案的关键在于 S 银行所出具的《履约担保函》和《预付款担保函》，是独立保函还是非独立保函。独立保函的关键在于，保函文本是否为开立人约定设立了相符交单情形下所承诺的独立付款义务。

S 银行认为无须承担该项责任的主要理由是，预付款已经物化到工程产值中，并在结算中进行了抵扣，无须再返还。然而，本案所涉保函为独立保函，《预付款担保函》的索赔条件是 A 公司向 S 银行发出索赔通知，声明因 Q 工程公司违反合同约定的义务而要求收回预付款，并未要求其提交任何其他证明文件。因此，预付款是否已经全部用于案涉工程，并非独立保函项下纠纷所要审查的事项。同时，《预付款担保函》中也没有关于"随着施工进度，承包人可以从发包人处取得同意保函减额的文件并送交 S 银行确认"的约定。其中关于"担保有效期自预付款支付给承包人起生效，至发包人签发的进度付款证书说明已完全扣清为止"的约定，不足以认定为减额条款。即使在案涉《施工合同》中，亦没有以预付款冲抵工程款的明确约定。《施工合同》中虽然在第六条"履约和预付款保函"部分约定了"保函的有效期一直要到甲方将支付给乙方的预付款项扣完为止"，但在第七条"进度款支付条件"及其前后各条款中，均没有关于以预付款冲抵工程款的具体约定及相应方案。因此，S 银行主张根据 Q 工程公司的已完成工程量可以直接推定预付款已经抵扣，因而无须承担《预付款担保函》项下责任，缺乏合同依据和法律依据。

【案例启示】

通过本案，作为金融担保机构人员，应当认真理解独立保函与非独立保函的主要区别。

1. 担保性质不同。独立性是独立保函的本质特征，独立保函是自足文件，具有独立的效力。受益人依据保函本身的条款，可以不考虑受担保人付款责任，直接对担保人提出索赔要求。非独立性保函担保人的责任是有条件的，是从属性的保函。保证人在保函的申请人违约，并且不能承担违约责任的前提下，才承担违约赔偿责任，其责任具有从属性，属于第二性的付款责任，保函的法律效力与基础合同紧密相关，随之一同存在、变化和灭失。

2. 担保效力不同。独立保函虽然也是依据基础合同而开具的，但不具有从属性而是具有独立的效力，是依据保函本身的条款独立履行责任的。独立保函是狭义的、绝对意义的、有充分保障的独立保证。非独立保函是与基础合同紧密相连的，其从属性是随基础合同的存在、变化、灭失而发生变化的。非独立保函是作为一项附属性契约而依附于基础交易合同的、有一定条件的银行保函。

3. 索赔形式不同。独立保函项下的赔付银行是见索即赔，只要收到受益人的索赔要求就应立即予以赔付规定的金额，不需要考虑被担保人履行合同的情况，只是按照保函本身承诺赔偿。而非独立保函发生索赔时，由于保函是有条件的保函，担保银行需调查基础合同履行的真实情况，保证人承担保函项下的赔偿责任在保函的申请人违约，并且不承担违约责任时才成立。

【关联法规】

《最高人民法院关于审理独立保函纠纷案件若干问题的规定》① 第三条规定，保函具有下列情形之一，当事人主张保函性质为独立保函的，人民法院应予支持，但保函未载明据以付款的单据和最高金额的除外：（1）保函载明见索即付；（2）保函载明适用国际商会《见索即付保函统一规则》等独立保函交易示范规则；（3）根据保函文本内容，开立人的付款义务独立于基础交易关系及保函申请法律关系，其仅承担相符交单的付款责任。当事人以独立保函记载了对应的基础交易为由，主张该保函性质为一般保证或连带保证的，人民法院不予支持。当事人主张独立保函适用担保法关于一般保证或连带保证规定的，人民法院不予支持。

---

① 《最高人民法院关于审理独立保函纠纷案件若干问题的规定》，国家法律法规数据库，https：//flk. npc. gov. cn/detail2. html?ZmY4MDgxODE3OTlkZjQwMDAxNzlhYmRkZjUwUwYjEwMGQ%3D.

案例 9

担保公司行使不安抗辩权

【案例介绍】①

2013 年 11 月 27 日，S 建材公司向 J 银行贷款 600 万元，由被告 K 多公司、姚某及 L 担保公司等保证人为该笔贷款承担连带保证责任，K 多公司、姚某为 L 担保公司提供反担保，合同签订不久，S 建材公司的实际控制人死亡，L 担保公司履行不安抗辩权向法院起诉了所有反担保人，要求所有反担保人偿还借款。在执行过程中，L 担保公司与本案被告 K 多公司、姚某达成执行和解协议，K 多公司自愿承接该笔贷款，从而使 S 建材公司与 J 银行的债权债务关系结束。被告 K 多公司与 J 银行于 2014 年 11 月 26 日重新签订《某市商业银行流动资金借款合同》，L 担保公司为上述借款提供连带责任担保。

现被告 K 多公司不愿意承担原告 L 担保公司在前期贷款中为其担保的担保费用，法院认为原告 L 担保公司已依约履行了为被告借款提供保证担保之义务，并与 J 银行签订了保证合同，即使被告 K 多公司提供了反担保，被告也应依约履行给付担保费之义务，故对原告 L 担保公司要求支付前期 12 万元担保费的诉讼请求，法院予以支持。

【案例分析】

1. 此案 L 担保公司果断地行使不安抗辩权向法院起诉了所有反担保人，

① 中国裁判文书网（2017）冀 0791 民初 1020 号.

要求所有反担保人偿还借款，是非常明智之举，因为实际使用贷款的 S 建材公司的实际控制人离世，贷款和担保、反担保都处在风险极大的时期，如果不从法律上采取措施，有可能会出现非常严重的后果。

2. 担保公司如何依法采用不安抗辩权处置抵押物，是担保公司需要把握的业务知识。

（1）不安抗辩权的概念。为了切实保护先履行合同的一方当事人的合法权益，促使对方履行义务，法律上确定了不安抗辩权。不安抗辩权是指当事人互负债务，在履行合同的过程中，先履行的一方发现并有确切证据表明另一方丧失履行债务能力时，对自己已经履行行为或继续履行合同感到不安，有权中止合同履行的权利。不安抗辩权是经济活动中一项特别的权利。

（2）关于银行或担保公司行使不安抗辩权的条件。

第一，双方当事人在一项经济活动中，因同一债务合同而互负债务，如同一债务的担保和反担保关系；同一担保合同有多家担保公司参与担保与债务人的关系等。合同双方利益责任密切相关，并且该两项债务存在对价关系。

第二，后履行合同义务人的履行能力明显降低，使先履行合同义务人感到不安，自己的利益存在危险。如后履行合同义务人经营状况严重恶化，面临着重大自然、经济、安全、法律事件；出现非正常转移财产、抽逃经营资金，逃避到期债务的现象；明显存在丧失或者极有可能丧失履行能力的情况。法律设置不安抗辩权制度的目的是保护先给付义务人的合法权益。行使不安抗辩权的前提是先履行合同义务的当事人，在有充分证据证明后履行合同义务人不能履行义务，将危及先履行合同义务人的债权实现时，才能依法行使不安抗辩权。

第三，通常先履行一方的债务已经届满清偿期，而后履行义务一方未履行相应义务时，先履行一方才能行使不安抗辩权。

第四，《民法典》第五百二十七条规定的相关情况。

（3）抵押权人依不安抗辩权处置抵押物的情况。通常情况下，抵押权人行使抵押权只有在债务到期而债务人无法偿还债务时，或者担保人已经代为偿付贷款后，才可以由拍卖抵押物所得优先受偿。但有些情况下，抵押权人可以提前行使抵押权，这就是在特定情况下行使不安抗辩权以使自己的债权免遭风险损害。

综上所述，在抵押合同中，若抵押权人可以确定将来不能就抵押物受偿，就能够依照不安抗辩权处置抵押物。行使不安抗辩权有诸多限制，必须符合法律规定的情形；否则，抵押权人擅自中止合同的履行，给抵押人或者第三人造成利益损失的，还要承担赔偿责任。

【案例启示】

本案说明金融和担保公司熟悉把握行使不安抗辩权，对于维护企业的合法利益非常重要，在具体行使不安抗辩权时，应当注意以下几点：

1. 行使不安抗辩权的当事人不能只是怀疑和推测，有举证责任。行使不安抗辩权的重要前提是，要有证据证明对方不能履行合同或者有不能履行合同的情况下才能行使，行使不安抗辩权的当事人有举证责任。行使不安抗辩权的程序可以通过协商程序，也可以通过司法程序。

2. 不安抗辩权可能存在消灭的情况。先履行义务的当事人行使不安抗辩权进行诉讼时，如果对方当事人及时承担了履行合同的责任，或者证明当事人举证不属实，不安抗辩权就会消灭。

3. 先履行义务的当事人行使不安抗辩权进行诉讼时，如果对方当事人仍未承担履行合同的责任，或者无法证明当事人举证不属实，也不能证明自己有继续履行合同的能力，行使不安抗辩权的当事人有权维护自身的经济利益并依法解除合同。

4. 先履行义务的当事人应该清楚自己行使不安抗辩权如果是错误的，应当承担相应的违约经济法律责任。

不安抗辩权的行使，对于抗辩权人来说，是一种有效的保护手段，它可以使抗辩权人有效避免因自己履行合同义务后得不到对方对等履行的风险，并通过按法律规定迫使对方及时履行或提供担保等手段来促进自己的债权得以实现。如果遇到相关法律问题，可以多咨询专业的合同律师，以免您的合法权益受到侵害。

【关联法规】

《中华人民共和国民法典》第五百二十七条[①]规定，【不安抗辩权】应当

---

① 《中华人民共和国民法典》，国家法律法规数据库，https://flk.npc.gov.cn/detail2.html? ZmY4MDgwODE3MjlkMWVmZTAxNzI5ZDUwYjVjVjNTAwYmY%3D.

先履行债务的当事人，有确切证据证明对方有下列情形之一的，可以中止履行：（1）经营状况严重恶化；（2）转移财产、抽逃资金，以逃避债务；（3）丧失商业信誉；（4）有丧失或者可能丧失履行债务能力的其他情形。当事人没有确切证据中止履行的，应当承担违约责任。

案例 10

担保公司违规贷款
其担保合同无效

【案例介绍】①

2013 年 5 月 24 日，A 投资担保集团有限公司作为乙方（出借人，简称 A 担保公司）与 Y 新型建筑材料有限公司作为甲方（借款人，简称 Y 建材公司）签订一份借款合同，合同内容为：Y 建材公司从 A 担保公司处借款 1500 万元，借款期限 5 个月，自 2013 年 5 月 24 日~10 月 23 日。月利率为 3%。

同日，陈某、孙某与 H 建材公司分别为 A 担保公司出具保证担保书一份，担保书中载明：自愿为 Y 建材公司在上述借款合同项下的借款 1500 万元承担连带责任保证担保。

2013 年 5 月 24 日，A 担保公司扣除 90 万元利息后，将 1410 万元转入 Y 公司指定收款人陈则全的账户内。Y 建材公司截至 2014 年 6 月 30 日共计还款 477 万元。2013 年 10 月 23 日之后，由于 Y 建材公司未能还款，A 担保公司到法院进行司法诉讼。

法院认为，A 担保公司与 Y 建材公司签订借款合同、出借款项的行为，已超出其经营范围，违反了国家有关金融法规，应当认定无效。双方明知企业之间不能相互拆借资金，而仍实施拆借资金的行为，对合同无效均存在过错，应当各自承担相应的民事责任。最终法院判决如下：

---

① 中国裁判文书网（2019）辽 0102 民初 7435 号.

1. 原告 A 担保公司与被告 Y 建材公司于 2013 年 5 月 24 日签订的借款合同无效。

2. 被告 Y 建材公司于本判决生效之日起 10 日内偿还原告 A 担保公司借款本金 1010.63 万元及利息。

3. 原告 A 担保公司与被告 H 建材公司及陈某、孙某于 2013 年 5 月 24 日签订的保证担保书无效。

4. 被告 H 建材公司、陈某、孙某对本判决第二项中被告 Y 建材公司不能清偿的债务，承担 1/3 的清偿责任。

5. 被告 H 建材公司、陈某、孙某承担赔偿责任后，有权向被告 Y 建材公司追偿。

【案例分析】

1. A 担保公司超出经营范围直接向 Y 建材公司提供借款，借款合同为什么无效。借款合同无效的根本原因是借款人 A 担保公司金融管理规定超出范围开展经营活动，担保公司只能从事融资性担保业务，不能从事贷款借款业务。担保公司违规从事借款业务，自然不受法律保护。A 担保公司作为专门从事融资性担保业务的担保公司，应严格按照法律法规的相关规定，在其经营范围内开展相关业务。A 担保公司与 Y 建材公司签订借款合同、出借款项的行为，已超出其经营范围，违反了国家有关金融法规，应当认定无效。

2. 违反经营范围从事借贷业务，其借款合同无效后，关于其本金和利息处理的原则与正常的借贷关系有所不同。借款合同无效对于借款的本金及利息应本着过错责任返还各自的资金。双方明知企业之间不能相互拆借资金，而仍实施拆借资金的行为，对合同无效均存在过错，应当各自承担相应的民事责任。据此，Y 建材公司依照上述无效合同取得的借款本金，以及 A 担保公司由此取得的借款费用等款项均应返还对方。

关于利息的计算问题，自然不能按照无效合同约定的月利率 3%，只能按照资金的实际使用成本计算，即按中国人民银行同期同类贷款基准利率计算。Y 建材公司对其实际占用资金致使 A 担保公司产生的利息损失，应承担赔偿责任。

3. 根据有关法律规定，借款合同无效担保合同亦无效，在这种情况下担保人不是完全免责，需要承担过错责任。关于被告 H 建材公司、陈某、孙某的担保责任。本案的担保合同是从属于借款主合同的从合同，法律规定主合同无效，担保合同自然无效。本案中担保公司与三名被告之间的保证合同因借款合同无效而无效。担保合同无效，如果三个担保人是善意的（不知道借款行为违规），是可以免除其担保责任的，但鉴于三名被告均系长期从事企业经营活动的主体，对于与从事企业经营及金融活动相关的法律法规应当知晓，且借款当时被告 H 建材公司、陈某系 Y 建材公司的股东，其应明知 A 担保公司与 Y 建材公司的借款行为违反金融法规而仍为之担保，明显具有过错，依法应在 Y 建材公司不能清偿部分的 1/3 范围内承担清偿责任。

4. 资产抵押为什么无效。关于 A 担保公司与被告 Y 建材公司签订的抵押担保合同，因双方未对抵押财产进行登记，不具有对抗第三人的效力，故原告要求对抵押财产享有优先受偿权的请求，缺乏事实及法律依据，法院不予支持。

【案例启示】

1. 案例风险产生的原因。融资担保企业按照法律规定的经营范围依法经营是基本的原则。本案借款人 A 担保公司明知只能从事融资担保业务，不能从事贷款借款业务，却明知故犯。其主要原因是公司的经营理念出了偏差，为了获得高额收益，不惜铤而走险违规经营。借款人可能抱有侥幸心理，时间短、利息高、有担保、有抵押，实际上违规经营的风险是非常大的，合同无效借款人的权益难以保障，如果借款人破产，只能作为一般债权，本金都难以收回。担保人如果是善意第三方，就没有担保责任。另外，借款人违规经营，还会面临金融监管部门的处罚和信用损伤。

2. 融资担保公司要明确其经营的基本职能。融资担保公司的基本职能是为经营者融资贷款提供担保，以担保作为一种经营的手段，分析把握企业的经营风险，在为企业贷款担保中收取担保服务费用，从而获得企业效益。融资性担保公司对于以银行为代表的资金供给方而言，是它们的利润创造者和风险安全阀；对于中小企业来说，融资性担保公司能够解决其抵押不足、贷款难的问题；对于促进社会经济发展发挥着重要的作用。

3. 本案中，A 担保公司的借款到期无法完全收回，除了其违反经营范围没有法律保障外，还有一个重要原因是该笔借款在经济方面缺乏可行性经济分析。Y 建材公司借款期限是五个月，用途是补充流动资金不足，到期还款不足 1/3。这里可以说明三个问题：一是对于借款的用途没有严格审查，五个月周转的承诺显然有虚假成分；二是资金运转没有跟踪管理，资金借出后，任由借款方支配，资金处于失控状态；三是借款抵押资产未办理登记手续，抵押财产无法享有优先受偿权，这是担保公司不应该犯的常识性错误。

【关联法规】

1. 《中华人民共和国银行业监督管理法》① 第十九条规定，未经国务院银行业监督管理机构批准，任何单位或个人不得设立银行业金融机构或者从事银行业金融机构的业务活动。

2. 《中华人民共和国民法典》② 第一百五十七条【民事法律行为无效、被撤销或确定不发生效力的法律后果】合同无效或者被撤销后，因该合同取得的财产，应当予以返还；不能返还或者没有必要返还的，应当折价补偿。有过错的一方应当赔偿对方因此所受到的损失，双方都有过错的，应当各自承担相应的责任。

---

① 《中华人民共和国银行业监督管理法》，国家法律法规数据库，https：//flk. npc. gov. cn/detail2. html?MmM5MDlmZGQ2NzhiZjE3OTAxNjc4YmY2NDQyZTAzNjE%3D.

② 《中华人民共和国民法典》，国家法律法规数据库，https：//flk. npc. gov. cn/detail2. html?ZmY4MDgwODE3MjlkMWVmZTAxNzI5ZDUwYjVjVjNTAwYmY%3D.

案例 11

地方政府为担保公司
提供反担保无效

【案例介绍】①

　　2014 年 4 月 15 日，某市 F 区政府向某市财政局出具《某市 F 区人民政府关于同意为某市中小企业信用担保集团有限公司融资提供反担保的承诺函》，表示 F 区政府、F 区财政局承诺同意为 Q 公司向 J 银行办理三年期限贷款 5000 万元提供反担保，承担连带责任保证，并出具了《还款承诺函》。后因企业到期未能还款，某市中小企业信用担保集团有限公司向法院提出诉讼，要求 F 区政府和财政局承担责任。

　　法院认为，F 区政府和 F 区财政局出具《还款承诺函》和《某市 F 区人民政府关于同意为某市中小企业信用担保集团有限公司融资提供反担保的承诺函》（以下简称《反担保的承诺函》），是 F 区府和 F 区财政局共同为 Q 公司办理银行贷款向担保公司提供反保证担保的书面意思表示，违反了国家机关不得为保证人的法律强制性规定，该保证担保无效。

【案例分析】

　　1. F 区政府和 F 区财政局正式为企业金融贷款出具《还款承诺函》和

① 中国裁判文书网（2018）吉民终 198 号.

《反担保的承诺函》，明显是违反国家法律规定的。国家法律明确规定，机关法人是以公益为目的的非营利法人、非法人组织，不得作为保证人为任何企业经营的金融贷款提供担保。本案 F 区政府、F 区财政局同意为 Q 公司贷款向担保公司提供保证担保的行为无效。

2. 为什么法律规定禁止国家行政机关为经济活动提供担保，关键在于其危害性很大。国家行政机关是依法行使国家权力、执行国家行政职能的机关，通过纳税人提供的税收进行运行，不具备提供担保代偿债务的能力。如果为企业经营提供贷款担保，承担连带责任，只能扣划政府财政资金，影响政府工作的正常运行，不利于社会、政治、经济的稳定。对此，各级行政机关必须清楚法律的相关规定，重视政府行为的界限。

3. 法律明确禁止政府机构为经济活动担保，其担保没有法律效力。政府的职能是为社会经济发展服务，提供公平正义的政治、经济、文化、社会环境，具有宏观管理协调的职能，而不是具体参加企业经济活动；是管理者、裁判者的职能，而不是经济实体和运动员的职能。政府机构如果直接参与经济实体的活动，就会使裁判员与运动员的职能错位，违反了公平竞争的原则，破坏了公平竞争的市场环境，所以，为法律所禁止。

4. 从经济方面分析，Q 公司的 5000 万元三年期贷款，由市中小企业信用担保集团有限公司担保，区政府财政局提供反担保。很明显 Q 公司用于中期项目的投资，该项目当地政府非常看好，所以违规进行反担保。这里存在以下几个问题：一是项目投资是否成功，是市场经济行为，不是行政行为，行政直接参与企业经营决策，是不明智的。因为政府机关不可能熟悉企业的具体经营活动，盲目参与风险很大。二是企业有好的项目，缺乏资金投入，缺乏资产担保，在这种情况下可以通过市场风投资金公司去选择论证，而不是政府直接担保贷款。三是企业缺乏资金，缺乏资产担保，原则上是不能进行扩张性经营的，应该立足现实，逐步发展，高负债经营本身就是企业经营的大忌。

【案例启示】

1. 政府机构提供金融贷款担保，只是表明当地政府的重视和态度，但不具备法律效力，起不到任何担保作用。为此，金融部门进行金融贷款服务，不要依赖于政府的担保措施，主要应看企业的经营状况，负债能力、资金使用目的，合法的反担保措施等。

2. 金融担保工作人员必须明确融资贷款保证人和反担保应该具有的资格：

（1）担保人的身份必须符合法律的规定。根据法律规定，充当担保人的必须是企业法人、其他组织或者公民。企业法人是依法成立的从事商品生产经营活动的经济组织。其他组织法人是经民政部门核准登记的社会团体。

（2）保证人必须具备相应经济能力，有能力为被担保人代为清偿债务。金融担保工作人员必须调查贷款保证人和反担保是否具有相应经济能力，从而减少融资担保的风险。对于不具有完全代偿能力的法人、其他组织或者自然人，如果由于各种原因仍然成为保证人，到需要履行保证人责任代为清偿债务时，以自己没有代偿能力要求免除保证责任的，人民法院不予支持。

（3）对于企业法人的分支机构、所属职能部门，由于其不具备独立的法人资格，提供的保证合同无效。

（4）法律规定，国家政府机关、公益性的事业单位、社会团体不能在市场经济中充当保证人。但是，我们应当清楚，经国务院批准，国家机关可以在国际经济往来中，在接受外国政府贷款、国际经济组织提供的贷款的过程中作为保证人。

【关联法规】

《中华人民共和国民法典》第六百八十三条①规定，不得担任保证人的主体范围，机关法人不得为保证人，但是经国务院批准为使用外国政府或者国际经济组织贷款进行转贷的除外。以公益为目的的非营利法人、非法人组织不得为保证人。

---

① 《中华人民共和国民法典》，国家法律法规数据库，https：//flk. npc. gov. cn/detail2. html？ZmY4MDgwODE3MjlkMWVmZTAxNzI5ZDUwYjVjNTAwYmY%3D.

案例 12

法定代表人越权反担保无效

【案例介绍】①

2017年2月9日，Z技公司（实际控制人为颜某）与C银行签订《流动资金借款合同》。

2017年2月8日，Y浩公司（实际控制人为颜某）召开董事（股东）会，并形成了董事（股东）会决议，内容为：董事（股东）同意为Z技公司向C银行申请自2017年2月23日起至2018年2月22日综合授信各种金融业务形成的最高余额不超过10亿元的债务提供最高额担保。F控公司和H达公司对于Z技公司的贷款也签订了类似的《保证合同》，同日，Z技公司为了贷款与C银行签订贷款《保证合同》。

2017年2月22日，C银行向Z技公司发放借款4亿元。

截至2018年2月22日，Z技公司欠借款本金及利息4亿多元。2018年5月，C银行起诉至一审法院。

本案的核心是所涉F控公司、H达公司的《保证合同》是否符合公司的章程规定，是否有法律效力，这直接关系到F控公司、H达公司是否应承担相应民事责任的问题。

关于案涉《保证合同》的法律效力问题。第一，关于《保证合同》的法律效力问题，关键是看对外担保是否符合F控公司和H达公司（实际控制人

---

① 中国裁判文书网（2020）高法民终1229号.

为颜某）的公司章程的规定。在两个公司的章程中均规定，凡是对外单笔担保额超过公司最近一年经审计净资产的 10%，都要经股东会审议通过。本案担保额超过了 F 控公司和 H 达公司最近一年经审计净资产的 10%，且对外签订案涉《保证合同》未经股东会审议通过，为此，法定代表人的行为属于越权代表。

第二，本案系上市公司对外提供担保，C 银行负有更高的注意义务，C 银行未尽到起码的注意义务，其不构成善意。故 C 银行与 F 控公司、H 达公司所签订的《保证合同》无效，C 银行要求 F 控公司、H 达公司对本案债务承担连带清偿责任，一审法院不予支持。

第三，本案中，C 银行陈述，其在与 F 控公司、H 达公司签订《保证合同》时，曾经要求两公司提供董事会或股东会同意担保的相关决议，但由于种种原因最终未果。根据有关法律规定，F 控公司、H 达公司虽无须就《保证合同》承担担保责任，但由于其内部管理不规范、法人代表违规签订保证合同问题，对于《保证合同》无效亦有一定过错。综合考虑本案情况以及各方当事人的过错程度，一审判决酌情确定 F 控公司、H 达公司分别对主债务人不能清偿部分债务向 C 银行承担 10% 的赔偿责任。

【案例分析】

这是一项典型的董事会越权决定金融担保的案例，两个公司章程都明确规定，公司对外担保单笔担保额超过公司最近一年经审计净资产 10% 的，须经股东会审议通过。该笔担保贷款明显超过了其净资产的 10%，需要经股东会通过，董事会决议无效。实际工作中，这类错误会时常出现。对于非股份制公司，董事会的决议是具有法律效力的。因为董事会能够代表绝大多数股东的利益，董事会成员本身就是最主要的股东。但是，对于上市的股份公司，股东比较分散，为了保护小股东的利益，公司章程通常有限制董事会的规定，其中对外担保的规定是重要的内容。所以，凡是由上市股份公司或股东比较分散的股份公司所提供的担保是否有效，必须认真查阅其公司章程，确保担保的法律效力。

【案例启示】

1. 对于法定代表人违反公司章程，擅自对外提供担保给公司造成损失的，法律上有相应的规定，法定代表人必须遵守公司章程，不能擅自决定担保行为，对外担保必须以公司的章程为准绳，履行董事会、股东会的程序，以决议为授权的基础。本案中，显然法人代表的行为违反了《公司法》的规定，按照法律规定其提供的《保证合同》无效。

2. 关于越权担保的法律后果问题。

（1）在民法典实施前，《保证合同》在未经股东会表决通过的情况下，即使加盖公司公章和法定代表人私章及法定代表人签字的都属于越权代表，《保证合同》无效。但由于公司存在对其公章使用管理不规范的问题，可认定其存在管理过失，依法应对债务的 1/2 承担赔偿责任。

（2）《民法典》实施后，在金融担保业务活动中，对于接受担保或反担保方，在接受公司提供的担保和反担保时，须注意审查公司章程的相关规定及股东会决议。如果法人代表越权进行担保，担保无效。根据《最高人民法院关于适用〈中华人民共和国民法典〉有关担保制度的解释》等相关法律、司法解释的规定，担保合同被确定无效后，担保人有过错的，应当根据其过错程度承担相应的民事责任。

另外，对于接受上市公司提供担保，要特别注意，根据《最高人民法院关于适用〈中华人民共和国民法典〉有关担保制度的解释》第九条规定，担保事项必须公开披露，公众能够在董事会或者股东会决议的公开披露信息上查询，否则上市公司的担保合同无效，也不承担担保责任或者赔偿责任。

【关联法规】

《最高人民法院关于适用〈中华人民共和国民法典〉有关担保制度的解释》① 第七条规定，公司的法定代表人违反公司法关于公司对外担保决议程

---

① 《最高人民法院关于适用〈中华人民共和国民法典〉有关担保制度的解释》，国家法律法规数据库，https://flk.npc.gov.cn/detail2.html?ZmY4MDgwODE3N2U3NTdhYzAxNzgwgwMDc3ZDIyOTTFiNzc%3D.

序的规定，超越权限代表公司与相对人订立担保合同，人民法院应当依照民法典第六十一条和第五百零四条等规定处理：（1）相对人善意的，担保合同对公司发生效力；相对人请求公司承担担保责任的，人民法院应予支持。（2）相对人非善意的，担保合同对公司不发生效力；相对人请求公司承担赔偿责任的，参照适用本解释第十七条的有关规定。

法定代表人超越权限提供担保造成公司损失，公司请求法定代表人承担赔偿责任的，人民法院应予支持。第一款所称善意，是指相对人在订立担保合同时不知道且不应当知道法定代表人超越权限。相对人有证据证明已对公司决议进行了合理审查，人民法院应当认定其构成善意，但是公司有证据证明相对人知道或者应当知道决议系伪造、变造的除外。

第八条：有下列情形之一，公司以其未依照公司法关于公司对外担保的规定作出决议为由主张不承担担保责任的，人民法院不予支持：（1）金融机构开立保函或者担保公司提供担保；（2）公司为其全资子公司开展经营活动提供担保；（3）担保合同系由单独或者共同持有公司2/3以上对担保事项有表决权的股东签字同意。上市公司对外提供担保，不适用前款第二项、第三项的规定。

案例 13

借新还旧担保无效

【案例介绍】①

2012 年 7 月 16 日，李某尚欠 J 鑫公司 80 万元，又向 J 鑫公司借款 80 万元，双方约定该笔款项的月利率为 16‰，贷款用途为购买材料，还款期限为 2013 年 1 月 15 日。同日，S 联公司、J 诚公司应李某的请求对李某向 J 鑫公司借款的 80 万元提供担保，并分别与 J 鑫公司签订保证合同各一份，约定担保期限为 2012 年 7 月 16 日~2013 年 1 月 15 日。2013 年 1 月 4 日、9 月 23 日，李某分别偿还贷款利息 6.4 万元、4 万元，合计 10.4 万元。为此，J 鑫公司向法院提出诉讼要求李某偿还 80 万元贷款及逾期利息，对此，法院给予支持。

关于 J 鑫公司要求 S 联公司、J 诚公司对李某的上述债务承担连带偿还责任的诉讼请求，因李某于 2012 年 7 月 16 日虽向 J 鑫公司出具了 80 万元的贷款凭证，其借款用途也载明为购买材料，但 J 鑫公司并未向李某实际履行该款项，该借款凭证中的 80 万元实际系 J 鑫公司与李某自 2009 年发生款项往来的结算，即以新贷偿还旧贷。且 J 鑫公司未能提供证据证明 S 联公司、J 诚公司对 J 鑫公司与李某上述以新贷偿还旧贷的情形知道或者应当知道，则 S 联公司、J 诚公司不应对李某的上述债务承担连带保证责任，故对 J 鑫公司该项诉讼请求法院不予支持。

---

① 中国裁判文书网（2015）扬民终字第 00735 号.

【案例分析】

1. 实施担保贷款的公司应当注意把握借新还旧的概念。借新还旧属于银行金融业务的一种行为，指贷款人在原贷款到期后不能按时归还，为了归还原有贷款又向银行申请新的贷款，银行重新发放贷款用于归还原有贷款的行为。

对于这种借新还旧的行为原担保人如何承担担保责任的问题，要根据担保人是否知道来确定。如果原担保人知道或者按照法律应当知道的，应该继续承担原担保责任；如果银行和贷款人都有意隐瞒此行为，原担保人完全不知道的，对于借新还旧的行为原担保人不承担民事责任。

2. 实施担保贷款的公司应当注意借新还旧，保证人是否承担责任的 11 种情形。

（1）贷款合同明确约定借新还旧，债权人需要证明保证人知情。如果保证人完全不知情，就不承担担保责任。

（2）出借人明知借款人借款是用于归还其他借款，而不是为了新的经营业务，仍然发放借款的，担保人对此不知道，属于违背了保证人提供担保时的真实意思，该担保合同无效，担保责任免除。

（3）借贷双方故意隐瞒借新还旧事实，欺骗担保人为其担保，构成串通骗保，担保人免责。

（4）过桥、顶名等变相以贷还贷，若新担保人被隐瞒，应免责。

（5）到期债务转为借款的，被隐瞒借款过程的新保证人免责。

（6）借新还旧贷款的担保，不能用概括条款推定担保人自愿为"借新还旧"担保。

（7）如果贷款用于解付信用证欠款，同样属于借新还旧，对于担保人隐瞒贷款用途的免责。

（8）债务人从银行贷到款不用，等待承兑敞口到期扣划，构成实质上借新还旧。

（9）保证人对借款用途未加限制的，应认定同意以贷还贷。

（10）主合同变更保证人仍应承担保证责任的约定，有效。

（11）"借新还旧"如果属于"流动资金"，其贷款用途属于企业使用的范畴，保证人不能免责。

【案例启示】

目前有一些企业到期无法归还银行的贷款本金，银行也没有将其列为逾期贷款，通常采用"借新贷款、还旧贷款"的办法来处理，也就是所谓"借新还旧"的做法。银行和贷款人这样做往往也是无可奈何，对银行来说，逾期贷款的统计数量不会增加；对于贷款人来说，也不用支付逾期利息。这种所谓"借新还旧"的做法，贷款担保人的担保责任如何来确定呢？不同情况下担保人的责任不同。

1. 有的担保人为什么会提出抗辩？借新还旧贷款的担保人有三种情形。

一是新旧贷款是不同的担保人。旧的贷款人和担保人在贷款合同到期后，都没有清偿能力，为了归还旧的贷款，银行与借款人在订立新贷款合同时重新找一个担保人。

二是旧的借款没有担保人，新的贷款有担保人。

三是旧的借款合同与新的借款合同是同一担保保证人。

以上三种情形，无论是原担保人还是新担保人，只要是不知道银行的贷款是以新还旧的性质，银行与借款人故意隐瞒了借款合同的真实用途，隐瞒债务人的资金和财务状况，加大了担保人的担保风险，担保合同应当无效，担保人提出抗辩自然是合理合法的，通常法院会给予支持。而担保人知道银行的贷款是以新还旧的性质，担保人的担保合同条款中也明确是对上述的"转贷"或"债务重组"提供担保。这种做法，担保合同虽然违反了国家金融政策而无效，但从法律上讲担保人也不能因主合同无效而免责。

2. 保证人的抗辩理由有哪些？

（1）因主合同违反了国家金融政策而无效，担保合同为从合同随之无效。贷款到期不能归还，借款人可以向银行申请展期，对于贷款展期银行有严格的规定和限制。达不到展期条件的贷款要转入逾期贷款账户。国家金融政策和金融监管部门规章不允许借新还旧的金融行为，实行借新还旧违反了国家金融政策，借贷合同属于无效合同，在这个过程中如果担保人没有过错，担保合同无效，担保人不承担担保责任。

（2）《民法典》担保篇规定，如果债权人与债务人通谋，以隐瞒、欺骗、弄虚作假等非法手段致使担保人提供担保，这种担保合同依法无效。如果借款合同的双方当事人事先串通好，欺骗担保人为其担保，实行以旧贷还新贷，转嫁债务给担保人，担保人可以此作为抗辩，拒绝承担担保责任。

【关联法规】

《最高人民法院关于适用〈中华人民共和国民法典〉有关担保制度的解释》① 第十六条：主合同当事人协议以新贷偿还旧贷，债权人请求旧贷的担保人承担担保责任的，人民法院不予支持；债权人请求新贷的担保人承担担保责任的，按照下列情形处理：（1）新贷与旧贷的担保人相同的，人民法院应予支持；（2）新贷与旧贷的担保人不同，或者旧贷无担保新贷有担保的，人民法院不予支持，但是债权人有证据证明新贷的担保人提供担保时对以新贷偿还旧贷的事实知道或者应当知道的除外。

主合同当事人协议以新贷偿还旧贷，旧贷的物的担保人在登记尚未注销的情形下同意继续为新贷提供担保，在订立新的贷款合同前又以该担保财产为其他债权人设立担保物权，其他债权人主张其担保物权顺位优先于新贷债权人的，人民法院不予支持。

---

① 《最高人民法院民法典担保制度司法解释理解与适用》，国家法律法规数据库，https：//flk. npc. gov. cn/detail2. html?ZmY4MDgwODE3N2U3NTdhYzAxNzgwMDc3ZDIyOTFiNzc%3D.

案例 14

登记部门错误办理登记

【案例介绍】①

2006 年 12 月 7 日，案外人汪某与某市新村路 A 店面的实际开发人王某签订了房屋买卖合同，并按约支付了相应的房款。

从 2009 年 3 月开始，汪某实际使用该店面并租给于某收取租金。王某于 2008 年 6 月 12 日办理了位于某市新村路 A 店面的房产登记（房屋所有权人王某）。

2011 年 7 月 1 日，原告市中小企业信用担保有限公司（以下简称市担保公司）与王某签订《委托担保协议书》，由王某委托市担保公司为案外人于某向 J 银行市支行借款 300 万元提供保证担保。同年 7 月 9 日，原告市担保公司与王某签订《反担保抵押合同》，由王某以其所有的市新村路 A 店面向原告提供反担保抵押，并于 7 月 14 日为原告办理了上述店面的他项权证（房屋他项权利人为原告市担保公司）。

2011 年 7 月 18 日，原告市担保公司与案外人 J 银行市支行签订了《最高额保证合同》，为于某向该行借款 300 万元提供保证担保，J 银行市支行也依约向于某发放了 300 万元的贷款。后因于某未按约向 J 银行市支行偿还贷款本息，原告市担保公司于 2012 年 9 月 29 日为于某向 J 银行市支行代偿了借款本息 3403737.08 元。

原告市担保公司向市中级人民法院提起诉讼行使追偿权，市中级人民法

---

① 中国裁判文书网（2020）赣 0425 行赔初 1 号.

院于 2013 年 12 月 12 日作出民事判决书，判决：（1）于某于判决生效之日起三日内向原告市担保公司支付欠款 3181062.69 元，并支付利息 222674.39 元；（2）原告市担保公司对王某位于市新村路 A 店面在上述第一判项的债权范围内享有优先受偿权。

2014 年 5 月 19 日，市中级人民法院对该民事判决立案执行，在执行过程中发现涉案房产所有权于 2012 年 12 月 24 日已登记在汪某名下。2015 年 10 月 28 日，市中级人民法院将该情况告知原告市担保公司，因抵押物在诉讼前灭失，对抵押物执行不能。

某县人民法院于 2019 年 8 月 29 日作出（2019）×0425 行初 8 号行政判决书，判决市自然资源局于 2012 年对位于市新村路 A 店面转移登记的具体行政行为违法，原、被告均未上诉，该判决已生效。疏于对巨额资金投放对象的考察、咨询和查证，怠于对资金流向使用的风险监控，系造成损失的成因之一，故原告市担保公司对损失应自己承担 10% 的责任；且原告主张的利息不是必然应得，不属直接损失，故对原告利息损失主张，法院不予支持。被告市自然资源局在向原告市担保公司承担了相应的赔偿责任后，可依法向负有民事赔偿责任的当事人追偿。

【案例分析】

本案的核心之一是对于房产店面擅自转移登记引发的抵押物消失问题，市自然资源局承担行政赔偿责任。

《中华人民共和国民法典》第二百二十二条①规定，登记机构因登记错误，造成他人损害的，应当承担赔偿责任。获得国家赔偿需同时满足三个条件：一是国家机关和国家机关工作人员在行使职权时有错误；二是必须其所犯错误有法定的损害事实发生；三是损害事实与行政行为错误存在因果关系。同时，除满足上述三个条件外，原告须穷尽其他救济途径不能后，方能提起行政赔偿。

本案中，市自然资源局将涉案房产擅自转移登记至汪某名下的行政行为，

---

① 《中华人民共和国民法典》，国家法律法规数据库，https://flk.npc.gov.cn/detail2.html?ZmY4MDgwODE3MjlkMWVmMZTAxNzI5ZDUwYjVjNTAwYmY%3D.

已经法院认定确认违法。该违法转移登记，导致抵押物灭失，原告市担保公司在替于某向 J 银行市支行代偿了 3403737.08 元债务后，因抵押物灭失而丧失了优先受偿权，遭受了较大数额的经济损失。原告已通过各种途径求偿，仍无法得到赔偿。被告违法转移登记的行为与市担保公司的财产损失之间存在法律上的利害关系和因果关系。被告市自然资源局对其违法办理转移登记而导致原告市担保公司财产损失的后果，应承担行政赔偿责任。

【案例启示】

1. 金融担保业务中如果出现房管部门房产登记出错怎么办？

方法一：申请更正登记。权利人、利害关系人认为房屋登记簿记载的事项有错误的，可以申请更正登记。

方法二：在金融业务实践中，由于各种原因，往往大部分的权利人不同意更正登记，对此，利害关系人又该如何维护自己的合法权益呢？《中华人民共和国民法典》第二百二十条第二款规定，不动产登记簿记载的权利人不同意更正的，利害关系人可以申请异议登记。登记机构予以异议登记，申请人自异议登记之日起十五日内不提起诉讼的，异议登记失效。异议登记不当，造成权利人损害的，权利人可以向申请人请求损害赔偿。异议登记的作用是非常重要的，可以将登记状态暂时封存起来，从而防止不诚实的权利人转移或出卖该不动产。

方法三：提起行政诉讼。提起行政诉讼是当事人维护自身权益的法律救济途径，对于登记机构工作失误致使不动产登记给当事人造成损害的，可以请求法院对登记行为的合法性进行审查并做出撤销登记或维持登记的判断。但是提起行政诉讼如果理由成立，法院只能判决登记机构撤销登记，行政诉讼不能判决直接登记给谁。直接登记给谁属于民事纠纷，当事人应在法院另行提起民事诉讼。

2. 关于不动产登记机关因错误登记而产生的赔偿问题。不动产登记机关会因为某些原因而产生错误的登记，由此产生的经济财产损失由谁赔偿呢？《中华人民共和国民法典》明确规定，登记机构因登记错误，造成他人损害的，应当承担赔偿责任。这种依法的赔偿责任是由于登记机关工作失误而承担的民事赔偿责任，不属于国家机关因执法过错而承担的国家赔偿责任。为此，在登记机构履行民事赔偿责任后，当事人还可以依法追究造成登记错误的人的个人民事责任，并向其追偿。

【关联法规】

1.《中华人民共和国民法典》第二百二十二条规定，因登记错误，给他人造成损害的，登记机构应当承担赔偿责任。登记机构赔偿后，可以向造成登记错误的人追偿。

2.《最高人民法院关于审理房屋登记案件若干问题的规定》① 第十三条规定，房屋登记机构工作人员与第三人恶意串通违法登记，侵犯原告合法权益的，房屋登记机构与第三人承担连带赔偿责任。

---

① 《最高人民法院关于审理房屋登记案件若干问题的规定》，国家法律法规数据库，https：//flk. npc. gov. cn/detail2. html?NDAyODgxZTQlZmZiYmU0MTAxNWZmYzUzZWE3ZTBhMTU%3D.

案例 15

反担保设备违规出租

【案例介绍】①

2015 年 3 月 16 日，X 粉体厂与 G 银行签订一份 600 万元流动资金借款合同；同日，Z 担保公司与 G 银行为上述借款签订一份保证合同。2015 年 3 月 17 日，Z 担保公司与 X 粉体厂签订委托担保合同。

2016 年 4 月 20 日，X 粉体厂与 Z 担保公司签订抵押合同，将公司名下的装载机、叉车、球磨机、分级机、变压器等财产（本案全部讼争的财产）抵押给 Z 担保公司，并在市工商行政管理局办理了抵押财产登记。同日，由 Z 担保公司为 X 粉体厂贷款实行再担保签订委托担保合同，X 粉体厂签订最高额反担保抵押合同。

2016 年 4 月 27 日、2017 年 6 月 21 日，X 粉体厂与 G 银行就上述借款再分别签订了 600 万元流动资金借款合同；同日，Z 担保公司也与 G 银行为上述借款继续签订保证合同，与 X 粉体厂再签订其委托担保合同。

吴某与庄某、水某（X 粉体厂公司法定代表人）民间借贷纠纷一案，于 2016 年 10 月 25 日经市某区人民法院主持调解，双方达成调解协议并签署民事调解书。该民事调解书确认如下内容：（1）被告庄某、水某偿还原告吴某借款本金 111 万元及相应利息，从 2017 年 7 月起每月偿还 5 万元，优先偿还借款本金，本金还清后偿还利息，直至借款本息全部还清为止，于每月月底

① 中国裁判文书网（2022）皖 03 民终 961 号.

前支付至吴某银行账户；（2）如被告庄某、水某按期履行上述还款义务，原告吴某自愿在两被告最后一期应付利息中免除其 2 万元债务。

2016 年 5 月 3 日，吴某与 X 粉体厂签署一份租赁合同，该合同约定将 X 粉体厂部分厂房及现有设备出租给吴某，且约定了出租范围及面积；同时约定：租期 20 年，自 2016 年 5 月 5 日~2036 年 5 月 4 日。年租金壹拾伍万元。

2019 年 8 月 28 日，吴某与水某再签订一份调解协议。水某出租给吴某的厂房，吴某使用 9 年（2016 年 5 月 3 日~2025 年 5 月 2 日，抵付水某 135 万元债务及利息）。如能正常使用 9 年，无不可抗力，双方已有的市某区人民法院民事调解书灭失。

2020 年 7 月 8 日，X 粉体厂与 Z 担保公司和水某 A 签订一份协议书，三方确认原抵押设备整体以 35 万元的价格处置给水某 A。水某 A 分别于 2020 年 7 月 6 日、2020 年 9 月 16 日、2020 年 9 月 17 日向 Z 担保公司支付了 20 万元、13 万元、2 万元，合计支付 35 万元。

对此，吴某认为 X 粉体厂与 Z 担保公司和水某 A 签订协议书，侵犯了其权益，向法院提起了诉讼。吴某认为，2016 年，其租赁水某厂房设备，并拆迁在新成立的材料有限公司内使用，属于合法占有留置，应该按照留置权优先的法律规定，确定对抵押设备的处置其有优先受偿权。

法院认为：吴某主要以其取得讼争财产的租赁权为由提起本案债权人撤销权诉讼，但其对自己取得讼争财产的租赁权时间，迟于 Z 担保公司合法取得抵押权的时间，并不持异议。二审中，吴某自认讼争财产价值在 35 万~42 万元。

本案中，X 粉体厂因向 G 银行借款而将其相应设备于 2016 年 1 月 20 日向被告 Z 担保公司提供了抵押反担保，并于 2016 年 4 月 25 日向区工商行政管理总局办理抵押登记。2016 年 5 月 3 日，X 粉体厂将部分厂房及现有设备出租给吴某，并签订了《租赁合同》。

Z 担保公司依照担保合同为 X 粉体厂代偿了银行贷款 73.55 万元，依法享有向该 X 粉体厂追偿的权利。由于该 X 粉体厂的相关财产抵押给 Z 担保公司并进行了抵押登记，因此在取得 Z 担保公司的同意下，X 粉体厂转让其抵押财产并将转让所取得价款向 Z 担保公司清偿，合法有效，系抵押权实现的合法方式之一。因而，包含吴某在内的相关主体无权撤销。

法院认为有关 X 粉体厂转让其资产至水某的行为和法律关系，是合法有效的，吴某的有关上诉理由并不能成立。

其一，吴某并不是资产转让方 X 粉体厂的债权人，X 粉体厂转让其资产，吴某无权以债权人的名义提起撤销诉讼。

其二，吴某仅仅是 X 粉体厂相关资产的承租人，目前该些资产仍为吴某占用和使用，案涉资产转让并未侵害吴某的承租权；且承租权即便遭受损害也并不能据此否认转让的效力，而仅仅要求出租人承担损害赔偿而已。

其三，吴某与 X 粉体厂是相关设备资产的承租关系，不存在相关设备资产的被留置问题。

【案例分析】

本案的实质是抵押反担保设备的抵押权与出租使用权的对抗问题。关于抵押物在抵押权存续期间，抵押人又自行转让抵押物转让其他受让人的，此时，抵押物是否在政府相关部门登记，就成了一个非常关键的因素。如果已经登记的，抵押权人的合法权利受到法律保护，仍然享有行使抵押权；后取得抵押物所有权的受让人，则难以受到法律保护，其受到的经济损失可以依法向抵押人追偿。如果原抵押权人没有登记，而后来的受让人登记的，则原抵押权人难以受到法律保护，难以行使抵押权。对于已经出租的财产，出租人进行抵押的，抵押权不影响原租赁关系。本案中，由于 X 粉体厂的相关财产抵押给 Z 担保公司并进行了抵押登记，X 粉体厂将抵押财产转让所取得价款向 Z 担保公司清偿，合法有效，吴某无权干预撤销。

实践中，抵押人由于多种原因，将已经抵押的设备财产进行出租或者出售的情况时有发生。对此，《最高人民法院关于适用〈中华人民共和国民法典〉有关担保制度的解释》中比较具体的规定。关于抵押人将已抵押财产出租分为两种情况，一是承租人不知道承租的是抵押财产，抵押人未书面告知承租人的，在抵押权人行使抵押权时造成承租人的损失的，抵押人承担赔偿责任；二是承租人如果知道承租的是抵押财产，或者抵押人已书面告知承租人的，在行使抵押权造成承租人的损失，法律规定由承租人自己承担。结合本案实际，原告吴某可要求抵押人对出租抵押物造成其损失承担赔偿责任。

【案例启示】

本案法院认为原告吴某对于 X 粉体厂的设备资产是租赁关系，不是留置关系，不能按照留置的法律关系来进行判决处理。对此，融资担保公司在进行担保业务过程中，需要准确把握留置权的概念、留置权行使的条件以及行使留置权注意的事项：

1. 什么是留置权。留置权顾名思义是债权人合法取得债务人财产的留置权利，具体是指债权人因借款、担保等合法的原因，根据合同约定、通过协商、依法扣留等合法手段实际占有了债务人的财物，在债务人未能履行合同义务以前留置该项财物的一种权利，在债务人未能履行其合同职责义务时，债权人有依法拥有变卖留置财物受偿的权利。

留置权的效力主要体现为留置权人的占有权和优先受偿权，留置权人对于留置物必须妥善地保管，未经债务人同意不得使用、出租或抵押留置物。

2. 留置权的成立。留置权之成立，需具备以下要件。

（1）债权人留置占有债务人的资产是一个严肃的法律事宜，必须合法，留置理由合法、留置手续合法。

（2）债权已过清偿期。要确认债务人是到期不能归还债务的情况下，债权人方能行使留置权。这里涉及一个法律时间节点的问题，在债权未过清偿期，不能行使留置权。特殊情况下，如果债权人能够证明债务人确实无支付能力的除外。

（3）动产占有与债权属同一法律关系。如是钢材贸易业务产生的贷款担保事因，只能拥有对钢材的留置权，其他事因不能对钢材产生留置权。

3. 留置权的效力。

（1）债权人行使留置权是为了担保债务人能够清偿其债务，留置担保的范围是按照担保合同约定的范围来确定的，通常按最高担保的范围来确定。

（2）债权人行使留置权的前提是债务人逾期未履行债务的，可以与债务人协商，也可以通过拍卖、变卖留置财产所得的价款来清偿债务。

（3）留置权人对于留置财产负有妥善保管的义务，如果保管不善致使留置财产受损、减少、灭失的，留置权人负有赔偿责任。

（4）按照法律规定，留置权优先于抵押权或者质权，如果同一动产上已设立抵押权或者质权又被留置的，留置权人优先受偿。

4. 留置权行使需要哪些条件。

一是债务人不能履行债务而且超过了法定的期限。这个期限通常是合同中约定，也可以是当事人自行约定，但不得少于法定期限。如果合同未约定时间的，具体期限债权人可以决定，但注意不能低于法定期限。

二是根据法律法规要求，债权人留置权行使时如果事先未通知债务人具体时间，不得行使留置权。通知了债务人具体时间，债务人于确定期限内仍未履行义务时，债权人可以行使留置权。

【关联法规】

《中华人民共和国民法典》第四百五十三条①规定，【留置权债务人的债务履行期】留置权人与债务人应当约定留置财产后的债务履行期限；没有约定或者约定不明确的，留置权人应当给债务人六十日以上履行债务的期限，但是鲜活易腐等不易保管的动产除外。债务人逾期未履行的，留置权人可以与债务人协议以留置财产折价，也可以就拍卖、变卖留置财产所得的价款优先受偿。

留置财产折价或者变卖的，应当参照市场价格。

---

① 《中华人民共和国民法典》，国家法律法规数据库，https：//flk. npc. gov. cn/detail2. html？ZmY4MDgwODE3MjlkMWVmZTAxNzI5ZDUwYjVjVjNTAwYmY%3D.

案例 16

汇票质押担保纠纷

【案例介绍】①

本案系票据追索权纠纷一案。2015 年 1 月 7 日，被告 B 贸易公司向原告 A 公司借款 270 万元，并出具借条。为担保上述主债权的实现，被告 B 贸易公司与原告 A 公司签订了《质押合同》，约定由被告 B 贸易公司票面金额 300 万元的商业承兑汇票为上述借款提供质押担保。该商业承兑汇票是被告 C 置业公司于 2014 年 11 月 6 日出具的，汇票到期日为 2015 年 5 月 5 日，收款人是 D 新材料公司。被告 C 置业公司在出票人处加盖其财务专用章及法定代表人陈某印章。同日，被告 C 置业公司就该商业承兑汇票向持票人出具承兑保证承兑函，该函载明：票号的商业承兑汇票出票人（承兑人）均为 C 置业公司，接票人 D 新材料公司，承兑人确认上述商业承兑汇票加盖的印鉴与 C 置业公司在某银行 S 支行，预留的印鉴完全一致。承兑人对上述商业承兑汇票郑重承诺保证：对于商业承兑汇票记载的全部承兑金额款项，在此商业承兑汇票到期后无条件向持票人承兑支付（有另行约定协议的，详见约定协议）并承诺负责因出票人违约产生的利息、罚息、损害赔偿金及持票人为实现债权而产生的一切费用（包括但不限于诉讼费、律师费、保全费、执行费、差旅费等）。兑付时间为自 2014 年 11 月 6 日起任何时间。被告 C 置业公司在上述商业承兑汇票出票人及承兑人签章处加盖财务专用章及法定代表人

---

① 中国裁判文书网（2015）东商初字第 954 号.

印章。后被告 B 贸易公司到期不能向原告 A 公司归还借款，A 公司依法要求质押担保的商业承兑汇票进行承兑，被告 C 置业公司拒绝承兑，从而引起司法诉讼。

被告 B 贸易公司主张承兑保证承兑函不是原件，但对其真实性无异议。被告 C 置业公司对承兑与保证承兑函不予认可。被告 C 置业公司对汇票真实性无异议，但主张背书不符合法律规定。因为被背书人均为同一人笔迹。根据票据法有关规定，背书人将汇票背书至被背书人，必须明确签署被背书人的名称。原告收到该汇票时，其两个前手，在汇票背书过程中并没有署名被背书人名称，不符合法律规定，导致票据无效。原告 A 公司主张其收到被告 B 贸易公司交付票据时，背书内容包括被背书人即已完备。对于被告 C 置业公司对被背书人的填写所提的异议，应由其提供证据证明。

法院认为：票据属于要式证券。诉争商业承兑汇票出票人即被告 C 置业公司与申某 A、申某 B 之间基于合作开发合同关系，受其委托向 D 新材料公司开具，双方之间具备真实的委托付款关系。诉讼争议的商业承兑汇票合法有效。

原告作为票据持有人基于真实交易关系取得诉争商业汇票，且质押人亦进行了背书，该商业承兑汇票背书连续，原告依法取得诉争商业汇票质押权。被告 C 置业公司作为出票人已经对诉争商业汇票作出承兑，虽其对原告提交的承兑与保证承兑函提出异议，主张其不是原件，然其在票据承兑人签章处进行签章，承兑栏载明"本汇票已经承兑，到期无条件付票款"，应视为被告 C 置业公司对该汇票已为承兑行为，被告 C 置业公司该项辩解意见，法院不予采纳。原告要求被告 B 贸易公司、C 置业公司连带给付原告商业承兑汇票款 300 万元及利息（以本金 300 万元计，自 2015 年 5 月 5 日起至清偿日，按照中国人民银行同期流动资金贷款基准利率计算）的诉讼请求，于法有据，法院予以支持。

【案例分析】

本案的核心是关于原告是否取得诉争商业汇票质押权问题。

首先，被告 B 贸易公司向原告借款，原告亦已经按约向被告 B 贸易公司提供借款，双方之间借款合同关系成立且合法有效。后被告 B 贸易公司与原告签订商业承兑汇票质押合同，约定以诉争商业承兑汇票为 B 贸易公司借款提供质押担保。虽被告 B 贸易公司、被告 C 置业公司对质押合同签订时间提出异议，因合同签订时间记载与否并不必然影响合同效力，该质押合同已对质押担保的主债权、担保范围及质押物等合同主要内容进行了约定，被告 B 贸易公司在该合同上加盖公司公章及法定代表人印章，应视为其与原告对质押合同达成合意。该汇票根据双方意愿亦背书给原告，故原告依法对诉争商业承兑汇票享有质权。

其次，票据为文义证券，即便票据上所作记载与实际情况不一致，仍应按票载文义定其效力。被告 C 置业公司主张原告明知诉争商业承兑汇票载明的收款人仅为代收款人，不能用于贴现，原告存在重大过失。因被告 C 置业公司未提供证据证实原告在取得诉争商业承兑汇票时已知晓票据载明的收款人无票据转让权，诉争商业承兑汇票载明的收款人即为 D 新材料公司，出票人在出票时并未在票据上记载"不得转让""委托收款"字样，原告仅依据票据文义记载并不能察知该事实，基于票据无因性，该约定并不能产生票据转让无效的抗辩。至于其主张被告 B 贸易公司明知票据存在不能兑现的风险仍接受商业汇票继续背书质押，属非善意，为无效背书的辩解意见，被告 C 置业公司提供被告 B 贸易公司与 D 新材料公司之间的补充协议予以证实。被告 B 贸易公司对此不予认可。即便被告 B 贸易公司与 D 新材料公司之间确实存在此种约定，亦属于被告 B 贸易公司对其前手背书人责任免除的基础关系约定，并不能当然认定被告 B 贸易公司明知票据不能兑现仍接受诉争汇票属于非善意。

最后，关于诉争商业承兑汇票是否为空白背书转让及其效力问题。被告 C 置业公司主张该票据背书为空白背书，且均由原告自行补记，背书无效。原告对此不予认可。被告 C 置业公司补充提交票据空白背书页复印件证实。原告对被告 C 置业公司提出的证据形式及证明对象均提出异议。被告 B 贸易公司对证据形式不予认可，但自认 D 新材料公司向其交付诉争商业承兑汇票时，该公司仅在背书人栏中背书，后其又将该空白背书汇票交付原告。因被告 C 置业公司提供的证据形式上存在瑕疵，该份证据的效力法院不予采纳。即便 D 新材料公司系以空白背书形式向其后手转让诉争商业承兑汇票，亦并不当然影响原告票据权利的取得。

【案例启示】

担保公司要熟练掌握汇票质押的相关业务技术。

1. 汇票质押的基本概念。汇票是银行常见的一种金融支付工具，由出票人签发的，承诺在指定的时间内向收款人或持票人支付一定金额的票据（分为银行汇票和商业汇票）。汇票质押则是汇票持有人为自身债务或其他人债务提供担保，以汇票设定质权进行的背书，以票据金额为被背书人债务清偿作为保证的一种方式。

（1）汇票质押的方式。汇票质押需要严谨的签字签名盖章手续，在汇票或粘单上出质人必须注明"质押"字样，出质人法人代表要签名，出质人法人单位要盖章，方能有效。汇票或粘单上必须签字签名盖章，三者缺一不可，否则汇票质押无效。切记，不能以另行签订质押合同、质押条款来代替签章，这样汇票质押无效。

（2）汇票质押与普通质权相比特点。

一是汇票质押可以按全部票据金额给付兑现。汇票质押的被背书人在实现债权时，可以不受设质的债权范围所限制，依票据请求全部票据金额的完全给付。这是汇票质押的一个重要特点，当然，这里可能有一个返还超过金额的问题。

二是汇票质押背书的被背书人不能以质押票据再行背书或者背书转让票据，这违反了法律法规的相关规定，背书行为无效。

三是汇票质押要特别注意出票人是否在票据上明确记载有"不得转让"字样，如果出票人有明确记载，其后手将此票据进行贷款质押的，根据法律规定，其质押行为无效，原背书人对后手的被背书人不承担票据责任。

2. 商业承兑汇票质押已至票据到期日，应该如何处理？

这里分为主债务到期日先于票据到期日，还是票据到期日先于主债权到期日两种情况，处理的方法不同。

（1）关于主债务到期日先于票据到期日的，又分两种情况：一是如果债务人对于主债务已经履行完毕，质权人已经没有必要继续持有质押商业承兑汇票，应该按照约定解除质押；二是如果债务人对于主债务到期未履行的，质权人可以按照质押合同约定，依法行使票据权利，但不得继续背书。

（2）对于票据到期日先于主债权到期日的情况，这种情况通常在事先的质押合同中有专门约定，如果约定不明确的，质权人可以在票据到期后行使票据权利，由于主债务尚未到还款期，质权人可以与出质人协商将兑现的票款用于继续作为担保或者提前还款。

3. 质押票据需要注意的两个问题。

（1）质押票据的信用程度是银行和担保公司考虑的重点。票据的信用程度，也就是票据的安全程度，通常是以债权人依法行使票据权利时，对于票据上的金额能否及时、全额受偿的情况来确定的。目前信用度最高的是出票人或承兑人为国家银行的承兑汇票、汇票、本票；其次是出票人或承兑人为类金融企业的承兑汇票、汇票、本票；最后是出票人或承兑人为企业的商业承兑汇票、汇票、支票。也就是说，对于企业的商业承兑汇票、汇票、支票出质要特别注意，引起法律纠纷的比较多。对于企业的商业承兑汇票、汇票、支票要做好尽职调查，包括企业经济实力、经营状况、信用情况等，不可草率行事。对于企业的支票要特别慎重，原则上不能质押，我国票据法明确规定不允许签发远期支票，支票的不确定性非常高，用企业支票作质押，风险非常大。

（2）由于票据的特殊性，票据质押担保要特别注意手续的严谨性。票据质押担保风险很多都在票据的合规、合法、真伪上出问题，严格履行质押手续要注意以下问题。

一是票据的合规、合法、真伪问题，特别是一些小的金融机构和一些企业的票据，看似真实合法，实则其自身濒于破产，所有票据最终无效。

二是不能简单地质押票据背书了事，要订立有与之相配套的书面形式的质押合同，进一步明确双方的权利与责任。

三是如果数额较大，为了慎重起见，还需要公证处公证。

【关联法规】

1.《中华人民共和国票据法》[①] 第四条规定，票据出票人制作票据，应当按照法定条件在票据上签章，并按照所记载的事项承担票据责任。

---

① 《中华人民共和国票据法》，国家法律法规数据库，https://flk.npc.gov.cn/detail2.html?MmM5MDlmZGQ2NzhiZjE3OTAxNjc4YmY2MmIyYTAyZGY%3D.

持票人行使票据权利，应当按照法定程序在票据上签章，并出示票据。

其他票据债务人在票据上签章的，按照票据所记载的事项承担票据责任。

本法所称票据权利，是指持票人向票据债务人请求支付票据金额的权利，包括付款请求权和追索权。

本法所称票据责任，是指票据债务人向持票人支付票据金额的义务。

2.《票据法司法解释》① 第五十三条规定，依照票据法第二十七条的规定，出票人在票据上记载"不得转让"字样，其后手以此票据进行贴现、质押的，通过贴现、质押取得票据的持票人主张票据权利的，人民法院不予支持。

① 民商法司法解释实例释解丛书［M］. 北京：人民法院出版社，2009.

案例 17

仓单质押失控

【案例介绍】①

2014 年 10 月 23 日，（1）L 银行与 F 棉业公司签订一份《流动资金借款合同》，约定 F 棉业公司向 L 银行借款 1000 万元，借款用途为收购籽棉，借款期限为 9 个月，自 2014 年 10 月 23 日~2015 年 7 月 22 日，借款年利率为 6%。

（2）L 银行与 A 担保公司签订一份《动产质押合同》，A 担保公司为 F 棉业公司在某市农发行的 1000 万元债务提供质押担保。

（3）L 银行与 F 棉业公司签订一份《动产质押合同》，F 棉业公司为保证其在 L 银行处 1000 万元债务的履行，愿意向质权人提供质押担保。

（4）L 银行与 A 担保公司签订一份《保证合同》，A 担保公司为 F 棉业公司在 L 银行的 1000 万元债务提供保证担保。

（5）L 银行与吴某、董某签订一份《自然人保证合同》，合同约定，吴某、董某为 F 棉业公司在 L 银行的 1000 万元债务提供保证担保。

2014 年 10 月 24 日，L 银行依约向 F 棉业公司发放贷款 500 万元。2014 年 10 月 28 日，L 银行依约向 F 棉业公司发放贷款 500 万元。

2015 年 3 月 30 日，（1）L 银行与 F 棉业公司签订一份《最高额动产质押合同》，合同约定，本合同所担保的主债权为自 2014 年 9 月 1 日~2015 年 8 月 31 日，债务人在质权人处办理主合同项下约定业务所形成的债权，最高

---

① 中国裁判文书网（2016）鄂 11 民终 544 号.

债权余额为 2500 万元。

（2）L 银行与 F 棉业公司，以及 B 保安服务公司签订一份《动产质押监管协议》，L 银行和 F 棉业公司均同意将质物交由 B 保安公司监管，B 保安公司接受 L 银行的委托并按照 L 银行的指示监管质物。

（3）L 银行与 F 棉业公司向 B 保安公司出具了《出质通知书》，注明：出质人将地产棉 281 吨、价值 365 万元和新疆棉 1734 吨、价值 2480 万元质押给质权人，请 B 保安公司拟对质押货物进行监管。2015 年 3 月 30 日、5 月 22 日，L 银行与 B 保安公司签订了两份《保安服务合同书》，合同约定保安服务时间自 2015 年 3 月 30 日～2015 年 8 月 29 日。

2015 年 5 月 19 日，（1）L 银行向 F 棉业公司出具了《提前收回贷款本息通知书》，要求 F 棉业公司立即筹措资金，偿还全部结欠贷款本金 1000 万元整、利息 6 万元（计至 2015 年 5 月 21 日），合计金额 1006 万元。

（2）L 银行向担保人董某、吴某、吴某 A、吴某 B、A 担保公司发出了《履行担保责任通知书》，要求担保人尽快筹措资金，按照担保合同约定履行担保责任，或督促债务人履行还款义务。

2015 年 5 月 20 日，申请人 L 银行因与被申请人 F 棉业公司发生借款合同及最高额动产抵押合同纠纷，向所属区法院提出诉前保全申请，要求对被申请人 F 棉业公司质押给申请人的库存商品棉 800 吨（价值 1100 万元）予以保全，区法院立案庭作出（2015）××民保字第 00031 号民事裁定，裁定如下：对被申请人 F 棉业公司质押给申请人 L 银行的库存商品棉 800 吨（价值为 1100 万元）予以扣押。

2015 年 5 月 28 日，L 银行依约将 A 担保公司的 100 万元保证金进行划扣用于偿还借款。后因未还款，故 L 银行诉至法院。截至 2016 年 2 月 21 日，F 棉业公司欠 L 银行借款本金 279 万元、利息 37.71 万元。

关于棉花质押是否生效的问题。

从法律规定看，动产质押与仓单质押设立的条件不一样，动产质押本质上要进行动产交付；仓单质押要将权利凭证交付质权人。本案争议的九批棉花存储在 F 仓储公司，实际保管人是 F 仓储公司。L 银行与 F 棉业公司签订《最高额动产质押合同》后，双方约定的棉花质押并未书面通知 F 仓储公司，L 银行虽与 B 保安公司签订了《保安服务合同书》，而事实上 B 保安公司未实际占有并控制该批棉花。故本案争议的九批棉花因未交付给 L 银行，质押未生效。另有七批棉花已由另案生效判决确认归 B 棉花交易市场公司所有。其他棉花也均被处置不存在。故 L 银行及 A 担保公司认为棉花质押有效的上诉理由，与事实不符，于法无据，一审法院均予以驳回。

L 银行不服一审判决提出上诉，二审法院认同一审九批棉花因未交付，质押未生效。关于 L 银行与 A 担保公司之间签订的《保证合同》特别约定"担保人对债权人承担的担保责任不因其他担保的存在而免除或减少"，A 担保公司作为专业的担保公司，对该条款的内容应知晓，该约定有效，且本案棉花质押未生效，A 担保公司认为其在棉花质押担保范围内不承担担保责任的上诉理由，与约定不符，二审法院不予支持。另外，A 担保公司提出 L 银行扣划其 621 万元不合法，因 A 担保公司已另案起诉，且扣划是否合法不是本案审理范围，故二审法院对其该上诉理由不予支持。

【案例分析】

1. 本案为什么法院会判决仓单质押未生效。本案中的仓单质押，虽然 L 银行与 F 棉业公司签订了一份《最高额动产质押合同》、L 银行与 F 棉业公司，以及 B 保安服务公司签订了一份《动产质押监管协议》，但实际上仓单质押未将权利凭证交付质权人；F 仓储公司未收到双方约定的棉花质押书面通知，L 银行虽与 B 保安公司签订了《保安服务合同书》，而事实上 B 保安公司未实际占有并控制该批棉花。所以，质押权利未真正落实。

2. 仓单是出质人库存在仓库里物资的提货单，是指仓库保管人在收到仓储物时，向存货人填发的记载有关保管事项的单据凭证，也是仓单持有人提取仓储物的凭证。根据《民法典》关于担保的有关规定，仓单可以作为贷款融资担保进行质押，是一种提货权利凭证的质押。仓单质押担保需要仓单出质人和质权人之间签订仓单质押担保合同，将仓单的权利凭证在约定的期限内通过合法程序交给质权人，质押担保合同生效的时间为质权人实际控制质押物之日起计算。

（1）仓单担保的效力范围。根据《民法典》第三百八十九条[①]关于担保

---

① 《中华人民共和国民法典》，国家法律法规数据库，https：//flk. npc. gov. cn/detail2. html? ZmY4MDgwODE3MjlkMWVmZTAxNzI5ZDUwYjVjNTAwYmY%3D.

的有关规定，质押担保的范围包括主债权及利息、违约金、损害赔偿金、质物保管费用和实现质权的费用。质押合同另有约定的，按照约定。

（2）仓单质权人的效力。

一是仓单留置权。出质人为了融资借款，将仓单进行抵押。在融资借款未全部清偿以前，质权人有权留置仓单。

二是质权保全权。仓单设质后，仓储物如果有损失，会影响质权人质权的实现，此时作为质权人有保全质权的权利。为此，不是任何仓储物都可以设质抵押的，一些不易长期储存、容易变质的物资不宜设质抵押。

三是质权实行权。出质人仓单设质是为了融资借款，如果到期未能还款，仓单质权人的实行权包括两项：即有依法按照质押合同约定将仓储物进行拍卖的变价权和优先受偿权。

四是质权人的义务。保管仓单和出质人还清借款后返还仓单。

（3）仓单出质人的效力。仓单质押是出质人将仓储物质押给质权人，在质押期内失去了处分权，但对仓储物虽然依然享有所有权，这是仓单出质人的效力。

（4）仓单仓储物保管人的效力。仓储物的保管人对于仓单质押生效具有非常重要的作用，许多仓单质押失败的案例都与仓储物的保管人有着密切的关系。现行法律法规对于仓储物保管人的效力责任没有明确规定，本案就是由于质权人未与保管人衔接好，造成了仓储物的质押未能实质生效。

在仓单质押中对仓储物的保管人办理相关手续，是十分重要的一个环节，确保仓单质押对保管人产生两个方面的效力。

第一，确保质押的仓储物保管人负有见单即交付的义务。

第二，对于质押的仓储物保管人承担其法定的保管义务。

【案例启示】

本案对于融资担保公司来说，客户用仓单进行质押反担保时，要注意准确理解仓单质押的概念，把握仓单质押业务申请人经营业务的运营情况、负债及历史信用情况，掌控仓单质押的实施风险及防范等。

1. 仓单质押业务申请人应满足的基本条件。

（1）质押的货物（现货）具有可变现性，质押货物的价值与融资额度相对应；

（2）仓储方管理严谨、忠于职守，对于质押的货物（现货）存储安全可靠，对于质押仓单仓储方应出具配合相关手续；

（3）质权人要调查确认出质人对于质押仓单的货物是否拥有完全的所有权，仓单上载明的货主或提货人与出质人是否完全一致；

（4）质押融资的用途通常应为针对仓单货物的贸易业务。

2. 仓单质押的实施风险及防范。

仓单质押涉及仓库和金融单位、货主企业之间都存在着委托代理关系，在融资、质押、保管的关系中有许多潜在风险。

一是出质人（货主企业）资信风险。这是仓单质押的最大风险，客户仓单质押是生产经营的需要还是归还贷款的需要，客户经营的信用状况、负债能力，始终是金融贷款和担保公司考察的核心指标，综合评估后才能考虑合作事宜。

二是质押商品的种类要有选择和一定的限制。不是什么物品都能够用来进行仓单质押的，一些不易于保存的产品，质量不稳定的产品，市场滞销的产品，都不宜进行仓单质押；货物来源不明的商品，不合法的走私货物，国家规定的违禁物品都不能用于仓单质押。

三是加强对质押货物的控制管理是仓单质押的重要一环。本案的教训就是质权人失去了质押货物的控制，造成了贷款的难以回收。开展仓单质押业务，最大的风险是质押货物的控制出现问题。为了防止质押货物的控制风险，实践中通常要求仓储企业与银行或担保公司签订"不可撤销的协助行使质押权保证书"，确保质权人对于质押货物的处分权，防止质押货物多处出质，确保仓单与货物货单一致，货物安全完好无损。

【关联法规】

《最高人民法院关于适用〈中华人民共和国民法典〉有关担保制度的解释》① 第五十五条规定，债权人、出质人与监管人订立三方协议，出质人以

---

① 《最高人民法院关于适用〈中华人民共和国民法典〉有关担保制度的解释》，国家法律法规数据库，https：//flk.npc.gov.cn/detail2.html?ZmY4MDgwODE3N2U3NTdhYzAxNzgwMDc3ZDIyOTFiNzc%3D.

通过一定数量、品种等概括描述能够确定范围的货物为债务的履行提供担保，当事人有证据证明监管人系受债权人的委托监管并实际控制该货物的，人民法院应当认定质权于监管人实际控制货物之日起设立。监管人违反约定向出质人或者其他人放货、因保管不善导致货物毁损灭失，债权人请求监管人承担违约责任的，人民法院依法予以支持。

在前款规定情形下，当事人有证据证明监管人系受出质人委托监管该货物，或者虽然受债权人委托但是未实际履行监管职责，导致货物仍由出质人实际控制的，人民法院应当认定质权未设立。债权人可以基于质押合同的约定请求出质人承担违约责任，但是不得超过质权有效设立时出质人应当承担的责任范围。监管人未履行监管职责，债权人请求监管人承担责任的，人民法院依法予以支持。

案例 18

提单质押失控

【案例介绍】①

2015 年 2 月 10 日，原告 S 公司与被告 M 公司签订一份《物流代理及提单质押协议》，S 公司作为 M 公司的货运代理人，代理 M 公司向承运人或其代理人订舱、排载、制作单证，依据 M 公司的具体指示，从事拖车、报关、报检以及其他相关的物流服务，并代缴有关费用。每票运输中，经双方确认 M 公司应支付给 S 公司的各项费用以及 S 公司办理该票运输的利润或代理费；M 公司每票提单质押向 S 公司借款人民币 120 万元作为资金周转金；M 公司每票需向 S 公司支付质押费、单据保管费、质押服务费等费用，总计人民币 5 万元；M 公司向 S 公司质押累计金额首次达到 240 万元计起，周期为一年；双方所有资金往来及结算透明可控，必须通过指定的账户；M 公司未按时付款时，S 公司可以解除本协议并按上款要求支付违约金，并要求 M 公司承担由此产生的律师费、诉讼费、差旅费等额外费用；为确保上述物流代理合同的切实履行，被告张某、林某等自愿作为担保人对上述物流代理合同的履行提供连带清偿责任担保保证等条款。协议签订后，S 公司分别于 2015 年 2 月 13 日提供 120 万元，于 2015 年 4 月 27 日提供 120 万元给 M 公司；M 公司通过指定账户共计汇款 103 万元给 S 公司。另外，S 公司认可蔡某及郑某签字的报销单 35 万元可以抵扣欠款。

---

① 中国裁判文书网（2018）闽 0602 民初 628 号.

后由于 M 公司未按时向原告支付费用，S 公司依法进行诉讼。S 公司向法院提出诉讼请求：判令被告 M 公司立即偿还原告周转资金 240 万元，尚欠的质押费、单据保管费、服务费 40 万元（截至 2017 年 8 月 29 日），以及律师费 3 万元；并自 2017 年 9 月起至上述债务还清之日，每月以 240 万元为基数，按月息 2% 计付违约金（以上款项暂计至起诉日，金额为 307 万元）。

M 公司辩称：

1. 原告与被告之间签订的物权代理及提单质押协议，这是属于混合合同，包括两部分的合同，物流代理合同部分没有履行并且不产生相关的债权债务。本案名为提单质押合同，实际内容为企业之间的借贷合同，依法为无效合同。

2. 被告 M 公司对于提单质押合同部分的借款，截至 2017 年 8 月 3 日支付的款项已达 280 万元，已经大大超过原告诉求的本金部分。

3. 原告主张的尚欠的质押费用、单据费用及服务费用 40 万元缺乏依据。

法院认为，原告与被告签订的《物流代理及提单质押协议》合法有效，受法律保护。被告 M 公司收取了原告的 240 万元款项，且在《物流代理及提单质押协议》中明确约定了双方所有资金往来及结算必须通过指定的账户，而被告与蔡某之间确实又有其他合同关系，因此履行本案《物流代理及提单质押协议》的款项应以协议指定账户的银行往来款项为准。原告分别于 2015 年 2 月 13 日给付被告周转资金 120 万元，于 2015 年 4 月 27 日给付被告周转资金 120 万元，合计 240 万元。原告要求被告 M 公司归还周转金 240 万元及质押费、单据保管费、服务费等费用 40 万元的诉讼请求，合法有据，应予支持。

【案例分析】

本案是一起提单质押代理服务的案例，提单质押为融资借贷，M 公司提供提单质押，S 公司提供融资借贷，张某、林某等自愿作为担保人。然而，由于 M 公司未依合同约定按时向原告支付费用，S 公司认为其违约，不可信任，从而提出诉讼。S 公司提出诉讼的一个重要原因是提单质押比较复杂，由于信息不对称，提单质押时常处于失控状况。现实中提单质押融资往往容易出现以下问题：

1. 提单可质押性不一致。只有即期信用证下的提单，即银行能控制货权的提单可用于质押，而对远期信用证下的提单银行难以质押。

2. 提单质押具有时间性。由于货物运输时间性的制约，质权人（银行）质押单据的留置权必然受到制约。提单质押是一种债权凭证，质权人（银行）在货物到港时依法享有按时凭单提货权。质押提单的单据具有时间性，对于提单货物的运输时间质权人（银行）不好掌握；对提单背面承运人的一些要约条款，质权人（银行）不负审查义务，这就为质权人（银行）的凭单提货权带来了一定的困难，当出质人不付款时，质权人（银行）凭单提货困难很多。

3. 有可能存在虚假单据等风险。根据《跟单信用证统一惯例》（UCP600）的规定，货物到港后，受益人提货需要递交全套清洁已装船的提单，这一规定拥有合法保护质权人（银行）的法律精神。但国际上经常发现单据欺诈的情况，根据 UCP600 规则质权人（银行）审核单据仅审查单据是否一致，这里不问真假，单据真假审核并不是银行的责任，开证申请人的付款也以此为依据。这里就会产生许多经济纠纷问题。

【案例启示】

提单质押是一项比较复杂的金融业务，需要认真分析质单的种类，甄别提单质押权的真实存在，认真考虑质押权设定的时间、形式和生效及债务履行期限等相关问题。

1. 融资担保企业首先要清楚哪些提单可以质押。《跟单信用证统一惯例》（UCP500）为银行界提供了一套自愿采用的指导原则，明确银行可以接受的付运单证有 11 种，融资担保企业应该认真分析把握。记名提单由于不能转让，物权凭证的性质不明确，银行通常不接受记名提单质押；租约提单因为与租船合约往往合并一体，银行难以掌控，通常也不接受租约提单质押；对于全套已装船指示/不记名清洁海运提单银行是比较欢迎的，按照《海商法》和 UCP500 的操作规程，在实践中便于操作，安全性比较高，银行和融资担保企业通常考虑接收。

2. 提单的担保职能是有限的。提单质押的主要职能是解决企业短期融资贷款或担保的需要，但不能把提单质押作为开信用证担保，因为开信用证是为进口方提供付款保证，如果以提单担保开信用证，就有可能全部进出口贸易都由银行提供资金，进口方可能以极少资金甚至没有任何投入从事进出口贸易，造成贸易的全部风险都由银行承担。为此，随意扩大提单的担保职能，会带来不可控制的风险。

3. 提单质押需要考虑如何对抗善意取得货物的第三人的问题。现行的法律和司法实践承认善意取得制度，这是应该引起银行和融资担保公司高度重视的一个问题。由于第三人是善意取得质押提单的，银行和融资担保公司不能向该第三人主张权利，只能向转让人即质押申请人请求返还所得，这就为不诚实的出质人将已经质押的提单又重复质押提供了机会，从而使最初的质押权人的利益难以保障。客观上要求银行和融资担保公司必须"紧盯"提单的去向，把握提单货物的流动情况。如果不是善意而是恶意串通，则另当别论。

4. 实践中有时会出现船东无单放货和货物凭保函提走的情况。出现这种情况，提单质押就失去了意义，银行和担保公司的利益就面临着巨大的风险。从法律上讲，这是船东的违约侵占（提单合约）行为，银行和担保公司应当依法追究承运人的经济法律责任。

【关联法规】

《中华人民共和国民法典》第四百二十七条①规定，【质押合同】设立质权，当事人应当采用书面形式订立质押合同。

质押合同一般包括下列条款：（1）被担保债权的种类和数额；（2）债务人履行债务的期限；（3）质押财产的名称、数量等情况；（4）担保的范围；（5）质押财产交付的时间、方式。

---

① 《中华人民共和国民法典》，国家法律法规数据库，https：//flk. npc. gov. cn/detail2. html？ZmY4MDgwODE3MjlkMWVmZTAxNzI5ZDUwYjVjVjNTAwYmY％3D.

案例 19

担保公司代偿后对债务人
追偿纠纷

【案例介绍】①

2016 年 8 月 5 日，A 煤业公司向 G 银行贷款 1200 万元，借款期限为 12 个月，由 B 担保公司就前述《流动资金借款合同》向 G 银行提供保证期间为 2 年的连带责任保证。G 银行根据合同向 A 煤业公司发放贷款。2017 年 8 月 25 日，因 A 煤业公司到期未偿还贷款，B 担保公司为其代偿 1100 万元。2017 年 10 月 24 日，B 担保公司与 A 煤业公司、A 矿业公司签订《代偿协议》，确认：2017 年 8 月 25 日，B 担保公司为 A 煤业公司代偿贷款 1100 万元，扣除 A 煤业公司向 B 担保公司已偿还的代偿资金，现剩余代偿资金 1548054.79 元及利息，于 2017 年 10 月 24 日～2018 年 12 月 25 日前一次性结清，年利率为 10%。A 矿业公司同意为本次代偿协议项下 A 煤业公司所欠的资金向 B 担保公司提供连带责任保证担保，包括本金、利息、违约金、赔偿金、实现债权费用。如 A 煤业公司未按期履行还款义务，B 担保公司有权按代偿金额每日 0.1% 要求支付违约金。

后来 A 煤业公司未按《代偿协议》还款，B 担保公司到法院提出诉讼，A 煤业公司不愿意承担罚息和原告律师费用。

---

① 中国裁判文书网（2022）吉 06 民终 372 号.

法院认为，A 煤业公司在向 B 担保公司偿还大部分代偿资金后，未能按《代偿协议》约定期限偿还剩余代偿资金及利息，B 担保公司有权要求 A 煤业公司按照《代偿协议》的约定偿还剩余代偿资金，并应当承担律师费用和适当罚息。

【案例分析】

1. 本案中，B 担保公司作为保证人代偿后向 A 煤业公司的追偿权是有充分的法律依据。A 煤业公司与 G 银行签订《流动资金借款合同》、B 担保公司与 G 银行为此借款合同还款签订《保证合同》。G 银行依照《流动资金借款合同》的约定向 A 煤业公司放款后，A 煤业公司未按约还款，B 担保公司根据《保证合同》的约定向 G 银行履行了保证责任后，其依法有权向 A 煤业公司对其代偿款项予以追偿。

通常情况下，债务人贷款由于抵押资产不足，需要担保人提供担保，贷款人与担保人通常签有反担保协议，相互间的法律关系为委托关系，贷款人到期不能归还贷款，担保人代为偿还后，担保人可以根据双方间的协议向贷款人进行追偿。追偿的数额根据合同约定，除了本金外，还应当偿还该费用及其利息。

2. 准确把握担保公司代偿后的追偿权范围

（1）关于担保人向债务人清偿的债权金额。就是担保人代贷款人偿还的一切债务金额，主要包括主债权及利息、违约金、损害赔偿金和其他从债务金额。

（2）关于担保人清偿之日起的法定利息如何计算。担保人有权要求主债务人偿还其清偿额的利息，但利率应按照法律规定采用法定利率，不能随意提高利率标准。

3. 关于担保公司代偿后是否能够取得相应的抵押权。根据现行法律规定，不能取得抵押权，抵押权不能继承。从法理上分析原债务人贷款的抵押权属于原借款的担保物权，从属于主债权。担保公司以担保人的身份代偿后，原主债权消灭，从属的抵押权也消灭。为此，担保公司可以向债务人进行追偿，没有取得相应的抵押权。

【案例启示】

本案例是担保公司代债务人偿还贷款，进行追偿的案件，作为担保人在行使追偿权时，应注意以下几个问题。

1. 担保人行使追偿权时间的确定。担保人行使追偿权的时间前提是向债权人代为偿还贷款承担担保责任后，一般不能提前；按照法律规定也不能错过法定二年的追索期。这里核心要件是是否承担了担保责任，没有承担担保责任，就无追偿权。关于担保责任的承担是在主债务履行期届满前还是届满后，不影响追偿权的成立。

2. 担保人追偿权的范围。担保人追偿权的范围是根据担保人承担保证责任的范围来确定的，行使追偿权不能超过担保人清偿债务范围，只能就所清偿部分享有追偿权；代为偿还部分贷款使部分债务消灭的，只能享有相应的部分追偿权；代为偿还全部贷款使全部债务消灭的，方能享有全部债务追偿权。

3. 担保人行使追偿权的时间的特殊情况。通常担保人在清偿债务后，即可行使追偿权。但法律规定担保人有不安抗辩权，即担保人在发现债务人已经丧失偿还债务能力的特殊情况下，担保人可依法预先行使追偿权。比如担保人发现债务人无法联系下落不明；所担保的企业依法进行破产清算等特殊情况。

4. 担保人承担担保责任后应当及时通知债务人，这是担保人应有的法律责任。担保人在清偿债务后，应及时通知债务人，避免债务人重复偿付。如果担保人怠于通知，造成债务人重复向债权人履行债务的，担保人就丧失了相应的追偿权。此时，担保人的合法权益只能依法向债权人主张返还不当得利。

5. 在承担担保责任后担保人享有债务人所享有的抗辩权，应当慎重行使。从法律关系上讲，担保人代债务人偿还债务，理应享有主债务人所有针对债权人的抗辩权。但是必须慎重行使，注意不能扩大债务范围，对于扩大部分，债务人有权在被追偿时对担保人提出抗辩，担保人也不具有追偿权。

6. 在共同担保中已经承担担保责任的担保人的追偿权利。多家担保公司共同担保同一贷款业务的，其中已经承担保证责任的担保人，在向债务人追偿的同时，也有权要求其他担保人清偿其应当承担的份额。其承担的份额按约定的比例分担；没有约定的，平均分担。

【关联法规】

《中华人民共和国民法典》① 第七百条规定，【保证人追偿权】保证人承担保证责任后，除当事人另有约定外，有权在其承担保证责任的范围内向债务人追偿，享有债权人对债务人的权利，但是不得损害债权人的利益。

---

① 《中华人民共和国民法典》，国家法律法规数据库，https：//flk. npc. gov. cn/detail2. html？ZmY4MDgwODE3MjlkMWVmZTAxNzI5ZDUwYjVjNTAwYmY％3D.

案例 20

反担保资产未抵押为普通债权

【案例介绍】①

2016 年 12 月 8 日、2017 年 1 月 8 日，C 药业公司分别向 A 银行和 B 银行借款 500 万元、499 万元。J 担保公司受 C 药业公司委托分别为上述借款及利息提供连带责任担保。J 担保公司另与 C 药业公司、陈某 A 个人签订了反担保合同、委托保证合同、个人反担保保证函，其中 C 药业公司有设备抵押；陈某个人为信用反担保。上述两笔贷款到期后，因 C 药业公司未能按约支付贷款本金和利息，J 担保公司于 2017 年 9 月 7 日履行了担保义务。

2017 年 9 月 21 日，J 担保公司向某区人民法院提起追偿权诉讼，要求陈某个人支付代偿款本息。某区人民法院于 2017 年 10 月 11 日作出民事裁定，裁定对陈某 A 个人等三人的 1100 万元财产予以冻结或查封，并于 2017 年 11 月 29 日向某县工商管理局送达协助执行通知书，即协助查封陈某 A 个人名下的采石厂（个人独资企业）财产 1100 万元，查封期间未经法院准许不可办理过户、转让变更登记手续。

2018 年 3 月 5 日，陈某 A 因与陈某 B、采石厂企业投资人权益确认纠纷一案向一审法院提起诉讼，请求判令：（1）确认 2014 年 6 月 1 日陈某 A 与陈某 B 签订的《转让合同书》有效；（2）陈某 A 配合办理采石厂投资人变

① 中国裁判文书网（2020）皖民终 54 号.

更登记手续，并交付陈某B。

法院最终认定J担保公司的涉案债权系其对主债务人C药业公司贷款的反担保方行使追偿权而产生，并在行使追偿权诉讼案件过程中对陈某A的采石厂采取了保全措施，但J担保公司对陈某A享有的债权属于普通债权，且对陈某A转让的采石厂也不享有优先受偿权。故陈某A名下的采石厂（个人独资企业）财产1100万元依法归陈某B所有，该民事判决不存在损害J担保公司民事权益的情形。

【案例分析】

1. 本案是J担保公司为C药业公司在A银行和B银行贷款进行担保，后代为偿付，因C药业公司破产，起诉反担保人追偿，反担保人又将其采石厂事先转让，从而造成追索的困境。

2. J担保公司为行将破产的C药业公司进行贷款担保，本身就是第一个决策的失误；反担保人只有信用担保，没有资产抵押，只有普通债权，没有特殊债权，这是第二个失误；反担保人已经将其采石厂转让，事先毫不知情，这是尽职调查的第三个失误。

【案例启示】

1. 细节决定成败。金融担保行业全过程环节众多，一个环节出问题，就会前功尽弃。选择担保企业、筛选担保项目、核查抵押资产、考虑抵押方式；对于反担保企业、资产、抵押方式、最高反担保额度的确定；项目运行情况的监控、突发情况的处理等，都要有制度、办法、预案。本案J担保公司如此被动，与其管理不善是有关系的。

2. 在金融担保业务中尽可能形成特殊债权而不是普通债权，这对于担保事关重大。本案如果是特殊债权，反担保人转让采石场，由于存在资产抵押，就可以优先受偿；而普通债权，反担保人转让采石场，只能随债权债务一起转移。如果企业破产普通债权与特殊债权追偿的差别就更大了。

【关联法规】

《中华人民共和国民法典》第三百九十四条①规定，【抵押权的定义】为担保债务的履行，债务人或者第三人不转移财产的占有，将该财产抵押给债权人的，债务人不履行到期债务或者发生当事人约定的实现抵押权的情形，债权人有权就该财产优先受偿。前款规定的债务人或者第三人为抵押人，债权人为抵押权人，提供担保的财产为抵押财产。

---

① 《中华人民共和国民法典》，国家法律法规数据库，https：//flk. npc. gov. cn/detail2. html？ZmY4MDgwODE3MjlkMWVmZTAxNzI5ZDUwYjVjVjjNTAwYmY％3D.

案例 21

在建工程反担保抵押纠纷

【案例介绍】①

2014 年 7 月，Z 公司因业务需要，与 S 银行签订了 7 份《商业汇票银行承兑合同》，合计 35720 万元。Z 公司与 S 银行协商同意提供 10720 万元保证金质押担保；以自有位于某市的厂房为 Z 公司所属 R 公司向 S 银行的债务提供最高额抵押担保，担保最高本金限额为 1.65 亿元。

上述 S 银行承兑汇票到期后，Z 公司未依约将汇票票款足额存入指定账户，S 银行已垫付了全部 35720 万元的汇票票款，扣除 Z 公司提供的 10720 万元质押担保保证金及相应利息后，Z 公司尚欠 S 银行承兑汇票垫付款 2.48 亿元及票据垫款利息。

在 S 银行向 Z 公司所属 R 公司诉讼中，出现了抵押工程施工单位 T 公司的建设工程价款对抗优先受偿权问题。

由于 R 公司将 2#、4# 厂房抵偿给四栋厂房的建设承包人 T 公司之后，又将案涉 1#、2#、3#、4# 四栋厂房及对应的土地使用权抵押给 S 银行，因此就案涉 2#、4# 厂房及对应的土地使用权 S 银行是否能够根据抵押权行使优先受偿权的问题双方存在争议。

法院认为，R 公司的案涉 1#、2#、3#、4# 厂房由 T 公司于 2012 年承包建设，因发包人 R 公司尚欠工程款未能支付，R 公司与 T 公司于 2014 年 1 月

① 中国裁判文书网（2018）最高法民终 497 号．

20 日签订《抵偿协议书》，约定以案涉 2#、4#厂房及附属部分抵偿所欠工程款，并约定上述抵偿的厂房及其附属部分所占用的土地一并抵偿。后因 R 公司未能办理产权过户登记手续 T 公司诉至法院，某县人民法院于 2016 年 3 月 15 日作出民事判决对上述《抵偿协议书》的效力予以认定，并据此判令 R 公司协助 T 公司办理案涉 2#、4#厂房产权变更登记手续。嗣后某县住房和城乡建设局根据法院作出的协助执行通知书向 T 公司颁发了案涉 2#、4#厂房的房屋所有权证，但土地使用权证未办理变更登记。

根据《中华人民共和国民法典》的第三编①合同中的相关规定，为了维护施工建设方特别是农民工的切身利益，建设业主在工程建设合同执行过程中，如果逾期不支付工程价款，施工建设方既可以通过与建设业主协商的方式将建设工程折价抵偿，也可以通过法院拍卖程序就建设工程拍卖价款优先受偿，因此本案中承包人 T 公司与发包人 R 公司约定以 T 公司承建的 2#、4#厂房抵偿 R 公司欠付的工程价款，符合法律的规定。按照现行法律规定，T 公司作为建设工程的施工方享有建设工程价款优先受偿权。

【案例分析】

1. 本案的核心是 Z 公司在银行贷款，以所属的 R 公司在建工程进行担保抵押，面临着施工方工程价款优先受偿权的对抗问题。在银行贷款和金融担保实践中，对于在建工程的抵押和反担保，最大的风险之一是建设工程的施工方工程价款优先受偿权的问题。按照现行法律规定，建设施工方拥有建设工程价款优先受偿权。这是根据我国的特殊国情，建设施工方的建筑工人绝大多数是农民工，如果拖欠建设工程价款就会拖欠农民工的工资，为此法律赋予承包人建设施工方对工程价款享有优先受偿权。在金融实践中，有的金融贷款和担保机构要求施工方承诺放弃工程价款优先受偿权，来规避由于工程价款优先受偿权带来的风险。这是基于私法自治原则，民事主体可依法对其享有的民事权利进行处分。但是，《最高人民法院关于审理建设工程施工合同纠纷案件适用法律问题的解释（一）》第二

---

① 《中华人民共和国民法典》，国家法律法规数据库，https：//flk. npc. gov. cn/detail2. html? ZmY4MDgwODE3MjlkMWVmZTAxNzI5ZDUwYjVjjNTAwYmY%3D.

十三条①规定，人民法院不支持发包人根据约定主张承包人不享有建设工程价款优先受偿权。该条款包含两层意思，一是从法律上没有明确禁止承包人与发包人约定放弃或者限制建设工程价款优先受偿权；二是对于建筑工人、农民工的利益必须确保。从法律的基本精神上讲，需要保护建筑工人、农民工根本利益，承包人与发包人约定放弃或者限制建设工程价款优先受偿权，不得损害建筑工人、农民工的利益。

2. 本案不存在施工方自愿承诺放弃工程价款优先受偿权的情况，R公司与S银行签订《最高额抵押合同》，贷款所抵押的是在建工程。由于施工企业T公司在项目的建设中，R公司拖欠了建设工程价款，法律规定建设工程价款有优先受偿权，这就使得R公司归还银行《最高额抵押合同》的款项，必须在归还建设工程价款之后。

3. 从经济方面分析，本案表面上是贷款担保面临工程价款优先受偿权问题，实质上是Z公司超负债经营，整个资金链断裂。Z公司建设厂房无法按合同约定支付施工单位工程款，又无法按《商业汇票银行承兑合同》支付银行承兑汇票垫付款，说明企业是高负债、高杠杆运营，市场稍有变化，就会一地鸡毛。

【案例启示】

1. 担保公司要充分认识用在建工程进行反担保的风险。在建工程存在建筑施工企业的工程款结算问题，施工企业的工程款很大一部分是建筑施工工人的工资款，为了保证建筑施工工人的基本利益，法律上是不允许用于抵押的，即使建筑施工企业出具的《在建工程抵押建筑商声明书》并不当然产生放弃建设工程价款优先受偿权的效果。如果债务企业存在破产清算问题，建筑施工工人的工资款从法律上也是作为第一清偿程序。为此，金融担保企业对于房地产开发企业和建设业主将在建工程进行抵押反担保，要慎之又慎；对于房地产开发企业将在建工程作为反担保抵押，也存在同样的问题。如果房地产开发企业由于各方面的原因破产清算，清算受偿的程序同样是优先考

① 《最高人民法院关于审理建设工程施工合同纠纷案件适用法律问题的解释（一）》，国家法律法规数据库，https://flk.npc.gov.cn/detail2.html?ZmY4MDgwODE3N2U3NTdhYzAxNzgwMDZmMGVmZTFiNTU%3D.

虑工人工资和国家税收，以及有土地、房产抵押权的债权单位，在建工程抵押的清算受偿是非常有限的。

2. 担保企业对于建筑施工企业和房地产企业融资担保，除了考察企业的经济实力、合法有效抵押物外，更重要的是考察施工项目的投资来源保障情况、建筑工程款的支付情况、开发房产项目市场前景是否良好等，否则，任何有效的抵押都是有麻烦的。考察资金来源和项目前景是重中之重。

【关联法规】

1.《中华人民共和国民法典》第八百零七条①规定，【发包人未支付工程价款的责任】发包人未按照约定支付价款的，承包人可以催告发包人在合理期限内支付价款。发包人逾期不支付的，除根据建设工程的性质不宜折价、拍卖外，承包人可以与发包人协议将该工程折价，也可以请求人民法院将该工程依法拍卖。建设工程的价款就该工程折价或者拍卖的价款优先受偿。

2.《最高人民法院关于审理建设工程施工合同纠纷案件适用法律问题的解释（二）》② 第二十三条规定，发包人与承包人约定放弃或者限制建设工程价款优先受偿权，损害建筑工人利益，发包人根据该约定主张承包人不享有建设工程价款优先受偿权的，人民法院不予支持。

---

① 《中华人民共和国民法典》，国家法律法规数据库，https：//flk. npc. gov. cn/detail2. html？ZmY4MDgwODE3MjlkMWVmZTAxNzI5ZDUwYjVjjNTAwYmY％3D.

② 《最高人民法院关于审理建设工程施工合同纠纷案件适用法律问题的解释（一）》，国家法律法规数据库，https：//flk. npc. gov. cn/detail2. html？ZmY4MDgwODE3N2U3NTdhYzAxNzgwMDZmMGVmZTFiNTU％3D.

案例 22

《保证承诺函》不是当事人
签字无效

【案例介绍】①

2012 年 7 月 17 日，S 铸造厂（甲方）与 A 银行（乙方）签订《人民币流动资金贷款合同》，乙方为甲方提供贷款 500 万元。J 财公司（丙方）为 S 铸造厂贷款进行担保，与 A 银行签订《保证合同》；X 泰公司、R 达公司为 J 财公司《保证合同》进行反担保并签订《反担保保证合同》。贷款之前，2012 年 6 月 25 日，胡某、戴某、王某出具《保证承诺函》，三人为 J 财公司提供反担保，反担保方式为连带责任保证。

2012 年 7 月 17 日，A 银行依约向 S 铸造厂发放了贷款 500 万元。2013 年 7 月 17 日，因借款到期后 S 铸造厂未按照借款合同约定归还借款，A 银行向 J 财公司发出《履行保证函》，要求 J 财公司进行代偿。2013 年 7 月 17 日，J 财公司代偿贷款本金 500 万元。随后，J 财公司诉讼胡某、戴某、王某按照《保证承诺函》承担反担保连带责任。

2017 年 12 月 12 日，省司法鉴定中心出具的【2017】痕鉴字第 862 号司法鉴定意见书载明："鉴定意见《保证承诺函》中的落款签名'王某'处的红色指印不是王某所捺印""鉴定意见《保证承诺函》（2016 年 6 月 25 日）中落款签名'王某'不是王某所写"。

---

① 中国裁判文书网（2020）最高法民申 2904 号.

法院认为：因 2016 年 6 月 25 日《保证承诺函》上"王某"签名及指印经鉴定机构鉴定为虚假，且该承诺函上明确约定"本函由保证人夫妻签字即生效"，对该保证承诺函真实性不予采信，故该保证承诺函对戴某、王某均不具有约束力，J 财公司认为戴某、王某应承担反担保责任的依据不足，法院不予支持。

【案例分析】

1. 本案中戴某、王某是夫妻关系，其《保证承诺函》无效，是因为"王某"签名及指印经鉴定机构鉴定为虚假，且该承诺函上明确约定"本函由保证人夫妻签字即生效"，从法律上讲是有法律依据的，不论 J 财公司上诉和到最高人民法院申诉，都依法予以驳回。J 财公司上诉和申诉认为是戴某恶意所为，但法律讲证据，法院不予认可。

2. 本案说明担保公司对于反担保的手续必须认真细致，稍有忽略，就有可能出现问题。夫妻二人的《保证承诺函》，一人为本人签字，一人不是本人签字，函上又明确约定"本函由保证人夫妻签字即生效"，一个很小的细节，就导致了《保证承诺函》无效。这说明担保公司工作的严谨性无小事，看似没有问题的事情却造成了反担保无效。

3. 本案从法律方面分析是《保证承诺函》不是当事人签字而无效，从经济方面分析是某铸造厂生产经营流动资金中断，现金流不足，从而造成贷款违约。作为银行贷款和担保公司担保，除了把握好资产抵押环节外，还要密切注意贷款企业的生产经营情况，经营业务是否正常、资产负债率是否超过了临界线、贷款用途是否合理等。只有全面分析把控，才能降低风险。

【案例启示】

1. 现实中由于各方面的原因，类似的情况时常会出现。如家庭以房产证作为反担保抵押的，不论产权证是一个人的名字，还是夫妻双方的名字，都需要夫妻双方签字。如果只有一方签字，此反担保抵押无效。

2. 在金融担保业务流程中，许多环节都有反担保当事人和办理抵押登记、信用登记、他项权证的机关签字盖章确认的手续，其各环节签字盖章都

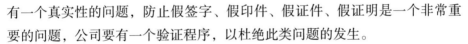

有一个真实性的问题，防止假签字、假印件、假证件、假证明是一个非常重要的问题，公司要有一个验证程序，以杜绝此类问题的发生。

3. 一些承担资产评估、验资、验证、会计、审计、法律服务等的中介组织，由于受到经济利益的诱惑，也可能故意提供虚假证明文件，此类问题的防范要做好深入细致的工作。

【关联法规】

《中华人民共和国民法典》第一百六十一条①规定，【代理适用范围】第二款：依照法律规定、当事人约定或者民事法律行为的性质，应当由本人亲自实施的民事法律行为，不得代理。

第一百六十八条规定，【禁止自我代理和双方代理及例外】代理人不得以被代理人的名义与自己实施民事法律行为，但是被代理人同意或者追认的除外。

---

① 《中华人民共和国民法典》，国家法律法规数据库，https：//flk. npc. cn/detail2. html？ZmY4MDgwODE3MjlkMWVmZTAxNzI5ZDUwYjVjNTAwYmY%3D.

案例 23

银行贷款抵押资产
又质押担保融资

【案例介绍】①

K纸业公司为了生产经营的需要，从G银行获得贷款，将价值5750万元的纸张作为最高额抵押和最高额质押担保。G银行于2013年6月18日与K纸业公司签订了《最高额动产质押合同》《最高额抵押合同》。2013年7月3日，G银行与K纸业公司在某市原工商行政管理部门办理了动产抵押登记书。随后G银行与K纸业公司签订贷款合同，贷款本金4000万元。后因K纸业公司未按约定归还借款，G银行向一审法院提出诉讼。

2014年1月28日，K纸业公司与X担保公司签订《担保（动产质押）合同》，约定将K纸业公司位于市库房的卷筒纸7013件、裁切纸866件质押给X担保公司，为X担保公司为其在S银行发放的1000万元委托贷款提供质押反担保。后因K公司未按约定归还借款，X担保公司向一审法院提出诉讼。

两个法院判决，若K纸业公司不履行还款义务，G银行和X担保公司都有权以K纸业公司贷款抵押物价值5750万元的纸张进行折价抵偿，或者申请以拍卖、变卖该抵押物所得的价款优先受偿；将抵押物折价或者拍卖、变卖后，先用于抵偿贷款和利息和费用，如果超过的部分应归K程纸业公

---

① 中国裁判文书网（2019）最高法民再237号.

司所有。

由于 K 纸业公司抵押给 G 银行的纸制品与质押给 X 担保公司的纸制品存在同一批货物的问题，具体如何执行，是一个比较复杂的法律问题。

最高人民法院最终判决：为了推动新型浮动抵押制度的应用及发展，从制度功能上看，不能否认浮动抵押登记的效力，促进完善对抵押财产的配套登记制度保护。根据《物权法》第一百九十九条的规定，关于同一动产上既设立质权又设立浮动抵押权的情况，要根据贷款抵押物是否进行公示以及公示时间的先后情况来确定清偿顺序。为此，本案中 G 银行先进行公示应优先受偿，X 担保公司的债权随后受偿。

【案例分析】

1. 此案是由于 K 纸业公司为了贷款，将库存纸制品先抵押给 G 银行，后质押给 X 担保公司，最后由于贷款没有偿还，造成执行纠纷。法院根据相关法律判决 G 银行优先受偿。

2. 金融机构工作人员应当准确把握抵押和质押的区别。

（1）抵押物通常由当事人在办理贷款或贷款担保的过程中，将自己的不动产或动产进行抵押，通常在原地，不进行移转占有；如果是进行质押的话，质押物通常是必须移转到质押权人占有。

（2）抵押物通常由当事人在不动产和动产管理部门办理抵押登记，予以公示，防止重复抵押，抵押合同由双方自签订之日起生效；质押物与抵押物的情况不同，由于当事人直接进行质押物的转移，不必到相关部门办理质押登记，自质押物或权利凭证转移交付给质押权人之后质押合同生效。

（3）抵押权人和质押权人在债务履行期届满，在其债权未得到清偿时，两者的处理方式有所不同。抵押权人按照法律规定没有权利直接将抵押物折价或以拍卖、变卖，而要与抵押人协商对抵押物进行折价或以拍卖、变卖处置，协议不成时，可向人民法院提起诉讼；质押权人由于控制了质押物，其处理方式相对简单些，可直接与出质人协议以质物折价清偿债权，也可以直接依法拍卖、变卖质物清偿债权。

3. 从法律意义上讲，质押权比抵押权更为可靠。《民法典》第四百零四条规定，以动产抵押的，不得对抗经营活动中已支付合理价款并取得抵押财产的买受人①。在本案中，由于抵押在前，质押在后，最高人民法院判决为了有利于推动浮动抵押制度的应用及发展，综合考虑，判决 G 银行优先受偿。另外，X 担保公司虽然拥有质押权，但没有对质押物进行仓储地的转移，为后续的维权带来了困难。为此，作为金融担保公司，在客户用其资产进行质押反担保的过程中，要认真考察其质押标的物是否已经抵押，是否真正控制质押物是一个非常重要的工作环节。

4. 本案从经济方面分析，对于流动资金比较困难的 K 纸业公司，虽然有资产进行抵押或质押，但贷款担保的风险比较大。实践中贷款银行往往跟踪管理的紧迫感不强，因为企业一旦无法还贷，就会找担保公司还款，而担保公司没有退路。为此，担保公司加强担保贷款的跟踪管理显得尤为重要。为了防范经营上的风险，注意以下几个方面：一是做好贷款项目的经济可行性分析；二是注意贷款资金的专款专用；三是注意贷款资金跟踪管理。

【案例启示】

此案是典型的重复抵押（质押）的案件，担保企业如何防止出现重复抵押问题，主要注意以下几点。

1. 尽职调查时，注意审查企业其他借款合同上的借款条件，如果是抵押贷款，应该有抵押合同以及抵押物清单。

2. 审查企业年度审计报告，看贷款以及资产项下的披露事项（会计报表附注）。

3. 到企业进行尽职调查，了解其贷款、经营、资产分布以及使用情况，对主要房产、土地查产权证，查询他项权利登记、库存产品物资的抵押情况。同时到房产、土地、市场监管、中国人民银行征信中心进行动产权属初始登记，到行业部门调查核实抵押情况。

4. 对于质押物的控制是一个重要环节。担保公司要依法对于反担保的质押物进行转移控制，一旦拥有合法的处置权，就要及时行使质押权，以维护自身的合法利益。

---

① 《中华人民共和国民法典》，国家法律法规数据库，https：//flk. npc. gov. cn/detail2. html? ZmY4MDgwODE3MjlkMWVmZTAxNzI5ZDUwYjVjNTAwYmY%3D.

【关联法规】

《中华人民共和国民法典》第四百零三条规定,【动产抵押的效力】以动产抵押的,抵押权自抵押合同生效时设立;未经登记,不得对抗善意第三人。

第四百一十四条规定,【数个抵押权的清偿顺序】同一财产向两个以上债权人抵押的,拍卖、变卖抵押财产所得的价款依照下列规定清偿:

(1)抵押权已经登记的,按照登记的时间先后确定清偿顺序;

(2)抵押权已经登记的先于未登记的受偿;

(3)抵押权未登记的,按照债权比例清偿。其他可以登记的担保物权,清偿顺序参照适用前款规定。

案例 24

名义股东无权处置
实际出资人股权

【案例介绍】①

2012年5月9日，H德公司（以下简称甲方）与L科公司（以下简称乙方）签订《反担保质押合同》，约定：经甲、乙双方协商一致，现就乙方为H德公司向林业贷款公司贷款200万元、张某向林业贷款公司贷款150万元、王某向林业贷款公司贷款250万元、张某向L商业银行贷款500万元，提供担保后，由甲方向乙方提供反担保事宜达成以下协议。

甲方除自愿为乙方提供反担保保证外，另以甲方在林业贷款公司10%股权（投资额人民币1000万元）提供股权质押担保。由甲方向原工商行政管理部门办理股权质押登记，办理质押登记所需乙方资料由乙方负责。甲方确认，在为乙方提供股权质押反担保前，其公司股权已经就该事项通过了股东会决议，日后不因股东会决议问题抗辩本协议无效。

2012年5月21日，甲方、乙方共同向原市工商局提交了《股权出质设立登记申请书》，登记事项为"股权所在公司为林业贷款公司，出质人为H德公司，质权人为L科公司，出质股权数额为1000万元"，申请人声明中载明"出质股权应当是依法可以转让的股权，且权能完整，未被人民法院依法冻结。"

① 中国裁判文书网（2015）杭江商初字第229号.

后由于甲方到还款时间未还，乙方要求按照《反担保质押合同》，将其在林业贷款公司 10% 股权过户到其企业名下，但法院不予认可，原因是甲方是名义股东不是实际股东。

法院认为，实际出资人是股权的实际所有者，对于股权享有实际的权利，名义股东是股权的名义所有者，如果违背实际出资人的意愿擅自将登记于其名下实际出资人的股权转让、质押或者以其他方式处分，实际出资人可以依法请求认定处分股权行为无效。本案中，甲方曾代持林业贷款公司的股权，(2012) ×× 商初字第 1347 号民事判决书及（2012）×× 商初字第 1559 号民事判决书，确认了甲方所持有的林业贷款公司的 10% 股份归 Q 林公司所有。甲方作为名义股东将其名下股权质押给乙方，Q 林公司作为实际出资人享有对股权的实际权利，其有权请求认定甲方处分股权行为无效。

甲方所代持的股份，属于公司成立之日起一年内的，不能转让，故甲方并不能将该股权作为质押物，而被告乙方是否属于善意取得呢？法院认为，乙方作为商事主体，理应能够查阅到涉案股权目标公司的相关资讯，知晓股权质押所反担保的债权发生是在股权质押受限时间范围内，但乙方在股权质押登记申请时，完全忽视了此情况，并未尽到审慎义务。故法院认定乙方并未构成善意取得，股权质押行为无效。

【案例分析】

1. 甲方所代持 Q 林公司持有的股权，质押给乙方，侵犯了 Q 林公司作为实际出资人对股权享有的实际权利。甲方作为名义股东，明知其不享有股权所有权而恶意质押侵害实际所有人利益，乙方作为商业主体理应知道是否属于实际股东质押，但没有尽到应尽之职，故法院认定乙方接收其股权，不能构成善意取得，股权质押行为无效。

2. 金融机构对于企业的股权质押要认真甄别企业中名义股东与实际出资人的关系。

（1）名义股东概念。名义股东又称挂名股东、名义出资人。是与实际出资人协议代替其登记于股东名册的股东，不是向公司实际出资的人。

（2）实际出资人。实际出资人是指向公司实际出资拥有公司股份的人，是股东权利的实际享有人，但登记于股东名册的股东是其协议委托的人而不是其本人姓名。实际出资人的股东身份在公开的查询渠道是无法知晓的。

（3）内部关系。

第一，实际出资人与名义股东之间，是委托与代理的法律经济关系，双方一般通过"代持股协议"来明确双方之间的权利义务。

第二，投资权益属于实际出资人，不属于名义股东。对此，《公司法解释（3）》第二十四条第二款明确规定，名义股东不能享受投资权益。

（4）外部关系。

第一，股份公司与名义股东和实际股东的关系。名义股东是登记于股东名册的股东，是履行了法律手续的合法股东。实际股东要取代名义股东的法律地位，同样要履行法律手续，必须经过公司其他股东半数以上同意，履行相关的股权转让手续。

第二，与善意第三人的关系。如果名义股东未征得实际出资人同意而擅自处分股权，违反了"代持股协议"的约定，从民事法律的角度讲名义股东属于违约行为。但是，名义股东擅自处分股权的行为是否有效呢？这要看受让人是善意的还是恶意的，当受让人为善意时，股权转让有效。所谓"善意取得"的条件是，受让人不知道也难以知道转让人为名义股东而不是实际股东。如果受让人明知转让人是名义股东，仍然与之签订股权转让协议，视为恶意，不能取得股权。

名义股东违约处分股权，全部所得应当归实际股东所有，给实际出资人造成损失时，名义股东要承担赔偿责任，实际出资人可依法维护自己的权益。

【案例启示】

1. 在实践中，对于要求提供贷款的公司用股权进行反担保的，一定要调查清楚是名义股东还是实际股东。如果是名义股东，必须要求名义股东与实际股东一起办理股权的反担保手续，使股权的抵押反担保落到实处。

司法实践通常认为，满足《公司法解释（三）》[①] 第二十四条相关规定的一般代持协议有效，除非股权代持事项违背特定股东持股限制或行业禁入规

---

① 《最高人民法院关于〈中华人民共和国公司法〉适用若干问题的规定（三）》，国家法律法规数据库，https：//flk. npc. gov. cn/detail2. html? ZmY4MDgxODE3OTlkZWY5ODAxNzlhYzA3YTljYTExN2M% 3D.

则。在案涉公司重大资产重组交易中，如果未获得证监会关于同意重大资产重组的批复，而将已有代持协议中的收益安排平移为上市公司并购后股票收益或同等现金对价，刻意隐瞒代持事实，影响上市公司信息披露，违反了证券市场的公共秩序，损害了证券市场的公共利益而归于无效。在上市公司发行股份购买资产过程中，通过代持协议以隐名方式投资上市公司股份，违反了有关股权清晰的监管规则，损害了社会公共利益而归于无效，上市公司自身如果故意隐瞒此类股份代持事实，将构成虚假陈述，上市公司应当承担相应法律责任。

2. 与股权代持相关的其他事项。

（1）股权代持和让与担保。让与担保属于其他具有担保功能的合同。就股权交易而言，如果股权受让方受让股权的同时要求转让方在远期按转让价款加上必要费用来回购股权，即便交易双方就股权变更事项已经办理了工商变更登记手续，股权受让方并无持有股权的真实意思，仅为转让方提供融资支持，此类交易即构成让与担保。在发生转让方违约情形时，应按照担保物权的规定对财产拍卖、变卖、折价优先偿还其债权，而不得直接主张股权归其所有。故而让与担保虽然有股权转让的外观，且进行了相应的股权转让变更登记手续，但是其目的并不是获得股权及对应的股东权益，在融资期限内受让人实际上代融资人持股，表面上是股权代持，核心是债的担保，这与股权代持存在根本区别。

关于股权代持究竟是股权转让还是融资担保，被代持人往往会根据标的项目或融资方的情况变化进行选择，一旦标的项目前景较差，当事人就会选择主张为债的担保；一旦标的项目前景良好，被代持人往往主张为股权转让，以此要求本金和利息返还。在基于交易实际判断时，当事人态度的摇摆和协议的模糊往往增加交易实质判定的难度，有必要在交易文件中明确股权转让或债务担保的性质，或者明确债转股的安排。

（2）关于上市公司受限流通股的代持问题。对于上市公司受限流通股的转让，存在股票解禁前无法办理变更登记的问题，但是并不构成限售股转让的障碍，在限售股解禁之前，往往会约定由原股东继续代持，相应的分红、派息及其他股东权益由受让方享有。此类问题只要转让双方做好信息披露，并不会形成法律障碍，较为复杂的地方在于股票质押式融资交易中质押股票的处置问题。

（3）代持股权的执行。如果由于各种原因出现对于代持股权的执行问题，实际出资人如提起案外人执行异议之诉，其应当按照《民事诉讼法》的规定，证明其就执行标的享有足以排除强制执行的民事权益。

【关联法规】

《最高人民法院关于〈中华人民共和国公司法〉适用若干问题的规定（三)》（以下简称《公司法解释（三）》)① 相关法条。

（1）《公司法解释（三）》第二十五条。有限责任公司的实际出资人与名义出资人订立合同，约定由实际出资人出资并享有投资权益，以名义出资人为名义股东，实际出资人与名义股东对该合同效力发生争议的，如无合同法第五十二条规定的情形，人民法院应当认定该合同有效。

前款规定的实际出资人与名义股东因投资权益的归属发生争议，实际出资人以其实际履行了出资义务为由向名义股东主张权利的，人民法院应予支持。名义股东以公司股东名册记载、公司登记机关登记为由否认实际出资人权利的，人民法院不予支持。

实际出资人未经公司其他股东半数以上同意，请求公司变更股东、签发出资证明书、记载于股东名册、记载于公司章程并办理公司登记机关登记的，人民法院不予支持。

（2）《公司法解释（三）》第二十六条。名义股东将登记于其名下的股权转让、质押或者以其他方式处分，实际出资人以其对于股权享有实际权利为由，请求认定处分股权行为无效的，人民法院可以参照物权法第一百零六条的规定处理。

名义股东处分股权造成实际出资人损失，实际出资人请求名义股东承担赔偿责任的，人民法院应予支持。

---

① 《最高人民法院关于〈中华人民共和国公司法〉适用若干问题的规定（三）》，国家法律法规数据库，https://flk.npc.gov.cn/detail2.html?ZmY4MDgxODE3OTlkZWY5ODAxNzlhYzA3YTljYTExN2M%3D.

案例 25

共同担保人为担保公司反担保

【案例介绍】①

2014 年 1 月 21 日，D 银行为授信人蔡某、洪某签订《个人授信协议》，D 银行同意向授信申请人提供总额为 300 万元的授信额度，授信期间为 36 个月，该授信额度为可循环授信额度。本协议项下授信申请人所欠授信人的一切债务由 H 纺织公司作为连带责任保证人，该保证人须向授信人出具最高额不可撤销担保书。

同日，宋某 S、胡某、宋某、罗某、J 置业公司、H 纺织公司、宣某、R 担保公司作为保证人，分别向 D 银行出具《个人授信最高额不可撤销担保书》一份，为蔡某、洪某向 D 银行的借款提供担保。D 银行依照《个人授信协议》向蔡某、洪某发放贷款 300 万元。

借款到期后，蔡某、洪某未向 D 银行返还借款本息，D 银行将蔡某、洪某、宋某 S、胡某、宋某、罗某、J 置业公司、H 纺织公司诉至某市区人民法院。某市区人民法院于 2016 年 7 月 7 日作出民事判决，判决蔡某、洪某返还 D 银行借款本金 300 万元、支付利息 43.65 万元；宋某 S、胡某、宋某、罗某、J 置业公司、H 纺织公司依法应对上述债务承担连带清偿责任。

2020 年 6 月 29 日，本案中 H 纺织公司、罗某以执行完毕方式结案。

法院依法认定，案涉《个人借款贷款合同》《个人授信最高额不可撤销

---

① 中国裁判文书网（2016）浙 0110 民初 7718 号.

担保书》《最高额反担保合同》《反保证（抵押担保）合同》系各方真实意思表示，合法有效。

首先，关于担保人之间能否相互追偿事宜。保证人承担保证责任后，有权向债务人追偿，也可以要求其他担保人清偿其应当分担的份额。罗某作为蔡某、洪某向 D 银行借款的连带责任保证人，替蔡某、洪某代偿后，有权向主债务人蔡某、洪某及其他担保人进行追偿。根据本案查明的事实，案涉借款保证人有 JC 置业公司、宋某 S、胡某、宋某、罗某、H 纺织公司、R 担保公司及案外人宣某，故罗某有权就蔡某、洪某不能清偿部分要求 JC 置业公司、宋某 S、胡某、宋某承担各八分之一的责任。

其次，关于 R 担保公司的担保责任承担事宜。尽管 R 担保公司就案涉借款向 D 银行出具《个人授信最高额不可撤销担保书》，承诺就蔡某的借款提供连带责任保证担保，但 R 担保公司与罗某签订《最高额反担保合同》，罗某就蔡某的借款向 R 担保公司提供反担保，即使本案判决 R 担保公司向罗某支付代偿款，R 担保公司仍有权要求罗某承担担保责任，故对于罗某关于 R 担保公司支付代偿款的诉讼请求法院不予支持，R 担保公司的抗辩意见法院予以采纳。

【案例分析】

1. 本案主要是就共同担保的责任划分问题。案涉借款保证人有 J 置业公司、宋某 S、胡某、宋某、罗某、H 纺织公司、R 担保公司及案外人宣某，共计八个担保单位和个人，依法各承担八分之一的责任。按照法律规定，已经承担责任的担保人可以要求其他担保人清偿其应当分担的份额，也可以向债务人追偿。R 担保公司由于与罗某签订《最高额反担保合同》，为此其担保责任依法应该由罗某承担，为此，在本案中免除了担保责任。

2. 关于共同担保如何划分责任问题。

（1）共同担保的概念。是指由二人以上的担保人为同一债务人的同一债务进行共同担保的行为。这里存在着保证人之间如何划分承担保责任的问题。

（2）关于共同担保的责任如何划分承担。

第一，在担保合同中各担保人对于担保的份额有约定的，按照合同约定的份额各自承担责任，相互之间不承担连带责任。

第二，各担保人对于担保的份额在担保合同中没有约定的，每个担保人对于保证全部债权的实现都负有清偿责任，各担保人之间承担连带责任。按照法律相关规定，担保合同中没有约定份额的，债权人可以要求其中任何一个担保人履行全部清偿责任，也就是说任何一个担保人都有义务和责任清偿全部债务。

第三，已经承担担保责任的保证人为了维护自身的合法利益，依法可以向债务人追偿，对于其他担保人也可以追偿。向其他担保人追偿时，在担保合同中有约定保证份额的，按约定份额追偿；如果没有约定份额的，可以按平均分担份额追偿。

3. 本案从经济方面分析，两个自然人在 D 银行授信 300 万元，由八个单位和个人提供担保，最后两个自然人无力偿还本息，由担保人代为偿还授信贷款。此案本身疑点很多，值得反思。两个自然人没有抵押资产，利用授信贷款从事投资经营，该投资经营业务的经济可行性如何，是需要认真考证的事情。在这种完全没有保险措施的情况下，担保公司不应该参与进行担保，盲目担保，必然风险巨大。

【案例启示】

在共同担保中追偿权的具体行使过程中，担保公司要注意以下问题。

1. 债权人向债务人追偿不够的部分，可以根据担保合同规定各担保人按比例进行追偿。

2. 追偿权成立后的法定利息、合理费用、遭受的损失是否属于内部分担的范围。从理论上讲，该等费用因为追偿而产生的费用，系为全体连带债务人的利益而支出的费用，应由全体债权人分担。但是，在法律实践中是非常容易产生争议的问题。

3. 在实践中，如对部分担保人追偿不能，其应当承担部分如何处理呢？按《民法典》第五百一十九条第三款的规定，由其他担保人按比例分摊。

【关联法规】

《最高人民法院关于适用〈中华人民共和国民法典〉有关担保制度的解释》①

---

① 《最高人民法院关于适用〈中华人民共和国民法典〉有关担保制度的解释》，国家法律法规数据库，https：//flk. npc. gov. cn/detail2. html?ZmY4MDgwODE3N2U3NTdhYzAxNzgwMDc3ZDIyOTFiNzc%3D.

第十三条规定，同一债务有两个以上第三人提供担保，担保人之间约定相互追偿及分担份额，承担了担保责任的担保人请求其他担保人按照约定分担份额的，人民法院应予支持；担保人之间约定承担连带共同担保，或者约定相互追偿但是未约定分担份额的，各担保人按照比例分担向债务人不能追偿的部分。

同一债务有两个以上第三人提供担保，担保人之间未对相互追偿作出约定且未约定承担连带共同担保，但是各担保人在同一份合同书上签字、盖章或者按指印，承担了担保责任的担保人请求其他担保人按照比例分担向债务人不能追偿部分的，人民法院应予支持。

除前两款规定的情形外，承担了担保责任的担保人请求其他担保人分担向债务人不能追偿部分的，人民法院不予支持。

案例 26

担保人受让担保债权纠纷

【案例介绍】①

2021 年 6 月 15 日，E 信托公司作为转让方、J 科公司作为受让方签订《债权转让协议》，载明：2019 年 11 月 4 日，E 信托公司与 X 顿公司（债务人）签订了《信托贷款合同》，J 科公司为该贷款合同担保方。截至本协议签订日，《信托贷款合同》项下信托贷款本金余额 1.5 亿元，且该笔信托贷款已实际发放到位。根据上述《信托贷款合同》的约定，债务人 X 顿公司应于 2021 年 6 月 19 日前清偿完毕第一笔贷款本息，合计 10094.52 万元（以下简称标的债权 1）；应于 2021 年 7 月 6 日前清偿完毕第二笔贷款本息，合计 5074.04 万元（以下简称标的债权 2）。经 E 信托公司、J 科公司双方协商一致，E 信托公司拟将上述《信托贷款合同》项下标的债权转让给 J 科公司。本合同生效后，J 科公司于 2021 年 6 月 18 日向 E 信托公司支付 10094.52 万元，于 2021 年 7 月 5 日支付 5074.04 万元，附言均为债权转让款。与此相对应标的债权和相关权利应该依法转让给了 J 科公司。

2021 年 9 月 2 日，J 科公司向某区人民法院提出诉讼，要求 X 顿公司归还本息。J 科公司与 X 顿公司就本案案由存在争议，J 科公司主张以《债权转让协议》受让人身份提起本案诉讼，按照《信托贷款合同》约定向 X 顿公司主张债权；X 顿公司辩称 J 科公司为《信托贷款合同》项下债务的保证人，

① 中国裁判文书网（2021）京 0102 民初 34721 号.

本案应为保证人追偿纠纷。

法院认为，本案的争议焦点为本案法律关系性质。J科公司主张以债权受让人身份，依据《信托贷款合同》下某信托公司享有的权利向X顿公司主张本金、利息、罚息、复利。法院认为J科公司向E信托公司支付债权转让款，实为承担连带保证责任。

J科公司与E信托公司虽通过债权转让协议约定受让E信托公司对X顿公司的债权，但J科公司系X顿公司所负债务的保证人，对X顿公司的债务负有连带清偿责任，双方签订转让协议时，J科公司对受让的债权本就负有清偿的义务；J科公司向E信托公司支付的两笔款项，名义上是作为受让人支付债权转让款，实质上是履行自己的担保义务；J科公司虽自称以债权受让人的身份提起本案诉讼，但其在本案中的法律地位实质上是案涉债权的担保人，与X顿公司之间应为保证追偿关系。

【案例分析】

1. 本案是债务人到期无法偿还债务时，由担保人购买债权，成为新债权人，实质上是担保人履行自己的担保义务的案件。债权担保人受让债权，在实践中时常会出现，担保方成为新的债权人，但是实现债权与债权人有一定的区别。担保人追偿债务与债权人权益的主要区别在于责任范围、权利行使时机以及追偿权的限制。

担保人购买债权在法律上往往视同担保人承担相应的担保责任，对于债务人来说，担保人享有追偿债务的权利，不同于债权人的权利。

担保人追偿债务的权利基于其承担的担保责任。根据《民法典》规定，担保人在承担担保责任后，有权向债务人追偿，这包括代偿债务、提供抵押物或其他形式的担保责任。追偿权的行使范围通常包括主债务及其利息、违约金或损害赔偿金等。然而，担保人行使追偿权的时间应在向债权人承担保证责任后，且不能损害债权人的利益。

与债权人直接享有对债务人的偿付请求权不同，担保人的追偿权有其特定的限制。担保人追偿权的行使不能超过其承担担保责任的范围，担保责任以外的债务不能追偿，且一般在清偿债务后才能行使。

2. 关于担保人受让债权后原抵押物的抵押权问题。根据《民法典》有关规定，债权转让通常与担保该债权的抵押权一并转让，由债务人提供物的担保，则抵押权的范围与原抵押范围相同，由第三人提供物的担保，则抵押权的范围在抵押人应当承担的份额内享有抵押权。

3. 关于担保人受让债权的情况下，具有新债权人、原担保人双重身份，其不能按照新债权人的权利范围向其他担保人全额求偿，而应是按照担保人代偿的权利范围向各担保人在应分担的份额内求偿。

4. 关于担保人代偿与担保人受让债权的区别问题。担保人代偿债权，担保人对债务人及其他担保人仅享有债权，而不享有抵押权。这是由于代偿行为导致原债务消灭，从而引起抵押权的消灭。但应当引起注意的是，如果由第三人提供抵押物的情况下，抵押权虽然因为代偿行为而消灭，但其在各担保人之间应按份额分担责任的义务并未消灭。

担保人受让债权的情况下，因债权转让不发生债务的消灭，其相应的抵押权仍然存在，且债权受让人享有抵押权亦不需要办理抵押变更。需要注意的是，担保人受让债权与担保人之外的第三人受让债权，有一定的区别。担保人之外的第三人受让债权的，享有完整的抵押权及保证债权；担保人受让债权的，因其仍具有债务担保人的身份，其保证债权及抵押权，应受到一定的限制。

5. 依据我国民法典的规定，债权人是可以将债权进行转让的，转让债权的时候需要通知债务人，目的是防止债务人错误清偿。如果债权转让不通知债务人的，债务转让行为从法律上讲对债务人是无效的。

【案例启示】

1. 担保人购买债权要注意债权转让必须具备的条件。

（1）对于债权的合法性要认真把握。债权的合法性表现在不得违背社会公共利益，债权的转让不得使受让人、国家、集体利益受损，不得为债权人逃避法律的制裁而转让债权。

（2）债权的主要内容在转让时不得改变。改变债权的主要内容不属于转让性质，而成为新的合同关系。债权的内容除了种类、金额外，还包括债是银行贷款、民间借款、融资租赁等不同的性质，还款期限、合同履行地，债务的履行、结算方式、违约责任等方面。

（3）债权转让必须是双方自愿，是真实的意思表示；否则，债权转让不符合法律规定，转让无效。债权的转让人与受让人必须达成书面的债权转让协议，必要时，需要履行司法公证程序。

（4）债权的转让必须通知债务人；否则，可能存在转让无效的风险。

（5）对于法律规定对于涉及土地矿产、特许经营权等应由国家批准的合同，需要经过原批准机关批准；否则转让无效。

2. 担保人应当注意债权转让的法律后果。

（1）担保人购买了担保债务的债权，就成为新的债权人，拥有债权人相应的权利和义务。

（2）新债权人依法将债权转让通知债务人后，债务人确认新债权人合法后，应当向新债权人履行偿还债务的责任。然而，债务人对原债权人享有债权，可以通过法律程序向受让人主张抵销。债务人对于原债权人的债务存在纠纷进行抗辩的，可以向新债权人主张。

（3）如果债务人与新债权人之间因债务履行发生纠纷，对新债权人的权利提出抗辩，并诉讼至人民法院，可以在诉讼中将原债权人列为第三人。

【关联法规】

《中华人民共和国民法典》[①] 第四百零七条规定，【抵押权处分的从属性】抵押权不得与债权分离而单独转让或者作为其他债权的担保。债权转让的，担保该债权的抵押权一并转让，但是法律另有规定或者当事人另有约定的除外。

第五百四十七条规定，【债权转让时从权利一并变动】债权人转让债权的，受让人取得与债权有关的从权利，但是该从权利专属于债权人自身的除外。

---

① 《中华人民共和国民法典》，国家法律法规数据库，https：//flk. npc. gov. cn/detail2. html？ZmY4MDgwODE3MjlkMWVmZTAxNzI5ZDUwYjVjNTAwYmY%3D.

案例 27

合伙人未签字反担保合同无效

【案例介绍】①

2018 年 3 月 30 日，T 公司与 Z 银行签订《Z 银行小企业网络贷最高额借款合同》，约定 Z 银行向 T 公司提供最高额借款，额度为 2000 万元。同日，D 公司与 Z 银行签订《最高额保证合同》，为 T 公司在 Z 银行贷款进行担保。同日，D 公司、T 公司、X 研究院三方共同签署了《反担保合同》。合同签署后，Z 银行于 2018 年 3 月 31 日向 T 公司发放贷款 2000 万元。T 公司未按期偿还贷款本息，D 公司为此承担保证责任，向 Z 银行偿还 T 公司欠付本息 19991339.47 元。因 T 公司、X 研究院未按约定向 D 公司支付相应款项及利息，D 公司向所在地人民法院提起追偿权之诉。法院以《反担保合同》不能认定为 X 研究院全体合伙人的意思表示为由，判决《反担保合同》无效，判令 X 研究院就 T 公司的债务承担 50% 的赔偿责任。

判决《反担保合同》无效的理由是，本案各方当事人签订的《反担保合同》第十三条约定：本合同一式拾份由合同各方签字后即时生效。从合同的签订情况看，X 研究院虽然在合同文本上加盖了公章，但反担保人 X 研究院执行事务合伙人张某未在合同文本上签名，因此，《反担保合同》的签订不符合当事人的约定，也不符合《中华人民共和国合伙企业法》第三十一条关于"除合伙协议另有约定外，以合伙企业名义为他人提供担保，应当经全体

---

① 中国裁判文书网（2020）鲁民申 11723 号.

合伙人一致同意。"的规定。为此法院认定各方当事人签订的《反担保合同》为无效合同。由于各方当事人对合同的无效均有过错，判令反担保人 X 研究院对泰德公司的债务承担 50% 的赔偿责任。

【案例分析】

1. 本案《反担保合同》无效的主要原因是，X 研究院虽然在合同文本上加盖了公章，但反担保人 X 研究院是合伙制企业，其执行事务合伙人张某未在合同文本上签名，因此，《反担保合同》的签订不符合当事人的约定，不符合《中华人民共和国合伙企业法》的规定。

2. 本案虽然是一起简单的追究反担保人责任的案例，但是作为融资担保公司的工作人员，必须明确追究反担保人责任的前提。

一是担保公司要求债务人对于其贷款担保提供反担保是有前提条件的，必须是担保公司先向债权人提供了担保的前提下，才能要求债务人提供反担保。

二是债务人或债务人之外的其他人已经向担保公司提供了反担保。

三是反担保手续完备，须依法合规。如反担保手续要依照公司法的规定办理，要有法定代表人签字，合伙企业要有全部合伙人签字，其抵押物应依法在相关部门办理登记手续。

四是担保公司已经向债权人履行了担保人职责的前提下。

3. 依法根据反担保合同追究反担保人的责任。担保人追究反担保人责任的前提，是在担保人为债权人也就是被担保人履行保证责任后，担保人可以依法追究反担保人在反担保合同中确定的弥补担保人损失的责任。这里一是担保人已经承担了担保责任；二是依法根据反担保合同追究反担保人的责任。

4. 用于反担保方式与担保的方式相比要少一些。担保有保证、抵押、质押、留置和定金五种方式，只有保证、抵押和质押三种能用于反担保。

5. 反担保人承担责任后如何追偿。反担保人承担反担保债务以后，就拥有了向债务人或者是其自身的反担保人求偿的权利。法律并没有规定反担保设置次数限制，也就是反担保的求偿可以依照合同向次反担保人进行追偿，本案由于反担保合同未经法定代表合伙人签字，反担保合同无效，反担保人只承担过错责任。

【案例启示】

1. 担保人要注意把握反担保合同的合法性问题。反担保人的反担保是否符合当事人的约定，是否符合《公司法》的规定，是否符合反担保人公司章程的规定，是否为反担保人真实意图的体现等都是需要认真把握的事宜。

2. 担保人要注意把握向反担保人追偿的时间。担保人向反担保人追偿的时间值得注意，因为反担保责任是有合同期限限制的，按照法律规定，反担保合同到期，反担保人不需要再承担担保责任。有的担保人由于各方面的原因，错过追索期的情况也时有发生。从法律上讲，担保人向债权人履行了担保义务后，就可以马上向债务人和反担保人要求承担反担保责任并进行追偿。担保人承担担保责任后，其身份发生了转变，由担保人的身份转为债权人身份，原债务人的身份仍然是债务人不是被担保人，反担保人的身份也发生了转变，成为"担保人"。

3. 注意反担保人在担保期间转移财产的问题。按照现行法律规定，如果担保人在担保期间恶意转移资产，债权人可以侵犯第三方权益为由行使债权无效抗辩权。担保人与反担保人之间的权利义务形同担保人与主债务人之间的权利义务，同样享有提起预期违约的诉讼权利。

4. 担保人应该重视对于担保贷款的审核，如果未尽职审查申请担保人的资质，提供担保贷款，担保人有失职之责，在担保人承担担保责任后，要求追究反担保人的责任，法院可能会认定反担保人不承担连带保证责任。

【关联法规】

1.《中华人民共和国民法典》第六百八十八条①规定，【连带责任保证】当事人在保证合同中约定保证人和债务人对债务承担连带责任的，为连带责任保证。

连带责任保证的债务人不履行到期债务或者发生当事人约定的情形时，

---

① 《中华人民共和国民法典》，国家法律法规数据库，https：//flk. npc. gov. cn/detail2. html？ZmY4MDgwODE3MjlkMWVmZTAxNzI5ZDUwYjVjNTAwYmY%3D.

债权人可以请求债务人履行债务，也可以请求保证人在其保证范围内承担保证责任。

第七百条规定，【保证人追偿权】保证人承担保证责任后，除当事人另有约定外，有权在其承担保证责任的范围内向债务人追偿，享有债权人对债务人的权利。

2.《民法典》第三百八十八条规定，担保合同是主债权债务合同的从合同，主债权债务合同无效的，担保合同无效但是法律另有规定的除外。担保合同被确认无效后，债务人、担保人、债权人有过错的，应当根据其过错各自承担相应的民事责任。

案例 28

划拨建设用地使用权
担保抵押纠纷

【案例介绍】①

1996 年 6 月 6 日，某县 X 实业公司取得某县一处 C 工业用地土地使用权，面积 2666.68 平方米，并办理了国有土地使用证。1997 年 11 月，X 实业公司将该土地使用权抵押给县 A 信用社，并办理了县城镇国有土地使用权抵押证明书。

1999 年 4 月 2 日，X 实业公司取得位于县一处 D 房屋所有权，面积 1548.83 平方米，县房地产管理局依规颁发了房屋所有权证。1999 年 4 月 19 日，X 实业公司将 D 房屋所有权抵押给 B 信用社，并办理了抵押登记。

2000 年 4 月 17 日，A 信用社与 X 实业公司订立《借款抵偿协议书》，主要内容为 X 实业公司法定代表人梁某自 1996 年 11 月 13 日起至 1997 年 11 月 12 日止在 A 信用社借款合计本金 35 万元，截至 2000 年 4 月 30 日已欠息 15.11 万元，现自愿将 X 实业公司名下面积 2666.68 平方米 C 土地使用权抵偿给 A 信用社归还贷款本息，土地使用权过户手续等未尽事宜协商解决。

2003 年 10 月 15 日，B 信用社与 X 实业公司订立《借款抵偿协议》，主要内容为 X 实业公司自 1997 年 8 月 5 日至 1998 年 3 月 17 日在 B 信用社借款 64 万元，合并镇基金会 32 万元贷款后合计本金 96 万元，因经营困难无力偿

---

① 中国裁判文书网（2021）川 01 民终 20265 号.

还贷款本息，经公司董事会讨论、双方协商后其自愿将 1548.83 平方米 D 房屋所有权抵偿给 B 信用社，房屋过户时，X 实业公司负责提供房屋过户相关资料，过户费用按规定各自承担。2 份协议订立后，X 实业公司将 C 土地及地上房屋交付 B 信用社使用。

2007 年 4 月 5 日，B 信用社与某防腐公司订立《土地竞卖确认书》《竞卖协议书》，主要内容为某防腐公司在 B 信用社举行的关于 C 土地使用权及地上房屋的竞拍会上以 103 万元竞买成功，双方就竞拍价款支付、竞拍标的物转让费用承担进行约定。协议订立后，某防腐公司按约向 B 信用社支付了全部竞拍价款，B 信用社将 C 土地及地上房屋交付某防腐公司使用。

X 实业公司现已将企业名称变更登记为 R 建设公司。2001 年 A 信用社因机构调整合并入 B 信用社。2011 年，B 信用社因改制等原因将企业名称变更登记为市农商行 B 支行。R 建设公司认为划拨建设用地使用权抵押不合法，因此向法院提起诉讼。

一审查明，庭审中，法庭就"如果反诉请求成立，由谁补缴建设用地使用权出让金"进行发问，市农商行 B 支行自认按照相关法律规定由其负担。

一审法院经审查认为本案为合同纠纷，各方当事人的请求均围绕案涉《借款抵偿协议书》《借款抵偿协议》是否有效这一争议焦点展开，法院最终认为两份协议合法有效。市农商行 B 支行请求 R 建设公司配合办理案涉土地使用权及地上房屋所有权转移登记手续，应当予以支持，但是应当由市农商行 B 支行补缴建设用地使用权出让金。R 建设公司主张按照 2005 年施行的《最高人民法院关于审理涉及国有土地使用权合同纠纷案件适用法律问题的解释》① 来进行审理，划拨建设用地抵押需要县土地管理部门备案同意方为有效，法院认为要从有利于保护当事人的合法权益出发，应按照《民法典》的原则审理，所以不予支持。

【案例分析】

1. 在《民法典》施行前签订的 2 份协议，是否适用民法典的问题。本案

---

① 2005 年《最高人民法院关于审理涉及国有土地使用权合同纠纷案件适用法律问题的解释》，国家法律法规数据库，https：//flk. npc. gov. cn/detail2. html？NDAyODgxZTQlZmZiYmU0MTAxNWZmYzcwYjk3YTBkNDM％3D.

中，《借款抵偿协议书》《借款抵偿协议》是在《民法典》施行前签订的，按当时的法律、司法解释合同无效，但按《民法典》的规定合同有效的，现在审理此案应当适用《民法典》的规定。

2. 《民法典》的相关规定应当作为认定 2 份协议有效的法律依据。最高人民法院于 2020 年 12 月 31 日公布的《最高人民法院关于适用〈中华人民共和国民法典〉有关担保制度的解释》第五十条①规定，是 2 份协议有效的法律依据。本案中，X 实业公司将划拨建设用地使用权及地上房屋抵押给 A 信用社、B 信用社并办理了抵押登记，《借款抵偿协议书》《借款抵偿协议》是当事人以协议方式实现抵押权的结果，故，依据《民法典担保制度解释》第五十条规定，该 2 份协议均有效。

本案应从促进和鼓励交易，更有利于保护当事人的合法权益，最大程度尊重当事人意思自治的角度出发，坚持有利及适用规则，即适用《最高人民法院关于审理涉及国有土地使用权合同纠纷案件适用法律问题的解释》(2020 年修正版)② 以及民法典的相关规定。故 R 建设公司主张按照 2005 年施行的《最高人民法院关于审理涉及国有土地使用权合同纠纷案件适用法律问题的解释》来进行审理的请求，法院认为要从有利于保护当事人的合法权益出发，所以不予支持。

3. 关于案涉《借款抵偿协议》《借款抵偿协议书》是否有效。法院认为，两份协议系当事人真实意思表示，符合法律和行政法规的规定，应属合法有效，双方均应遵守合同依约履行。R 建设公司签订协议后，违背诚实信用原则，也违背了市场经济条件下交易主体应遵循和认同的交易规则，不履行协议的约定事项，拒不提交申请及相关资料，存在主观过错。因此，在此情形下，法院对 R 建设公司主张案涉《借款抵偿协议》《借款抵偿协议书》无效的请求不予支持。

4. 关于案涉土地使用权及地上房屋所有权上的抵押权是否依法设立。法

---

① 《最高人民法院关于适用〈中华人民共和国民法典〉有关担保制度的解释》，国家法律法规数据库，https：//flk. npc. gov. cn/detail2. html?ZmY4MDgwODE3N2U3NTdhYzAxNzgwMDc3ZDIyOTFiNzc%3D.

② 《最高人民法院关于审理涉及国有土地使用权合同纠纷案件适用法律问题的解释》，国家法律法规数据库，https：//flk. npc. gov. cn/detail2. html?ZmY4MDgxODE3OTlkZjQwMDAxNzliMDlkN2ZiNDE4MWU%3D.

院认为，根据《民法典》第二百零九条①的规定，不动产物权经依法登记，发生效力；未经登记，不发生效力，但法律另有规定的除外。本案中，抵押信息栏明确载明抵押权人为某县 B 信用合作社，债务人为 X 实业公司。因本案案涉土地为划拨用地，故法院根据《民法典担保制度解释》第五十条的规定认定案涉抵押权依法设立并无不当，对 R 建设公司主张抵押权未设立的请求不予支持。

【案例启示】

本案涉及能否以划拨的建设用地使用权抵押贷款的问题，这是银行和融资担保公司经常遇到的问题，必须认真慎重对待。

1. 金融担保公司应慎重把握以划拨方式取得的建设用地使用权抵押的法律效力问题。

《民法典》颁布前以划拨方式取得的建设用地使用权抵押的法律效力是有问题的，通常法院不予认可，按照《民法典》的相关规定，以划拨方式取得的建设用地使用权抵押的法律效力没有问题，抵押有效。抵押人如果以建设用地使用权抵押未办理批准手续为由，主张抵押合同无效或者不生效的，违背了诚信原则，人民法院不予支持。

2. 办理划拨土地抵押手续的风险提示。

（1）抵押人获得办理划拨土地的使用权的情况比较复杂，涉及许多政策性因素，办理划拨土地抵押手续和执行程序比较困难，不建议将其作为担保方式的为上策。

（2）债务人只能以划拨土地抵押的，银行和担保公司不要盲目签合同，在签订抵押合同之前，要求债务人必须向土地管理部门、不动产登记部门请示、询问，在获得政府相关部门批准，确定该抵押物符合条件的，再签订抵押合同并办理抵押登记。

（3）划拨土地的执行程序较为烦琐，抵押权人推定执行程序需将积极配合法院与政府相关部门沟通协调，争取政府同意变更土地性质，否则前功尽弃。

---

① 《中华人民共和国民法典》，国家法律法规数据库，https：//flk. npc. gov. cn/detail2. html? ZmY4MDgwODE3MjlkMWVmZTAxNzI5ZDUwYjVjNTAwYmY%3D.

【关联法规】

1. 《最高人民法院关于适用〈中华人民共和国民法典〉有关担保制度的解释》① 第五十条第二款规定，抵押人以划拨建设用地上的建筑物抵押，当事人以该建设用地使用权不能抵押或者未办理批准手续为由主张抵押合同无效或者不生效的，人民法院不予支持。抵押权依法实现时，拍卖、变卖建筑物所得的价款，应当优先用于补缴建设用地使用权出让金。

2. 《关于国有划拨土地使用权抵押登记有关问题的通知》② 规定，以国有划拨土地使用权为标的物设定抵押，土地行政管理部门依法办理抵押登记手续，即视同已经具有审批权限的土地行政管理部门批准，不必再另行办理土地使用权抵押的审批手续。

---

① 《最高人民法院关于适用〈中华人民共和国民法典〉有关担保制度的解释》，国家法律法规数据库，https：//flk. npc. gov. cn/detail2. html?ZmY4MDgwODE3N2U3NTdhYzAxNzgwMDc3ZDIyOTFiNzc%3D.

② 《土地管理法律手册》［M］. 北京：法律出版社出版，2005.

案例 29

企业破产担保公司抵押债权
能否拥有别除权

【案例介绍】①

2013 年 12 月 13 日，本案原告 H 裕集团与案外人田某订立《借款合同》，约定田某向 H 裕集团分期提供借款 1.2 亿元，约定 4000 万元还款期限为 2014 年 1 月 23 日；8000 万元还款期限为 2014 年 4 月 25 日。合同约定利率为月息 1.8%。同日，案外人王某、罗某、F 房地产开发有限公司以及本案被告 W 担保公司分别与田某签订《保证合同》，为 H 裕集团向田某借款提供连带责任保证。同日，H 裕集团将面积为 35615.97 平方米的土地使用权抵押给 W 担保公司，并与 W 担保公司订立了《反担保抵押合同》。随后田某分期向 H 裕集团提供借款 1.2 亿元。

2014 年 8 月 16 日，由于 H 裕集团到期未能归还田某的借款，田某要求 W 担保公司承担清偿责任。W 担保公司依照担保合同向田某清偿本息 13656 万元，由此 W 担保公司由担保人转变为债权人，取得向 H 裕集团追偿的权利，并有权依法行使 H 裕集团土地使用权抵押权。为此，W 担保公司为了明确其权利，向市仲裁委员会申请仲裁。

2014 年 10 月 27 日，在市仲裁委员会的协调下。H 裕集团与 W 担保公司达成调解协议，H 裕集团应当在 2014 年 11 月 30 日前向 W 担保公司支付

① 中国裁判文书网（2018）鄂 0506 民初 91 号.

13656 万元及利息 737.42 万元，未还资金按月利率 1.8% 计算利息；如果 H 裕集团违反调解协议，届时不能偿还上述债务，W 担保公司将依法行使土地使用权抵押权，对抵押登记的土地使用权进行拍卖、变现。之后，H 裕集团未按期清偿，W 担保公司向法院申请执行。

2015 年 1 月 19 日，市中级人民法院于作出执行裁定书，冻结、划拨被执行人 H 裕集团、F 房地产开发有限公司、王某、彭某的银行存款 14809.93 万元，或者扣留、提取其 14809.93 万元收入，或者查封、扣押、拍卖、变卖其同等价值的其他财产。

2015 年 1 月 21 日，市中级人民法院向 Y 区原国土资源局送达《协助执行通知书》，查封 H 裕集团位于 Y 区面积为 35615.97 平方米的 A 区、B 区两块国有出让土地使用权。

2016 年 12 月 2 日，法院作出《民事裁定书》，裁定受理 H 裕集团的破产重整申请。

2016 年 12 月 21 日，法院发出《通知书》，要求 W 担保公司于 2017 年 3 月 20 日前向债务人 H 裕集团的管理人申报债权。

2017 年 3 月 20 日，W 担保公司申报债权金额为 26817.9155 万元，并主张拍卖、变卖已经抵押的土地，其所得价款优先受偿的权利。

2017 年 9 月 4 日，法院作出《民事裁定书》，终止 H 裕集团重整程序，宣告 H 裕集团破产。

法院认为：

第一，本案 H 裕集团已依法进入破产清算，W 担保公司代为偿付了借款，对已办理抵押登记的土地依法享有别除权。W 担保公司认为 H 裕集团已经进入破产程序，其抵押的土地使用权的债权可以不经过破产程序而优先以担保物价值受偿，可以依法行使别除权。本案中，法院认为案涉土地上商品房已经具备商品房预售条件，该商品房是破产企业的主要资产。但是，如果 W 担保公司行使案涉土地的优先权，案涉土地上商品房将会无法面向社会销售，会在很大程度上降低破产财产的价值，为此，W 担保公司不宜行使别除权。

第二，为了保证 W 担保公司的利益，又不至于降低其他破产财产的价值，经破产清算负责人申请，由 H 裕集团向法院提供了 4900 万元银行存单担保，W 担保公司解除 B 区土地的抵押权，保证 B 区商品房顺利销售，法院同意了破产清算负责人的申请，认为该担保足以保证被告 W 担保公司利益，所以裁定先予执行。

【案例分析】

1. 在担保金融业务中，关于别除权把握和运用是非常重要的一项内容。别除权是指债权人因其债权设有物权担保或享有特别优先权。本案 H 裕集团已依法进入破产清算，H 裕集团抵押给 W 担保公司的 A 区、B 区二处土地使用权，W 担保公司依法可以拥有抵押土地使用权的别除权。但考虑到项目资产整体处置的利益，因此，本案中 W 担保公司不宜行使 B 区土地使用权别除权，但其基本利益应给予保障。

2. 破产程序中别除权的行使原则。

（1）按《破产法》的规定，别除权人应与其他无财产担保的债权人一样申报债权，应向清算组提出，还应当与其他破产债权人一样接受清算组债权调查。

（2）别除权人请求受偿，应提交相关有法律效力的证明材料。

（3）别除权应得受偿金额有争议而没有确定时，清算组应将价金单独提存。

（4）在别除权的执行过程中，可能出现担保物的价款超过或不足担保债权数额的情况，如果超过，其部分应归破产财产纳入破产分配；如果不足，未能清偿债权的部分，可以作为破产债权，依照破产程序受偿。

3. 别除权具有以下特征。

（1）别除权是抵押权人对破产人之财产行使的优先权利。破产人在破产前为了贷款融资提供财产抵押担保时，构成的别除权，如果担保物价款折价、拍卖不足清偿担保债额时，余债可以作为破产普通债权向破产人要求清偿；但是破产人为其他人的债务提供财产抵押担保时，余债按照法律不能作为破产债权向破产人要求清偿，只能向原债务人求偿。对于第三人为破产人债务提供财产抵押担保时，不构成别除权。

（2）别除权是为了保护抵押权人的利益，针对破产人设定抵押担保之特定财产而行使的权利。这是为了保护金融及担保机构的权益，防止有的企业通过企业破产而逃废债。为此，《破产法》规定，破产人已设定抵押担保之财产不在破产财产之列。也就是说，即使企业破产，其抵押担保的资产也要优先抵偿给抵押权人，别除权人的权利受到特别保护。

（3）别除权具有优先受偿权的特性。别除权与破产普通债权比属于特殊债权，具有优先受偿的权利。

（4）为了最大限度地保障别除权人利益，法律规定，别除权优先受偿的权利范围包括债务本金与利息。

4. 担保公司要注意把握别除权与相关权益的清偿顺序。

（1）别除权有受偿的特别优先权，对于破产费用来说清偿顺序如何。具体情况具体分析，通常别除权人的权利受到特别保护，别除权优先于破产费用。如果抵押财产变现不足以抵偿别除权的债权时，其差额部分纳入破产债权，自然破产费用又优先于别除权。

（2）关于同一抵押担保性质的别除权，其相互之间的清偿顺序，依规则通常按照到相关部门登记时间，或者按照合同生效时间的先后顺序清偿。

（3）担保物权与其他法定优先权之间的清偿顺序。通常情况下，别除权优先于一般优先权，特殊情况除外，如法律规定职工债权的清偿优先于别除权。

5. 本案从经济方面分析有三个问题值得思考。

一是房地产公司向自然人借款，由担保公司进行担保，虽然有房地产开发土地作为抵押，但是这种担保模式风险比较大。说明该房地产公司从银行借款的途径已经非常困难了。

二是借款时间只是一个月和五个月，属于超短期借款，这说明该房地产公司现金流运行已经存在严重的问题。

三是借款后企业并未走出困境，而是越陷越深，不到一年半就进入了破产程序。这说明担保公司在企业贷款融资环节上接了最后一棒，是风险最大的一棒。"君子不能立于危墙之下"，对于类似的高危企业应该坚决地回避，方为上上之策。

【案例启示】

本案说明了融资担保机构把握好别除权的重要意义。

融资担保机构在对企业进行担保时，尽可能的情况下要被担保企业提供有抵押权的反担保。拥有不动产或动产的抵押反担保，并在相关机关办理抵押登记，这样，即使企业破产，对于融资担保机构的权益也有一定的保障。本案中，W 担保公司的部分别除权，虽然没有行使，但是，法院充分考虑到了 W 担保公司不行使别除权的补偿，维护了 W 担保公司的基本权益。

融资担保实践中，一些融资担保机构之所以未能行使别除权，往往不是法院不认可特殊债权的问题，而是抵押物实际不存在或者是重复抵押的纠纷问题。为此，实际工作中，融资担保机构把握好抵押物的真实可靠、合法有效是重中之重的工作。

【关联法规】

《最高人民法院关于印发〈全国法院破产审判工作会议纪要〉的通知》①第二十五条规定，在破产与和解程序中，对债务人享有担保权的债权人可以随时向债务人随时主张变价、处置优先受偿。管理人应及时变价出售，不得以需经债权人会议决议等为由拒绝。但因单独处置担保财产会降低其他破产财产的价值而应整体处置的除外。

---

① 全国法院民商事审判工作会议纪要［M］. 北京：人民出版社，2019.

案例 30

以贷还贷担保公司依法免责

【案例介绍】①

Y 植物油公司 2011 年 10 月之前在 L 银行营业部有两笔各 2000 万元的贷款，这些贷款到期后 Y 植物油公司无力偿还，而且 Y 植物油公司于 2011 年 10 月已经全面停产，在这种情况下某银行营业部要求 Y 植物油公司再次贷款，Y 植物油公司将公司手续、印章、支票等全部交给由 L 银行营业部一手操办，L 银行营业部安排主导 S 担保公司为 Y 植物油公司借款提供担保。

2013 年 5 月 10 日，原告 L 银行营业部就被告 Y 植物油公司、被告冯某、被告 S 担保公司金融借款合同纠纷一案，向市中级人民法院提起诉讼。S 担保公司称 Y 植物油公司提供的情况说明，因为旧贷 4000 万元无力偿还，L 行营业部通过过桥资金还旧贷，明显地借新贷还旧贷。找担保有限公司做这笔担保是 L 银行营业部派人去的，发放贷款过程不符合 L 银行营业部内部规定和合同约定，在签订合同当天人还没有到家，贷款已经发放了。合同中规定贷款的用途是购买材料，银行没有按照约定购买材料办理受托支付。S 担保公司不知情的情况下借贷双方以贷还贷，S 担保公司提供担保也是被骗取的，不应当承担连带责任。S 投资担保公司认为原告 L 银行营业部和 Y 达植物油公司在本案涉及的公司担保上是恶意串通的。对此，S 担保公司不知道，S 担保公司不承担担保责任。

---

① 中国裁判文书网（2013）焦民二金初字第 00003 号.

法院认定贷款的两份大豆购销合同形式上存在明显瑕疵，也没有实际履行，借款用途明显属于虚构；原告不能举证证明 S 担保公司明知或应当知道该两笔借款实际被用于归还陈旧贷款。因此，保证人 S 担保公司在本案中不承担民事责任。

【案例分析】

L 银行营业部、Y 植物油公司、冯某在没有告知保证人 S 担保公司贷款真实用途，明知企业已经停产不能实现贷款目的、借款不能按时归还的情况下，双方互相配合，将该两笔贷款共计 4000 万元经过一系列的行内技术操作，用于归还 Y 植物油公司的陈旧贷款，超出了保证人的保证范围，加大了保证人的风险，甚至将贷款的风险完全转嫁给了保证人。原告 L 银行营业部贷款发放，既违背了合同约定和保证人的真实意思表示，也不符合正常的贷款操作规范。原告不能举证证明 S 担保公司明知或应当知道该两笔借款实际被用于归还陈旧贷款。因此，保证人 S 担保公司在本案中不承担民事责任。债权人以欺骗的方式让担保有限公司担保的行为是无效的。

【案例启示】

本案涉及如何认识第三人欺诈规则在骗取担保型担保合同效力认定的问题，这对于担保公司风险防控和管理是具有挑战性的。

骗取担保型合同诈骗案件中，实施欺诈行为的是借款人，而担保法律关系的双方系担保人与债权人，借款人不具有缔约方的身份。此时，担保关系外的主体有意隐瞒事实真相，其所实施欺诈行为能否构成担保合同的效力瑕疵，对于这一问题，需要从第三人欺诈相关规范予以解决。

1. 关于第三人欺诈规则的定义。在复杂的经济活动中亦有特别情况下，合同一方当事人所受到的欺诈并非合同相对人，而是合同相对人以外的第三人。第三人欺诈的定义是指意思表示人（受欺诈人）因为受到相对人以外第三人的欺诈而做出错误决定的意思表示。此时，受欺诈人基于认识错误所订立的合同效力按照法律应当如何认定，则为第三人欺诈规则所要解决的问题所在。

2. 关于第三人欺诈情形下合同效力的处理及救济途径。

关于第三人欺诈情形下合同效力的处理，有一个重要原则是合同的受领人是善意还是非善意。如果受领人主观为明知或应该知道第三人欺诈事实，则受领人存在主观过错，该合同属于有严重瑕疵的合同，受欺诈人可以主张撤销合同。如果受领人主观上不知道或不可能知道，则此时受领人属于善意相对人，出于对善意相对人的保护，该合同仍然具有效力。这种情况下，受欺诈人为了保护自身的利益，可以就其所遭受的权益损失，依法向实施欺诈行为的第三人进行追偿。

3. 对于债权人明知或应当知道的范围，具体应当包括如下情形：

（1）如果主合同债务人身份不真实、借款资格条件明显达不到要求。实践中主合同上部分债务人签字系伪造的情形，此时保证人的认识分析可能陷入错误，或者订立借款合同所要求的资格条件，用于贷款所提供的资料系伪造，这是比较恶劣的情形。

（2）主合同债务存续的真实性，款项的发放及用途。如果贷款是以新还旧，贷款已经发放，贷款改变了实际用途，贷款人或借款人隐瞒实际情况，欺骗保证人提供担保订立保证合同。

（3）债务人虚构债务清偿能力。债务人以虚假的经营合同、虚假的财务报表、已经抵押的资产，虚构债务清偿能力欺骗担保人的情况等。

以上三种情形的内容均能影响到保证人对真正债务人的履约能力以及自身所承担保证责任风险的判断，是保证人决定提供担保与否的重要信息，因此该部分内容属于债权人明知或应当知道的内容范围，保证人可以依法免责。

【关联法规】

《中华人民共和国民法典》第一百四十八条①规定，【以欺诈手段实施的民事法律行为的效力】一方以欺诈手段，使对方在违背真实意思的情况下实施的民事法律行为，受欺诈方有权请求人民法院或者仲裁机构予以撤销。

---

① 中华人民共和国民法典［M］. 北京：中国法律出版社，2023.

第一百四十九条规定，【受第三人欺诈的民事法律行为的效力】第三人实施欺诈行为，使一方在违背真实意思的情况下实施的民事法律行为，对方知道或者应当知道该欺诈行为的，受欺诈方有权请求人民法院或者仲裁机构予以撤销。

融资租赁类风险案例评析

融资租赁业务风险涉及多个方面，以下是较为常见的类型。

一、重复抵押

在融资租赁业务中，基础资产可能会面临重复抵押的风险。这通常发生在融资者为了解决经营困难，采用重复融资的方法，将融资租赁的设备再与另一家融资租赁公司进行融资租赁、再抵押给金融机构进行抵押贷款，或者将已融资抵押的设备资产通过租赁再进行融资。从而给融资租赁机构和银行金融机构带来了风险。案例31～案例32解析了租赁资产被重复抵押的情况，说明重复抵押是融资租赁业务中时常面临的风险，做好防控工作必须常抓不懈。

二、承租人、回购人对融资租赁法律关系存在认识误区

承租人、回购人等可能将融资租赁与普通租赁、借贷关系或买卖关系相混淆，导致对融资租赁的法律关系存在认识误区。这种误区可能导致履约瑕疵或争议，特别是在租赁物的质量存在重大瑕疵时，承租人可能会以此作为抗辩理由，拒绝支付租金。案例33～案例35解析了由于对融资租赁与融资借贷的认识误区，偏离了经营业务的范围，造成了不必要的损失，说明正确把握经营范围的重要性。

三、跟踪服务机制存在疏漏

对于出租人的资信审查、交付运行监督，审核不严，跟踪管理机制存在疏漏，从而增加融资风险。例如，出租人可能因销售业绩驱动，而忽视对承租人的资质审查，对于承租人的资信状况把关不严，增大了出现坏账的潜在风险。此外，出租人在合同履行过程中，如果疏于对租赁物运行情况的监督，甚至可能出现承租人与出卖人串通，虚构租赁物及虚假交付，套取出租人资金的行为。案例36~案例38解析了由于跟踪管理机制存在疏漏，出现融资租赁款错过追索期、融资租赁资产被承租人擅自抵押或企业濒于破产，租赁设备难以享有优先权的情况，说明租赁资产的跟踪管理是融资租赁业务的核心之一。

四、合同约定不明

融资租赁合同一般是由出租人事先制定并提供的格式合同，但对一些业务术语和容易引发争议的问题可能未作清晰明确的约定。例如，对首付款、保证金的性质和用途、租赁物残值计算方式等约定不明，就容易引发争议。这些争议可能导致诉讼周期延长，以及不必要的设备折旧损失。案例39解析了由于融资租赁物明细日期不清，造成抵押无效的情况，说明租赁合同必须细致全面，稍有疏忽就会酿成大错。

五、新业务模式论证不够的风险

随着融资租赁业务的不断发展，需要探索创新一些新的业务模式，但是如果盲目扩张就会出现风险。新业务模式可能涉及更复杂的法律关系，或者对承租人的资质和还款能力有更高的要求。如果出租人未能充分评估论证这些新业务模式的风险，就可能导致合同风险被人为扩大。案例 40 解析了由于在建工程不具备融资租赁条件盲目开展融资租赁业务生成困境的情况，说明探索创新新的业务模式既要积极也要慎重。

综上所述，融资租赁业务风险涉及多个方面，出租人和承租人都需要增强法律意识，加强风险预判和防控措施，以确保融资租赁业务的顺利进行。

案例 31

同一设备向多家租赁公司
出售回租

【案例介绍】①

G斯公司因资不抵债申请破产，然而，其生产所使用设备许多是通过融资租赁而来的，与H融资公司、W物产公司、R财金公司、J金投公司各自签订有设备《融资租赁合同》，各融资租赁公司按合同实际购买G斯公司的设备为租赁物，G斯公司与相关融资租赁公司之间的融资租赁合同已成立并生效。

由于G斯公司因未支付到期租金已构成违约且现已进入破产程序，根据合同约定已丧失对租赁物的回购权。W物产公司为了确保融资租赁物的安全，要求确认融资租赁合同项下租赁物的所有权。

H融资公司与G斯公司之间的融资租赁合同关系发生在W物产公司之前，G斯公司破产管理人认为经生效法律文书确定由H融资公司保留所有权的冷旋机1台，涉嫌与W物产公司主张所有权的3台冷旋机与R财金公司、J金投公司存在重合问题。

法院认定，G斯公司现有4台冷旋机中，除1台已由H融公司保留所有权外，另3台属于物产公司本案所主张的租赁物且与第三人R财金公司和J金投公司存在权属争议。

---

① 中国裁判文书网（2019）浙民终1567号.

在本案中，R 财金公司和 J 金投公司与 G 斯公司都办理了生产设备"售后回租"业务，且都在 W 物产公司融资租赁业务登记"2 亿元生产设备融资租赁"这一重大信息公示之后。R 财金公司及 J 金投公司作为非银行类金融服务企业，理应对融资租赁标的物的抵押租赁情况进行全面核实，特别是对 W 物产公司已经公示的信息进行关注。然而，该两公司都未给予合理关注和及时核实。R 财金公司和 J 金投公司对 G 斯公司"售后回租"业务额巨大，但是，对自身融资租赁标的物、在先融资租赁标的物未进行合理关注和全面核实。G 斯公司提供给 R 财金公司的发票号码及票面金额均与 G 斯公司实际留存的真实发票不一致，体现出 R 财金公司未审核租赁物发票原件，更谈不上审核租赁物对应的采购合同及付款凭证；G 斯公司提供给 J 金投公司的发票复印件虽然与原件一致，但存在不同设备之间发票金额拼凑、租赁物单台价值与实际单台价值并不匹配的情形，体现出 J 金投公司并未审查租赁物发票原件与相应的采购合同及付款凭证。R 财金公司和 J 金投公司与 G 斯公司开展"售后回租"业务时，既未对在先公示的同类租赁的租赁物予以合理关注和有效核实，又未对自身合同项下租赁物实际情况合理审查，未能尽到合理的审查注意义务，对部分租赁物重复租赁情形的发生存在重大过失，不能对抗 W 物产公司在先取得的动产物权。R 财金公司虽然就其租赁物设定抵押并完成登记，但该登记依据的抵押合同所指向的抵押物名称已有在先他人所有权，且甄别抵押物的发票均与实际不符，R 财金公司不能以该抵押登记对抗 W 物产公司在先所有权。

综上所述，就 W 物产公司《融资租赁合同》项下的租赁物，既无他人在先所有权，又无被无权处分且被第三人善意取得的情形，根据合同约定及法律规定，租赁物的所有权应属于原告 W 物产公司。原告 W 物产公司关于确认租赁物所有权的诉讼请求合法有据，法院予以支持。

【案例分析】

本案争议焦点系 G 斯公司将 3 台冷旋机等租赁设备，在 W 物产公司、R 财金公司和 J 金投公司三家都进行了融资回租业务，为此，三家产生了涉案租赁物所有权之争。

G 斯公司进入破产程序后，对于涉案租赁物所有权，G 斯公司与上诉人

R 财金公司、J 金投公司和被上诉人 W 物产公司均存在融资租赁关系，都认为有所有权。而在本案中，G 斯公司既是租赁物的出卖人，也是租赁物的承租人，即 G 斯公司均以回租形式与 W 物产公司、R 财金公司和 J 金投公司分别发生融资租赁关系，G 斯公司就同一标的物均与 R 财金公司、J 金投公司、W 物产公司存在买卖关系。在涉案融资租赁合同均是当事人真实意思表示且内容不违反法律和行政法规强制性规定的情况下，因存在 G 斯公司签订多份回租合同，在融资租赁关系中的买卖关系中，G 斯公司存在"一物数卖"的情形。关于涉案租赁物机器设备"一物数卖"，其所有权的归属问题，根据《最高人民法院关于审理买卖合同纠纷案件适用法律问题的解释》① 第九条规定，处理的原则是：

1. 先行受领交付的买受人优先；

2. 均未受领交付，先行支付价款的买受人优先；

3. 均未受领交付，也未支付价款，先合同的买受人优先。

在本案中，G 斯公司与上诉人 R 财金公司、J 金投公司的债权转让和被上诉人 W 物产公司均没有通过现实交付而是通过占有改定的方式交付标的物。故按标的物的交付时间确定，应当根据当事人签订合同的约定进行认定。由于 G 斯公司与 W 物产公司签订《标的物转让合同》后，W 物产公司已经向 G 斯公司支付了约定的 2 亿元标的物价款，G 斯公司于 2017 年 8 月 24 日向 W 物产公司出具《标的物交接验收确认单》之日，可认定为 W 物产公司受领案涉标的物之日。

因 G 斯公司向 R 财金公司出具《租赁资产接受书》的时间是 2017 年 9 月 25 日，G 斯公司与 J 金投公司约定的标的物转移时间为 2017 年 10 月 25 日，以上时间均晚于 W 物产公司受领案涉标的物的时间。为此，租赁物的所有权应属于 W 物产公司。

【案例启示】

1. 担保公司要注意把握好设备的抵押与融资租赁情况，控制风险。为什

---

① 《最高人民法院关于审理买卖合同纠纷案件适用法律问题的解释》. 国家法律法规数据库，https://flk.npc.gov.cn/detail2.html?ZmY4MDgxODE3OTlkZWY5ODAxNzliMDk2ODVjZjE4MDI%3D.

么"售后回租"业务中，出卖人（承租人）时常出现就同一普通动产订立多重买卖合同，一个重要原因是法律制度还不完善，出卖人（承租人）几乎不承担由此产生的经济法律责任，所以敢于铤而走险。在善意取得制度和动产抵押权制度的保护下，承租人有可能成功地为善意第三人设立抵押权。为了防止融资租赁设备的重复抵押，融资租赁公司只有尽可能在融资租赁期间，使所有权标识有效公示，消除外界可能普遍认为承租人还对租赁物享有一定所有权的虚假现象。

在实践中，出租人要密切关注承租人擅自处分租赁物的情况，若在融资租赁期间发现承租人的违约情况，则及时与其解除合同关系。当承租人无法履行合同约定的租金支付义务时，出租人就要通过收回租赁物的方法来实现，但承租人如果将租赁物又进行抵押了，实践中，经常出现以下两种情形。

第一种是承租人融资租赁在先，设立抵押权在后的情况。从法律上讲原则上优先保护出租人的所有权，但如果抵押权人同时满足下面两个条件，一是已经将抵押权登记，二是抵押权又系善意取得，法律上则优先保护抵押权。

第二种是承租人设立抵押权在先，融资租赁在后的情况，一般优先保护抵押权。理由是融资租赁的出租人在购买设备时没有查清设备的权利负担，属于未尽核实之责，不属于善意且无过失，应承担不利法律后果。

2. 担保公司要认真研究把握善意取得的概念。融资租赁的标的物，如果融资租赁人已抵押给其他金融机构，在其他金融机构作为抵押权人是善意取得情况，法律上要优先保护抵押权人的权益；如果不是善意取得情况，法律上则不能优先保护抵押权人的权益。善意取得与否的关键是指抵押权人取得抵押权时应当是善意的，对于抵押人是融资租赁中的承租人，不享有租赁物的所有权，无权设定抵押权的情况是不知道的。是否不知道需要客观证据予以证实。融资租赁公司如果发现租赁物被承租人重新抵押的情况，要注意核查以下几点。

（1）核查抵押权人与承租人之间的法律经济关系。如果有证据证明抵押权人与承租人之间存在串通侵害出租人所有权的行为，如果抵押权人与承租人之间存在互相参股、隶属关系、亲属关系或者为同一控制人等关联关系，都不能视为善意。

（2）分析判断抵押物的价值与贷款金额是否符合常规。通常情况下，抵押物的价值与贷款金额大致相对应。如果贷款金额明显高于或明显低于抵押物本身价值，就可能存在其他串通行为，可能被认定为非善意。

（3）如果抵押权人是专业的金融机构，其是否善意有更加严格的标准。金融机构有义务和责任在签订抵押合同之前应对抵押物的现状、买卖合同及发票等作尽职调查。如果抵押人没有出示租赁物的原始发票，抵押权人没有核实发票的真假，也就是抵押权人未能证明抵押人对抵押物享有所有权的情况下，进行抵押融资业务，如果融资租赁物有明确标志，从法律上讲也不能认为是善意取得。

（4）登记和查询。登记和查询是判断是否善意取得的重要环节。《最高人民法院关于审理融资租赁合同纠纷案件适用法律问题的解释》第九条第三项将第三人未按规定向相关部门进行交易查询作为善意取得的例外情况。中国人民银行于2014年3月20日下发了《关于使用融资租赁登记公示系统进行融资租赁交易查询的通知》（银发〔2014〕93号）①，也明确规定银行等机构在办理资产抵押、质押和受让等业务时，登记和查询的义务和责任。应该登记和查询而未进行的，将属于司法解释的例外情况，否定其善意取得。

【关联法规】

1. 《中华人民共和国民法典》第四百一十四条②规定，【数个抵押权的清偿顺序】同一财产向两个以上债权人抵押的，拍卖、变卖抵押财产所得的价款依照下列规定清偿：（1）抵押权已经登记的，按照登记的时间先后确定清偿顺序；（2）抵押权已经登记的先于未登记的受偿；（3）抵押权未登记的，按照债权比例清偿。

其他可以登记的担保物权，清偿顺序参照适用前款规定。

2. 《最高人民法院关于审理买卖合同纠纷案件适用法律问题的解释》

---

① 关于使用融资租赁登记公示系统进行融资租赁交易查询的通知 ［Z］. https：//www. gzhdcourt. gov. cn/yshj/zcwj/ck47/2021/01/18160605474. html.

② 《中华人民共和国民法典》，国家法律法规数据库，https：//flk. npc. gov. cn/detail2. html？ZmY4MDgwODE3MjlkMWVmZTAxNzI5ZDUwYjVjNTAwYmY%3D.

的第九条规定，"一物数卖"，其所有权的归属，按照以下情形分别处理：（1）先行受领交付的买受人请求确认所有权已经转移的，人民法院应予支持；（2）均未受领交付，先行支付价款的买受人请求出卖人履行交付标的物等合同义务的，人民法院应予支持；（3）均未受领交付，也未支付价款，依法成立在先合同的买受人请求出卖人履行交付标的物等合同义务的，人民法院应予支持。

案例 32

融资租赁汽车被承租人抵押贷款

【案例介绍】①

2010 年 3 月 26 日，Z 峰公司与 L 融资租赁有限公司（以下简称 L 公司），按照直接租赁融资方式进行全路面汽车起重机融资租赁业务，Z 峰公司作为承租人与 L 公司签订《租赁协议》，由 L 公司出资购买德国产格鲁夫牌全路面汽车起重机一台出租给 Z 峰公司使用，Z 峰公司租用该路面汽车起重机，并须按合同约定分期向 L 公司支付租金，租赁物所有权归 L 公司，Z 峰公司无权抵押上述设备。在此项业务中，Z 峰公司向 L 公司的租赁融资的债务由 A 租赁公司提供担保。在此前提下，Z 峰公司要求以其公司名义办理了车辆营运证，并表示保证该登记不影响 L 公司对于设备的所有权，L 公司表示同意。上述协议签订后，各方按约定实施了全路面汽车起重机直接租赁融资业务，其间 L 公司为了安全保险起见，在 2010 年 5 月将上述《租赁协议》和租赁设备均登记于人民银行征信系统。但在履约过程中，Z 峰公司存在违约问题，未按约定及时支付租金。为此，L 公司要求 A 租赁公司承担保证责任，A 租赁公司履行合同向 L 公司支付 1300 万余元。2013 年 3 月 1 日，A 租赁公司购买受让了 L 公司《租赁协议》项下的全部权利义务，包括原合同项下租赁设备的所有权及其他一切权利义务；对上述转让情况 Z 峰公司已经接到 L 公司的书面通知并且没有异议。

① 中国裁判文书网（2014）辽民三终字第 212 号.

2012 年 3 月 12 日，C 银行向 Z 峰公司发放贷款 1000 万元，C 银行与 Z 峰公司签订借款合同及最高额抵押合同，约定并以 Z 峰公司租赁的格鲁夫重型专业车设定抵押担保，并在车辆管理部门办理抵押登记，C 银行依法取得抵押权；由于 Z 峰公司对于 C 银行的借款到期未还，C 银行依法起诉 Z 峰公司至一审法院，一审法院经审理后判决：C 银行与 Z 峰公司的贷款合同，Z 峰公司与 C 银行的格鲁夫重型专项作业车的抵押合同，均合法有效。Z 峰公司偿还 C 银行贷款本金 1000 万元及利息，C 银行享有格鲁夫重型专项作业车的抵押物变现后的优先受偿权利，A 租赁公司则不享有优先受偿权。A 租赁公司认为其公司拥有抵押物变现后的优先受偿权利，不服一审判决，提出上诉。二审法院判决维持一审判决。

本案的核心在于同一物上产生了两个相互冲突的物权，其根本原因，不仅在于 Z 峰公司将租赁物被重复抵押，更是由于案涉租赁物的实际所有权人对租赁物的管理及保护不当，使租赁物被 Z 峰公司用于贷款抵押，并在租赁物上形成善意第三人的抵押权，在 C 银行基于善意且无过错而取得案涉租赁物上抵押权的情况下，这种物权冲突产生的不利法律后果由租赁物的实际所有权人承担，这里的核心因素是 C 银行是基于善意且无过错而取得案涉租赁物上抵押权。

【案例分析】

1. 从本案来看，A 租赁公司的相关手续还是比较健全的，但是由于汽车作为动产抵押物的特殊性，所有权虽然为出租人 L 公司和 A 融资公司所有，但为了使用人方便，汽车在机动车登记机关登记在 Z 峰公司名下，这就为使用人 Z 峰公司以案涉车辆为其在 C 银行借款提供抵押担保，并在车辆管理部门办理了抵押登记，提供了可能性。从民事角度讲，C 银行的抵押权成为善意第三人的抵押权，在物权冲突中有优先权；从刑事角度讲，使用人 Z 峰公司明知其对该汽车没有所有权，却违法将其抵押给 C 银行，是一种刑事违法行为，但实践中这类刑事责任一般难以追究。

2. 从本案来看，动产租赁物监督管理非常难，容易出现重复抵押的问题。本案中，出租人 L 公司和 A 租赁公司有两个失误。

一是所有权虽然为出租人 L 公司和 A 租赁公司所有，但为了使用人方便，汽车在机动车登记机关登记在 Z 峰公司名下。这样出租人 L 公司和 A 租赁公司的所有权容易落空，其他的金融机构难以知晓所有权的真实情况，为承租人违法抵押提供了空间。

二是对于汽车只办理了租赁手续，未在车辆管理部门办理抵押登记，从而给当事人有另外抵押的机会。这里因未办理抵押登记，造成企业的经济损失，其教训应该引起融资租赁公司的重视。

【案例启示】

此案说明汽车融资租赁公司的风险是比较多的，在实践中要注意六大风险点。

1. 遭遇合同诈骗的风险。汽车融资租赁业务在办理证件的过程中有许多特殊性，一些不讲诚信的客户及不法分子利用其特殊性，将融资租赁汽车进行再抵押、出售的案例时有发生。通常手法是在回租模式下将车辆重复进行租赁融资、将所租用车辆用于倒卖或者抵押牟利、承租人与汽车供应商恶意串通，进行虚假租赁融资等，骗取汽车融资租赁公司签订相关合同并非法占有所融资金。

应对措施：防止汽车融资租赁的合同诈骗风险，除了对承租人及担保财产、担保人进行充分的尽职调查、分析及核实常规的资料信息外，主要是把握承租人及担保人的担保财产的真实性、安全性，关注承租人及担保人汽车融资租赁的真实用途，了解承租人及担保人的征信情况、涉诉情况、被行政处罚情况等。

2. 租金拖欠的风险。租金拖欠是汽车融资租赁业务中最常见的风险，承租人由于各种原因常常到期不能按时或者足额向汽车融资租赁公司交纳租金的行为。

应对措施：主要是密切关注融资租赁汽车的经营使用情况，把握其收入的进度情况，及时进行清收。可以拖欠时间为依据，将拖欠租金行为的对应措施划分三类。

（1）关注，在发现承租人开始不能按期交纳租金时，公司业务人员就应及时调查拖欠原因，进行分析研判，制定催收措施。

（2）严重关注，在承租人三个月都不能按期交纳租金时，由公司法务部

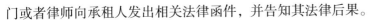

门或者律师向承租人发出相关法律函件，并告知其法律后果。

（3）司法措施，在承租人六个月以上都不能按期交纳租金时，提起诉讼或者仲裁。

3. 车辆被无权处分的风险。在直租模式下，车辆被无权处分的风险虽然较小，但也有偶尔发生，本案就是一个案例。在售后回租模式下以及即便是基于直租模式，为了操作的便利性、考虑到税收成本、担心后续车辆使用过程中的责任承担问题等因素，对于售后回租模式下汽车融资租赁，公司和承租方往往并不办理车辆过户手续，或者在购买车辆时将车辆直接登记在承租人名下，甚至有些承租人要求将购车发票直接以其名义开具，虽然根据《道路交通安全法》及《机动车登记规定》等相关法律法规的规定，车辆登记证并不是车辆所有权的证明，但这在实际生活中却大大增加了车辆被承租人以出售、抵押、出质等方式进行无权处分给第三人的风险。

应对措施：

（1）不要怕麻烦，尽量将车辆权证登记于出租人名下，如机动登记证、行驶证、机动车发票等，这样出租人才有主动权。

（2）如果无法避免将车辆权证登记于承租人名下时，要办理好车辆抵押给汽车融资租赁公司的手续，及时在登记机关依法办理抵押权登记，并尽可能将抵押车辆情况告知相关金融机构。

（3）如有可能在车辆的适当位置作出标识，明确显示该车辆为租赁车辆。

（4）尽可能从各方面能够证明第三人不符合善意取得的要件，明确第三人属于融资租赁交易查询的义务主体。

4. 车辆被查封、扣留的风险。租赁车辆属于动产，在运营过程中可能涉及刑事案件，被司法机关扣留；也可能由于其他经济纠纷，被司法机构查封、扣押。虽然，按照法律规定汽车融资租赁公司可以取回租赁车辆，但在实践中无法取回车辆的风险屡有存在。

应对措施：

（1）出现上述情况，汽车融资租赁公司应依据公安部颁布的《公安机关办理刑事案件程序规定》第六十一条①的规定，要求公安机关在拍摄或者制作足以反映原物外形或者内容的照片、录像后返还车辆。汽车融资租赁公司

---

① 公安机关办理刑事案件程序规定（2020年新修订）〔M〕. 北京：中国法制出版社，2020.

应尽快向公安机关和法院递交购买合同、发票、融资租赁合同、机动车登记证等一系列证明材料，确认车辆所有权为汽车融资租赁公司所有。

（2）为了防止意外风险的发生，汽车融资租赁公司在融资租赁合同中，需要明确约定在上述情形下的权利与责任，可以明确约定汽车融资租赁公司有权解除合同，承租人有责任提前支付全部剩余租金及违约金并承担相应责任。

5. 车辆被盗抢、毁损及灭失风险。在汽车融资租赁中，车辆被盗抢、毁损及灭失风险随时可能存在。

应对措施：

（1）强制要求承租人购买交强险、车辆损失险，盗抢险等险种保险。融资租赁合同中必须明确约定若承租人怠于购买保险，汽车融资租赁公司有权从保证金中扣除相关费用代为购买，也可以视同承租人违约，考虑中止融资租赁合同。

（2）汽车融资租赁公司应该重视运用现代科技手段，充分地关注 GPS 及 GMS 防盗系统功能，定期地检查，保证上述防盗系统正常运行。

6. 车辆质量瑕疵风险。在汽车融资租赁业务中，车辆质量瑕疵风险也偶尔会出现，这里可能是供应商与承租人的串通问题，也可能是承租人的责任心不够造成的。

应对措施：

（1）为了防止车辆质量瑕疵风险，汽车融资租赁公司在融资租赁合同中可以明确约定车辆质量瑕疵与汽车融资租赁公司无关，车辆和供应商的选择是承租人的责任，承租人不得以此为借口拒绝履行交纳租金的义务。

（2）在实务中，一些汽车融资租赁公司明确购买车辆及质量把关是承租人的责任和义务，汽车融资租赁公司采用委托购买的方式，委托承租人购买车辆，从而规避风险也为操作的便利性，能有效防范汽车融资租赁公司出现因干扰承租人的选择权而带来的相应责任。

【关联法规】

《中华人民共和国民法典》[①] 第三百一十一条规定，【善意取得】无处分

---

① 《中华人民共和国民法典》，国家法律法规数据库，https：//flk. npc. gov. cn/detail2. html? ZmY4MDgwODE3MjlkMWVmZTAxNzI5ZDUwYjVjNTAwYmY%3D.

权人将不动产或者动产转让给受让人的，所有权人有权追回；除法律另有规定外，符合下列情形的，受让人取得该不动产或者动产的所有权：（1）受让人受让该不动产或者动产时是善意；（2）以合理的价格转让；（3）转让的不动产或者动产依照法律规定应当登记的已经登记，不需要登记的已经交付给受让人。

受让人依据前款规定取得不动产或者动产的所有权的，原所有权人有权向无处分权人请求损害赔偿。

当事人善意取得其他物权的，参照适用前两款规定。

案例 33

名为融资租赁实为民间借贷

【案例介绍】①

2016 年 9 月 14 日，K 富公司（甲方）与 H 瀚公司、R 租赁公司（合称乙方）签订《售后回租合同》，乙方在合作协议合作期内将其通过融资租赁购买并有权处分的资产出售给甲方，再将该物件从甲方租回使用；甲方同意购买上述物件，并于购买同时将上述物件回租给乙方，分期向乙方收取租金。租赁期满后，双方按照本合同的约定处分上述物件。目的是通过《新三板融资租赁业务的合作协议》，做大业务，为今后在证券市场上谋求发展。

截至 2018 年 11 月，K 富公司、R 租赁公司、H 瀚公司确认案涉租赁合同项下发生 131 个项目（应为 130 个项目），K 富公司主张其中 100 个项目（应为 99 个项目）款项已结清，尚有 31 个项目未结清，其中涉及 R 租赁公司 16 个、涉及 H 瀚公司 15 个。

2019 年 1 月 18 日，K 富公司（转让方）与 H 潍公司（受让方）签订《转让合同一》，转让上述融资租赁业务。2019 年 4 月 16 日，H 潍公司（甲方）与 Z 永公司（乙方）签订《转让合同二》，再次转让上述融资租赁业务，Z 永公司承继了 K 富公司所有租赁债权，发现 R 租赁公司从 2018 年 11 月开始逾期；H 瀚公司从 2018 年 12 月开始逾期，随即 Z 永公司于 2019 年 5 月向法院提出诉讼。

① 中国裁判文书网（2021）京民终 804 号.

Z 永公司诉讼要求 R 租赁公司偿还借款本金 4476.16 万元及逾期利息、H 瀚公司偿还借款本金 3778.63 万元及逾期利息，逾期利息按照年利率 24% 的标准计算，一审法院不持异议并予以支持。

一审法院认为，本案有 31 个融资租赁项目，看似是融资租赁合同关系，实际上体现的是民间借贷法律关系。对于融资租赁合同关系的认定，除了从合同当事人之间的权利义务关系约定来认定外，更重要的是分析个案中标的物的性质、价值和租金的构成等因素，本案明显不符合融资租赁合同的法律关系。对此，Z 永公司不服一审判决，提出上诉。

二审法院认为，K 富公司、R 租赁公司、H 瀚公司以虚假的意思表示实施的所谓融资租赁行为应为无效民事行为，一审法院及本院认定本案应按照民间借贷法律关系处理，是正确的。

【案例分析】

1. 本案《融资租赁合同》为什么无效。

本案 Z 永公司（一审原告）和 R 租赁股份有限公司（一审被告）、H 瀚融资租赁有限公司（一审被告）都是融资租赁公司，为了在三板上市，签订虚假的融资租赁业务合同，运作 131 个项目以增加经营流量。后由于经营债务纠纷引起诉讼。

融资租赁合同应该具有以下特征。

（1）融资租赁经济关系的显著特征是三方两个合同，三方为出租人、承租人、出卖人，组成融资租赁合同主体。两个合同，一是出租人与承租人之间为了解决承租人的资金困难而签订的融资租赁合同；二是出租人与出卖人（承租人或第三人）就租赁物签订的买卖合同。

（2）关于租赁物可能是承租人已经拥有的设备及财产，也可能是根据承租人需要由出租人来购买的租赁物，融资租赁是出租人获得收益的来源。

（3）从法律上讲租赁物的所有权归出租人所有，租赁期间其使用权归承租人，租赁期满后，按协议所有权归承租人所有。

（4）融资租赁经济合同关系最根本的特点融资与融物相结合，两者缺一不可。只有融资没有融物，是融资借贷关系，不构成融资租赁关系；在回租关系中常常出现租赁物所有权名义上从出卖人处转移至出租人，实际上没有真正转移，这从法律上讲就不构成融资租赁关系。

本案三个公司的业务往来显然不存在真正的融资租赁关系，不存在融资租赁经济合同关系的特征，只能算是金融借贷关系。

2. 本案《融资租赁合同》无效后本金和利息应当如何处理。《融资租赁合同》无效后债权方只能收回本金和合法利息，原约定的租金标准难以达到，如果债权方有过错，其利息只能按银行同期利率计算。

3. 本案《融资租赁合同》无效后，企业破产时债权是否拥有优先受偿权。《融资租赁合同》无效后，原来的抵押物消失，债权方失去了所有权，为此，如果债务人破产，自然丧失了抵押物变现的优先受偿权。

【案例启示】

1. 抵押无效融资租赁法律关系变成了企业间无抵押的借贷法律关系，这种法律关系的转变将给企业资金的安全和效益带来了许多的不确定性。为此，确定真实有效的融资租赁法律关系是一个非常重要的工作，抵押物有所有权和无所有权对于融资租赁公司事关重大，特别是对于债务人破产后的债权回收具有关键的作用。

2. 民间借贷法律关系有效情形下的相关问题。

一是关于承租人如何支付利息问题。如果法律确认名为融资租赁关系实为民间借贷关系，承租人应当依法支付相应的利息。在合同被认定实际构成借贷法律关系的情形下，不能按原融资租赁合同收取高额的租金利息，但双方之间应该有合法的利息关系，应当依据《最高人民法院关于审理民间借贷案件适用法律若干问题的规定》[①] 第二十四条第二款，根据当地市场报价利率等因素确定利息。

二是关于名为融资租赁合同的手续费、保证金应当在借款本金中扣除问题。《最高人民法院关于审理民间借贷案件适用法律若干问题的规定》[②] 第二十六条规定，借据、收据、欠条等债权凭证载明的借款金额，一般认定为本金。预先在本金中扣除利息的，人民法院应当将实际出借的金额认定为本金。

---

①② 《最高人民法院关于审理民间借贷案件适用法律若干问题的规定》，国家法律法规数据库，https：//flk. npc. gov. cn/detail2. html?ZmY4MDgxODE3OTlkZjQwMDAxNzliMDk4OGI3NzE3ZTU%3D.

三是关于担保合同效力的认定问题。将原融资租赁合同，认定为民间借贷合同的关系后，原担保合同效力仍然有效。关于债务性质变更的认定仅仅是法律关系性质的转变，并未否定主合同效力，并未改变主合同担保人对于同一债务所承担的担保责任。因此融资租赁主合同被认定为借贷合同不影响担保合同的效力。

当然，如果融资租赁变为民间借贷后加重了担保人的债务，担保人对加重的部分不承担担保责任。此外，若当事人事先在担保合同中约定，担保范围仅限于主合同融资租赁法律关系项下的债权时，债务性质的变更会直接导致担保债务超出担保范围，对此，担保人无须承担担保责任。

3. 抵押无效造成融资租赁法律关系变化的原因是多方面的。有租赁方弄虚作假，有标的物没有登记、无法登记、重复登记，有购买出租人知假而为等，如果购买出租方拥有过错责任，还要承担相应的经济责任。为此，融资租赁公司加强制度建设、人员管理、明确职责职能，加强风险防控，是一项重要的基础工作。

【关联法规】

《最高人民法院关于审理融资租赁合同纠纷案件适用法律问题的解释》[①]（2020 年修正）第一条规定，人民法院应当根据《民法典》第七百三十五条的规定，结合标的物的性质、价值、租金的构成以及当事人的合同权利和义务，对是否构成融资租赁法律关系作出认定。

对名为融资租赁合同，但实际不构成融资租赁法律关系的，人民法院应按照其实际构成的法律关系处理。

---

① 《最高人民法院关于审理融资租赁合同纠纷案件适用法律问题的解释》（2020 年修正），国家法律法规数据库，https://flk.npc.gov.cn/detail2.html?ZmY4MDgxODE3OTlkZjYxNDAxNzliMDliNDVkOTJjNWU%3D.

案例 34

名为售后回租实为借贷

【案例介绍】①

2016 年 8 月 22 日，S 公司与 D 融资租赁公司签订《售后回租赁合同》《所有权转让协议》《补充协议》，上述合同约定：S 公司与 D 融资租赁公司按照回租融资租赁的方式开展融资租赁业务。D 融资租赁公司向 S 公司购买租赁物并回租给 S 公司使用，租赁物全部为 S 公司的固定资产。在 S 公司接受租赁物后至 S 公司向 D 融资租赁公司支付全部应付租金等所有费用之前，租赁设备的所有权属于 D 融资租赁公司；上述租赁物所有权转移视为租赁物在现有状态下进行的交付，同时 S 公司应签署《租赁物件确认函》；租赁物协议价款为 1 亿元，直接抵扣 S 公司支付的保证金 1000 万元，D 融资租赁公司实际应付 9000 万元。

合同生效条件：

1. S 公司出具总经理办公会关于进行融资租赁的决议；

2. 《所有权转让协议》签署；

3. 《售后回租赁合同》签署；

4. D 融资租赁公司已收到租赁物件的发票复印件（加盖 S 公司公章），并经 D 融资租赁公司审核无误；

5. S 公司签署《租赁物件确认函》，并经 D 融资租赁公司审核无误。为

① 中国裁判文书网（2020）沪民终 33 号.

此，D 融资租赁公司开始向 S 公司支付 9000 万元融资租赁资金。

2018 年 3 月 8 日，某市公安局因 S 公司原法定代表人李某、总经理办公会成员李某 A 涉嫌国有公司、企业、事业单位人员滥用职权罪，对李某、李某 A 立案调查并执行逮捕。李某在刑事讯问笔录中供述，融资租赁业务中需要的增值税普通发票、设备清单等都是通过案外人不法操作的，目的是通过租赁模式获得融资。

融资租赁交易的必备条件是具有融资与融物的双重属性，缺一不可。本案中，S 公司出让给 D 融资租赁公司的设备增值税发票为虚假套票，租赁物从法律上讲不成立，客观上也不存在。为此，D 融资租赁公司与 S 公司融资租赁关系只有融资没有融物的属性，租赁物是虚假的，不符合融资租赁法律关系成立的基本特征，故一审法院认定本案系名为《售后回租赁合同》实为企业借贷合同关系。法院判决 S 公司应归还 D 融资租赁公司借款本金及利息。

【案例分析】

1. 本案是一起典型的虚假融资设备，虚假售后回租，实为企业借贷的法律经济关系的案例。主要责任在于 S 公司，但 D 融资租赁公司同样存在审核不严的责任。

2. 此案租赁成本 1 亿元的规模，形成没有抵押的企业信用借贷关系，对于 D 融资租赁公司来说，风险非常大，如果贷款企业由于各方面的原因破产清算，后果更是不敢设想。其实，此案 D 融资租赁公司只要认真核查一下抵押物是否真实存在，增值税发票是否真实，就能够避免风险发生，遗憾的是 D 融资租赁公司没有做到。

3. 融资租赁法律关系确立的核心是融资与有价值的租赁标的物有机结合。本案融资租赁合同关系，D 融资租赁公司仅提交了关于租赁物件的购买发票以及《租赁物件确认函》等书面材料，无法证明具体的租赁物真实存在。

【案例启示】

1. 注意把握虚假租赁的形式及特征。

（1）虚假租赁主要是虚构租赁物，或者租赁物并未转移所有权，未实际出租，当事人虚构租赁合同或租赁关系。

（2）租赁物本身已经出租，租赁合同仍在履行，又重复将租赁物进行售后回租方式融资租赁。

2. 融资租赁机构防范与破解虚假租赁之建议。

（1）虚假租赁对融资租赁机构的损害是非常严重的。为此，融资租赁机构对于租赁物的调查确认非常重要。租赁物是否真实存在，其产权关系是否清晰；租赁物的出售是否合法有效；租赁物价值的评估是否真实，融资租赁人有责任也有权利进行审查并核实。融资租赁机构应该加强维权意识，在融资租赁前进行上门调查。融资租赁机构还应对租赁物进行融资后巡查，及时察觉租赁物的变动情况。

（2）由于我国尚未建立租赁公示制度，融资租赁机构应委托律师在申请执行之前或发放融资款时详细调查租赁物情况，或者由律师对业务人员进行定期培训，有助于日后核实租赁关系真实性。

（3）融资租赁机构可要求法院对虚假租赁伪造者进行处罚甚至追究其刑事责任。

【关联法规】

《最高人民法院关于审理融资租赁合同纠纷案件适用法律问题的解释》①第一条规定，人民法院应当根据《民法典》第七百三十五条的规定，结合标的物的性质、价值、租金的构成以及当事人的合同权利和义务，对是否构成融资租赁法律关系作出认定。

对名为融资租赁合同，但实际不构成融资租赁法律关系的，人民法院应按照其实际构成的法律关系处理。

---

① 最高人民法院关于审理融资租赁合同纠纷案件适用法律问题的解释（2020 年修正）［EB/OL］.国家法律法规数据库，https：//flk. npc. gov. cn/detail2. html？ZmY4MDgxODE3OTlkZjYxNDAxNzliMDliNDVkOTJiNWU％3D.

案例 35

名为汽车融资租赁实为民间借贷

【案例介绍】①

2018 年 1 月 30 日，H 租赁有限公司与陈某按照售后回租的方式签订融资租赁合同，出租人（H 公司）根据承租人（陈某）要求，购买其拥有完全所有权的车辆，再由出租人 H 租赁有限公司出租给承租人陈某使用，承租人按照约定支付租金及其他款项。车辆购车款总额 100000 元；车辆融资总额 100968 元；融资首付款 10000 元；融资项目：车款、购置税、保险费、车船税、加装费、延保、GPS 服务及基础保养。承租人确认：（1）承租人同意在出租人支付的购车首付款 10000 元直接转为融资租赁的首付租金；（2）同意将本合同涉及的应由承租人支付的购车尾款即融资项目中的车款 90000 元委托出租人支付至承租人指定的汽车经销商账户；（3）同意将本合同涉及的除购车款以外的其他融资款项委托出租人支付至相应的经销商账户。融资租赁合同签订后，车辆购置已经交由陈某使用，但其未按约定支付租金，H 租赁有限公司向法院提出了诉讼。

法院认为，查明的事实显示陈某购买机动车缺乏资金，H 租赁有限公司依约定向经销商支付部分价款，所购车辆登记在陈某名下，并办理抵押登记，登记抵押权人为 H 租赁有限公司，陈某再依约定分期向 H 租赁有限公司偿还款项。本案中虽然双方签订了融资租赁合同和抵押担保合同，但实际上形成

---

① 中国裁判文书网（2019）皖 03 民终 2455 号.

为借贷法律关系，车辆登记在陈某名下并依抵押担保合同办理了抵押登记，陈某按合同分期还款。双方签订的抵押担保合同实质上变更了双方在融资租赁合同对该车辆的所有权的约定，该车辆登记在陈某名下后进行抵押登记，H 租赁有限公司即为抵押权人。

法院认为，H 租赁有限公司、陈某之间实际为借款抵押合同关系，其法律关系特征符合民间借贷法律关系的特征，H 租赁有限公司实际为出借人和抵押权人，陈某为借款人和抵押人。H 租赁有限公司按融资租赁合同关系主张权利不当，法院不予支持。

【案例分析】

本案 H 租赁有限公司在办理汽车融资租赁业务过程中，由于融资租赁业务关系未梳理清楚，只有融资租赁业务之名，缺乏物的实际租赁业务，为此法院不予支持。

正常的融资租赁业务分为直租和回租，本案的租赁业务流程既不同于直租也不是回租，在 H 通租赁有限公司与承租人之间又有汽车经销商，融资贷款是租赁公司直接付给汽车经销商，月租金支付给汽车经销商而不是租赁公司；汽车由汽车经销商直接过户到承租人，这样使融资租赁业务关系发生了变异。为此，法院判定为民间借贷关系，一切结算按民间借贷关系执行。

【案例启示】

1. 本案的汽车融资租赁业务，往往由于融资租赁手续不清，抵押和回租手续不全，造成了融资租赁经济法律关系变成民间借贷法律关系。原因是消费者融资购买车辆，为了使用方便、办理保险方便，往往办理所有权在自身名下，这样融资租赁公司要购买汽车的所有权，然后再回租赁给车主，汽车的实际过户就不可能了。这是汽车融资租赁业务一个常见的难题，可以考虑以下解决方式。

（1）采取现金分期付款的方式。从众多的汽车融资租赁业务分析，汽车所有权开始不能转移给承租人，这样不可预测的情况太多，容易出现风险。采取现金分期付款的方式，根据实际情况开展汽车融资租赁，所有权先不转移给承租人，待租赁结束后再将所有权转移给承租人，这是比较安全的营销方式。

（2）由汽车使用人将汽车抵押给融资租赁公司，通过分期付款，最后解除抵押。这实际上是将融资租赁关系转变为借款抵押关系。

（3）安全可靠的汽车融资租赁，金融租赁公司需要与汽车厂商，保险公司，加盟商和客户和平台多家进行合作探讨，形成多方合作金融网络，最终达到多方共赢。

（4）融资租赁权利人在主张权利时候可以在物与债之间进行选择，可以先追债，在债得不到受偿时再诉物。实践中，出租人可以基于自己所有权人的身份对融资租赁合同提起确权之诉，请求法院判令解除融资租赁合同、确认涉案车辆归出租人所有并要求承租人返还。出租人也可以基于债权人和抵押权人身份提起债权之诉，要求承租人支付剩余未支付租金并主张对抵押物享有优先受偿权。该法律规定既保护了出租人对租赁物所有权的需要，又给予了出租人选择债权之诉实现抵押权的权利。

2. 汽车融资租赁的三大风险。

第一大风险：决策风险。企业决策问题是导致法律风险和客户风险的根源，如果企业决策正确，并有专业团队执行的话，绝大部分客户风险和法律风险都是可以避免的，所以企业决策风险是企业第一大风险。

第二大风险：法律风险。法律风险非常重要，合规合法经营是企业整体经营最重要的要求。近些年，一些企业头脑发热、盲目扩张业务，喜欢打擦边球，忽略了合规合法方面的要求，最后把企业带入了一个违法的深渊。汽车融资租赁业务中，要特别防止少数不法企业和个人设置的套路贷、套路租、名租实贷、非法放贷、暴力催收、公民信息买卖等问题，严重地破坏了汽车融资租赁业务的正常开展。

第三大风险：客户风险。汽车融资租赁的客户风险经常发生，特别是欺诈风险在实践中时常发生，时常有"骗车群体"的出现，对于汽车融资租赁业务的危害最严重。客户的道德风险就是有些客户虽然主观不存在骗车的目的，但是履行合同过程中存在主观故意违约的情况，存在故意拖欠租金，甚至拒交租金的情况。客户的自然风险是客户不存在主观欺诈或主观违约的情况，但是因为客观原因导致出现违约的情况。

【关联法规】

《最高人民法院关于审理融资租赁合同纠纷案件适用法律问题的解释》①第一条规定，人民法院应当根据《民法典》第七百三十五条的规定，结合标的物的性质、价值、租金的构成以及当事人的合同权利和义务，对是否构成融资租赁法律关系作出认定。

对名为融资租赁合同，但实际不构成融资租赁法律关系的，人民法院应按照其实际构成的法律关系处理。

第二条承租人将其自有物出卖给出租人，再通过融资租赁合同将租赁物从出租人处租回的，人民法院不应仅以承租人和出卖人系同一人为由认定不构成融资租赁法律关系。

---

① 最高人民法院关于审理融资租赁合同纠纷案件适用法律问题的解释（2020 年修正）［EB/OL］. 国家法律法规数据库，https：//flk. npc. cn/detail2. html？ZmY4MDgxODE3OTlkZjYxNDAxNzliMDliNDVkOTNiNWU%3D.

案例 36

追偿融资租赁资金错过追索期

【案例介绍】①

2011年9月27日，S重工股份公司与李某某签订《产品买卖合同》一份，合同约定：李某某、韦某购买两台泵车，合同价款为690万元。2012年5月14日，S重工股份公司与李某某签订《产品买卖合同》一份，合同约定：李某某购买泵车一台，合同价款为495万元。

同日，李某某、韦某夫妻二人与G金融租赁公司签订《融资租赁合同》一份。与此同时，Z融资租赁公司作为乙方、李某某作为甲方、韦某作为丁方与丙方G金融租赁公司签订一份《融资租赁担保服务协议》，协议约定：甲方拟融资租赁工程机械产品，特向乙方申请为其与租赁有限公司签订的《融资租赁合同》项下债权提供担保服务，丁方同意作为反担保人，为乙方对甲方享有的全部债权承担连带责任担保。甲方出现连续两个月或累计三个月逾期偿还租金的，甲方同意以其融资租赁本金为基数按4%支付违约金。甲方因《融资租赁合同》中租赁物出现质量问题或与厂家、销售商发生纠纷的，不影响甲方、丙方G金融租赁公司依本合同所应承担的全部义务。因甲方逾期导致乙方向租赁公司代偿后，而乙方履行了连带责任、担保责任或者回购责任后，乙方即可凭租赁公司出具的《授权书》对租赁物进行合法占有、处分。获得合法占有和处分授权后，乙方可进行任何形式的合法追偿。

---

① 中国裁判文书网（2018）皖0102民初3258号.

因该协议发生争议，各方应友好协商，协商不成，由乙方住所地人民法院管辖等。

《融资租赁担保服务协议》签订后，Z融资租赁公司依约为李某某、韦某与G金融租赁公司之间签订的《融资租赁合同》租赁价值1185万元泵车合同提供了担保服务。《融资租赁合同》生效后，因李某某、韦某在履行过程中未及时向G金融租赁公司履行支付租金义务，自2011年9月27日至2013年6月30日，逾期严重，仍欠设备租赁款1114.169万元。Z融资租赁公司、安徽S工程设备有限公司均为S重工股份公司集团的控股子公司，截至2013年6月30日，李某某欠融资租赁款1114.169万元。经Z融资租赁公司同意，安徽S工程设备有限公司与李某某于2013年7月24日签订了《抵债协议》一份，协议约定李某某以牌照号分别为皖A×××××、皖A×××××、皖A×××××的三台泵车作价873.2万元进行抵债。尚有余款240.969万元李某某一直未付。现Z融资租赁公司为维护自身合法权益，故诉至法院，请求判如所请。

现安徽S工程设备有限公司出具证明认可剩余款项系Z融资租赁公司应得款项，李某某应直接给付Z融资租赁公司，故Z融资租赁公司提起诉讼主张《抵债协议》确定的债务符合法律规定。

《抵债协议》签订时间为2013年7月24日，主张《抵债协议》确定债务的诉讼时效应为3年，即诉讼时效至2016年7月24日。Z融资租赁公司向某省Z县人民法院提起诉讼的时间为2016年11月29日，Z融资租赁公司无证据证明安徽S工程设备有限公司以及Z融资租赁公司在2016年7月24日前已向李某某、韦某主张归还该笔欠款，故本院认为Z融资租赁公司要求韦某、李某某归还案涉款项超过诉讼时效。据此，法院判决如下：驳回原告Z融资租赁公司的全部诉讼请求。

【案例分析】

1. 本案由于Z融资租赁公司与S重工股份公司为一个集团公司，按道理有利于产品的销售，扩大了经营产业链，然而，由于信息沟通不畅，经济法律关系没有理顺，从而造成了应收款回收超过了法定追索时间，公司产生了不必要的经济损失。

2. 本案的法律经济关系不够清晰。本案中工程设备制造公司产品销售与设备融资租赁关系有些混淆，产品由工程设备制造公司直接销售给使用方，又与G金融租赁股份有限公司签订《融资租赁合同》，再与Z融资租赁公司签订一份《融资租赁担保服务协议》，由Z融资租赁公司为《融资租赁合同》项下债权提供担保服务。设备使用方由于无力支付租金，又与工程设备制造公司签订《抵债协议》，将设备抵债退工程设备制造公司，差额欠款由提供担保服务的Z融资租赁公司负责清收。就是这种比较复杂的法律经济关系，影响了融资租赁款项的及时清收。

3. 本案的财务收支关系也不够清晰。产品由工程设备制造公司直接销售给使用方，资金由工程设备制造公司直接收取，与G金融租赁股份有限公司虽然签订了《融资租赁合同》，但又没有直接的财务经济往来，只是确定融资租赁关系；与Z融资租赁公司签订一份《融资租赁担保服务协议》，同样没有直接的财务经济往来，只是最后由工程设备制造公司认可由Z融资租赁公司清收抵债余款。

综上，说明本案的融资租赁关系比较复杂，不利于融资租赁业务的正常进行。

【案例启示】

1. 设备制造企业创设设备融资租赁公司，或者与融资租赁公司合作，是国际上通行的经营销售模式。有利于资金回收和现金流管理，可以一次性回收资金，加快资金的流动性；有利于市场开拓和销售促进，客户通过融资租赁方式获得设备，降低一次性支付的费用，增加设备的市场吸引力；有利于风险控制和管理，融资租赁公司的介入使得标的物的两权相分离，更有利于控制设备风险；有利于灵活性和定制化服务，有助于吸引更多客户，提高市场竞争力；有利于税收优惠和财务优化，可以帮助企业降低所得税支出，实现合理避税。

2. 为设备制造企业服务的设备融资租赁服务公司，与设备制造企业之间应该有明确的职能分工，发挥各自的优势，实现双赢的局面。

（1）明确法律经济关系。设备制造企业、设备融资租赁服务企业与设备购买使用企业之间要理顺购买、产权、融资、直接租赁的关系，通常由使用人提出需求，融资租赁企业购买、使用人租赁使用，按期支付租金。

（2）理顺财务关系。直接融资租赁是融资租赁企业根据使用人的需要购买设备，资金由融资租赁企业支付给设备制造企业，使用人按融资租赁合同支付保证金和使用租金，设备的产权在租赁期间为融资租赁企业所有。

（3）融资租赁企业应积极地与设备制造企业，特别是大型、高科技、高价值的设备制造企业密切配合，共同拓展市场，促进社会经济的发展。

【关联法规】

1.《中华人民共和国民法典》第一百八十八条①规定，【普通诉讼时效、最长权利保护期间】向人民法院请求保护民事权利的诉讼时效期间为三年。法律另有规定的，依照其规定。

诉讼时效期间自权利人知道或者应当知道权利受到损害以及义务人之日起计算。法律另有规定的，依照其规定。但是，自权利受到损害之日起超过二十年的，人民法院不予保护，有特殊情况的，人民法院可以根据权利人的申请决定延长。

2.《最高人民法院关于融资租赁合同纠纷案件适用法律问题的解释》第七条②：承租人占有租赁物期间，租赁物毁损、灭失的风险由承租人承担，出租人要求承租人继续支付租金的，人民法院应予支持。但当事人另有约定或者法律另有规定的除外。

---

① 《中华人民共和国民法典》，国家法律法规数据库，https：//flk. npc. gov. cn/detail2. html? ZmY4MDgwODE3MjlkMWVmZTAxNzI5ZDUwYjVjjNTAwYmY％3D.

② 《最高人民法院关于融资租赁合同纠纷案件适用法律问题的解释》，国家法律法规数据库，https：//flk. npc. gov. cn/detail2. html?NDAyODgxZTQ1ZmZiMGMxMDAxNWZmYjI2NDFiMDAwODM％3D.

案例 37

抵押物违约转让

【案例介绍】①

2018 年 12 月 3 日，案外人刘某（后转为梁某、周某所有）取得机动车行驶证，品牌为奔驰，车牌号为某省 A×××。同年 12 月 11 日，刘某与 A 金融租赁公司签订车辆抵押合同，并于同年 12 月 16 日进行了抵押登记，抵押合同约定"本合同终止前，未经抵押权人书面同意，抵押人不得将抵押财产赠与、转让、出租、再抵押或者以其他任何方式处分"。

2021 年 10 月 29 日，原告李某与被告周某、梁某签订《债权（抵、质押权）转让免责协议》，协议约定：甲方（转让方）梁某、周某，乙方（受让方）李某，现对协议约定的债权项下的抵（质）押权标的物车辆移交的有关事项如下：

1. 车辆品牌及型号：奔驰，车牌号某省 A×××。

2. 移交的相关车辆手续。乙方声明在受让协议约定债权及债权项下的抵押权、质押权时，已自行在车管所核实标的物车辆的权属状况及相关手续并同意接受，甲方对乙方移交债权标的的质押物车辆，乙方自行解决质押物合法移库，若因违法移库移动质押物车辆所产生的违法责任、交通事故连带责任等均由乙方承担。原告李某向被告周某转账 20.8 万元，周某又将 20.8 万元转账给被告梁某。

---

① 中国裁判文书网（2022）陕 05 民终 1148 号.

同年 11 月 12 日，该车被 A 金融租赁公司扣走，原告李某向某开发区分局所属派出所报警。并在法院对 A 金融租赁公司提出诉讼。

一审法院认为，本案的争议焦点是原告李某、被告梁某、周某签订的《债权（抵、质押权）转让免责协议》的性质及效力。

1. 合同性质。被告梁某、周某主张双方属转质权关系，而依照《民法典》第四百三十四条规定，转质行为属担保行为，转质是指在质押期间，质权人以质物为第三人设立质权的行为，且需经出质人同意，而原、被告之间并无主债权债务关系，也不存在担保行为，所以被告梁某、周某将车辆交付给原告李某的行为并非转质行为，该协议的真实目的为涉案车辆的买卖，涉案名为债权（抵、质押权）转让免责协议实为车辆买卖的合同。

2. 该买卖合同的效力。涉案协议虽名为《债权（抵、质押权）转让免责协议》，但内容是关于车辆转让的相关权利义务的约定，一审法院认定该协议实为车辆买卖合同正确。在明知该车辆为质押物的情况下，双方当事人意思表示真实，合意转让该车辆，《债权（抵、质押权）转让免责协议》内容并未违反法律法规的效力性禁止性规定，应为合法有效。认定案涉车辆买卖行为违反法律规定和合同约定，存在恶意串通损害第三人利益的行为。李某不服一审判决，上诉至二审法院。

二审法院认为，刘某与 A 金融租赁公司签订的抵押合同约定"本合同终止前，未经抵押权人书面同意，抵押人不得将抵押财产赠与、转让、出租、再抵押或者以其他任何方式处分"，该约定仅仅对签订合同的双方当事人发生效力，被上诉人梁某并没有提供证据证明上诉人李某对该抵押合同明知，该约定对上诉人李某并无约束力。一审法院认定案涉车辆买卖行为违反法律规定和合同约定，存在恶意串通损害第三人利益证据不足，故李某认为其并非恶意取得该车辆的上诉理由成立，本院予以支持。

同时二审法院对于该车已经于 2021 年 11 月 12 日被 A 江金融租赁公司（原抵押权人）扣走，认为是梁某的违约行为致使李某购车的合同目的不能实现，该情形符合《民法典》第五百六十三条第四款规定的法定解除条件。对于案涉合同的解除双方均有过错，被上诉人梁某应承担主要过错责任，上诉人李某明知该车系质押车辆而购买也应承担一定的过错责任。二审院按照二八比例予以划分责任，被上诉人梁某应返还李某购车款 16.64 万元并承担相应损失，损失可从李某起诉之日起按照全国银行间同业拆借中心公布的贷款市场报价利率计付利息。

【案例分析】

1. 此案的关键是金融租赁公司签订车辆抵押的车辆能否出售问题。《民法典》第四百零六条①规定：抵押期间，抵押人可以转让抵押财产，抵押财产转让的，抵押权不受影响。当事人有约定不能转让的，按其约定。

对于抵押车辆的出售，合同有约定的，按照约定办。本案抵押合同约定"本合同终止前，未经抵押权人书面同意，抵押人不得将抵押财产赠与、转让、出租、再抵押或者以其他任何方式处分"。为此，抵押人擅自出售抵押车辆属于违约行为。

2. 结合此案，我们应该从法律上理清抵押权人的权利和义务。

（1）关于抵押权人对抵押物支配权的问题。抵押物的所有权虽然为抵押人，但抵押物在抵押期间，抵押权人拥有一定的支配权，抵押物的完整、安全对于抵押权人具有重要意义。如果抵押物被违法转移，重复抵押等侵害抵押权人的行为的发生时，抵押权人有权要求侵害人停止侵害，赔偿损失。

（2）抵押权人的优先受偿权问题。抵押物通常是起着融资债权的担保作用，在债权得不到实现时，抵押权人有权按照合同依法就抵押物的变价，优先于后手抵押权人和普通债权人受偿。

（3）抵押权人的义务。抵押权人有遵守抵押合同的义务，不得违约擅自处置抵押物，不得损害抵押人的合法利益。

3. 抵押人擅自处分抵押物，一般不会构成犯罪的，抵押人擅自处分抵押财产，损害债权人利益的，债权人有要求恢复抵押物价值或者提供担保的权力。

【案例启示】

1. 通过此案我们认识到在抵押期间，抵押人未经过抵押权人同意，转让抵押财产，在什么情况下有效，在什么情况下无效。

---

① 《中华人民共和国民法典》，国家法律法规数据库，https：//flk. npc. gov. cn/detail2. html？ZmY4MDgwODE3MjlkMWVmZTAxNzI5ZDUwYjVjNTAwYmY％3D.

按照法律规定抵押人未经抵押权人同意，可以转让抵押财产，但必须与受让人说明转让属于抵押财产，抵押关系继续存在，并及时通知抵押权人。如果合同约定不能转让的，要遵守合同约定；有一种情况除外，就是受让人代替抵押人清偿债务，自然消灭抵押权的情况。

抵押人转让抵押物的，抵押物的所有权虽然被转让，但抵押权并不会因为所有权的变更而消灭；抵押权依然存在于已经被转让的抵押物上，抵押权仍然可以担保债权，依然能够保证债权的实现。但是，这种转让行为如果损害了债权人优先受偿权，债权人可以经过法院判决认定其为无效行为。

2. 抵押权人在什么情况下拥有抵押物的所有权。

在抵押期间，抵押权人对抵押物只有一定程度的支配权，不享有所有权。如果抵押期届满，抵押人违约不能偿还融资款的情况下，抵押人和抵押权人同意将抵押物进行抵偿，或者依法将抵押物进行拍卖，若抵押权人拍得抵押物，则取得抵押物的所有权。

3. 正确行使抵押权需要注意的事项。

（1）对于动产进行抵押的，要尽可能到相关部门办理动产抵押登记手续。未办理登记手续，抵押权人的权益难以得到充分的法律保障。

（2）注意合同中诸如有"到期不还，抵押物或质押物归出借人所有"的条款，在法律上是无效的。只能约定当借款人到期没有偿还债务时，作为抵押权人的出借人，可以通过折价方式，拍卖方式和变卖方式来实现抵押权。

【关联法规】

《中华人民共和国民法典》第四百零六条①规定，【抵押财产的处分】抵押期间，抵押人可以转让抵押财产。当事人另有约定的，按照其约定。抵押财产转让的，抵押权不受影响。抵押人转让抵押财产的，应当及时通知抵押权人。抵押权人能够证明抵押财产转让可能损害抵押权的，可以请求抵押人将转让所得的价款向抵押权人提前清偿债务或者提存。转让的价款超过债权数额的部分归抵押人所有，不足部分由债务人清偿。

---

① 《中华人民共和国民法典》，国家法律法规数据库，https：//flk. npc. gov. cn/detail2. html? ZmY4MDgwODE3MjlkMWVmZTAxNzI5ZDUwYjVjNTAwYmY%3D.

案例 38

企业破产融资租赁设备是否享有优先权受偿

【案例介绍】①

2021 年 2 月 3 日，某市人民法院作出《民事裁定书》，裁定受理 H 邦公司破产重整一案，并指定 A 律师事务所为 H 邦公司破产重整管理人。S 金融租赁公司依法进行了债权申报，后管理人 A 律师事务所向 S 金融租赁公司发出了《机器设备权属梳理结果告知书》《更正函》，称管理人在受理债权申报工作中发现 H 邦公司存在将同一台设备重复办理抵押或者融资租赁的行为，S 金融租赁公司 2019 年融资租赁合同项下的租赁物与多家债权人单位发生竞合，并将竞合设备认定权利归属于其他各家债权人单位。S 金融租赁公司向管理人回复了《关于 S 金融租赁公司租赁物相关情况的沟通函》，说明了竞合设备权属认定和资产评估中存在的问题，并要求对设备权属重新作出认定。认为 H 邦公司将原属于 S 金融租赁公司的设备转让给关联单位再回购进行融资的行为属于无权处分，H 邦公司与关联单位之间的行为属于虚假转让。S 金融租赁公司一直是设备的所有权人，管理人对设备权属的认定有误。

管理人查明各当事人合同签订、公示登记及履行情况如下：

1. S 金融租赁公司。2016 年 10 月 12 日，S 金融租赁公司与 H 邦公司签订了 2016 年融资租赁合同和《资产转让协议》，约定 H 邦公司将合同项下租

---

① 中国裁判文书网（2022）苏 02 民终 7676 号.

赁物 PTA 生产设备（205 项），净值合计 3.38 亿余元，整体转让价 3 亿元，S 金融租赁公司已于同年履行 3 亿元付款义务。

2019 年 6 月 4 日，S 金融租赁公司再次与 H 邦公司签订了 2019 年融资租赁合同，约定 H 邦公司将 PTA 生产设备（95 项），净值合计 1.66 亿余元，整体转让价 1.5 亿元，作为租赁物进行回售租赁，双方签署《资产转让协议》并如约支付首笔租赁物转让价款之日，S 金融租赁公司即对租赁物享有所有权。

2019 年 10 月 25 日，S 金融租赁公司对 2019 年融资租赁合同项下的设备在中登网作初始登记，登记期限 3 年，租金总额 1.5 亿元，PTA 生产设备规格、数量及其他详细信息均见租赁物清单。

2019 年 10 月 31 日，H 邦公司清偿完毕 2016 年融资租赁合同项下全部款项。

2019 年 12 月 31 日，S 金融租赁公司支付 2019 年融资租赁合同项下首笔租赁物转让价款 1500 万元。

2020 年 3 月 31 日，S 金融租赁公司支付 2019 年融资租赁合同项下剩余租赁物转让价款 1.35 亿元。同日，H 邦公司支付第一期租金和利息。S 金融租赁有限公司确认 2019 年融资租赁合同项下租赁物为 2016 年融资租赁合同项下的部分设备。

2. A 金投公司。2018 年 5 月 29 日，A 金投公司与 H 邦公司开展融资性售后回租业务，签署了《融资租赁合同》和《资产转让协议》。

3. B 银行金租公司。2019 年 4 月 26 日，B 银行金租公司与 H 邦公司开展融资性售后回租业务，签署了《融资租赁合同》。

4. C 开发银行。2018 年 2 月 23 日，C 开发银行与 H 邦公司签署了《C 开发银行外汇贷款抵押合同》，对应主合同的贷款合同，约定贷款 8500 万美元，贷款期限自主合同项下贷款首笔提款日期 12 个月，抵押物为附件中 62 项设备，且列明所有权人为 H 邦公司。2018 年 2 月 24 日，C 开发银行与 H 邦公司对上述合同项下设备办理了动产抵押登记书。

2019 年 2 月 27 日，C 开发银行与 H 邦公司签署了《C 开发银行抵押合同》，对应主合同的贷款合同，约定贷款 6 亿元，抵押物为附件中 79 项设备，且列明所有权人为 H 邦公司。2019 年 2 月 27 日，C 开发银行与 H 邦公司对上述合同项下设备办理了动产抵押登记书。

2020 年 2 月 28 日，C 开发银行与 H 邦公司又签署了《C 开发银行抵押合同》，对应主合同的贷款合同，约定贷款 6 亿元，抵押物为附件中 83 项设备，且列明所有权人为 H 邦公司。2020 年 2 月 28 日，C 开发银行与 H 邦公司对上述合同项下设备办理了动产抵押登记书。

法院认为，S 金融租赁公司上诉主张对案涉设备享有唯一的、第一顺位的优先权不成立。理由如下：

首先，融资租赁中的出租人符合特定条件时，有权就租赁物拍卖、变卖并优先受偿。案涉租赁物系指向明确的租赁设备，不存在虚构租赁物的情形，S 金融租赁公司、A 金投公司、B 银行金租公司与 H 邦公司之间的融资租赁关系均真实有效。

其次，案涉设备上存在融资租赁之间以及融资租赁与抵押之间的担保物权竞合情况。本案中，S 金融租赁公司与 H 邦公司签订 2016 年融资租赁合同、在中登网办理登记并履行付款义务，S 金融租赁公司取得案涉设备所有权。根据该合同约定，H 邦公司于 2019 年 10 月 31 日清偿完毕 2016 年融资租赁合同项下全部款项后才取回案涉设备所有权。在此期间，H 邦公司将案涉设备再次融资租赁或抵押给本案第三人及 C 开发银行，属于无权处分。但同样地，H 邦公司于 2019 年 6 月 4 日与 S 金融租赁公司签订 2019 年融资租赁合同，将案涉设备再次融资租赁给 S 金融租赁公司，亦属无权处分。本案的情况是，第三人及 C 开发银行的融资租赁合同或抵押合同项下案涉设备的发票编号及供货单位名称与 S 金融租赁公司融资租赁合同并不相同，就案涉设备而言，所涉及的融资租赁均已在中登网办理登记，抵押亦在地方市场监督管理局办理了登记，案涉设备上存在担保物权竞合情况。

最后，根据登记时间，应认定 S 金融租赁公司关于对案涉设备享有唯一的、第一顺位的优先权主张不成立。经法院释明，S 金融租赁公司对其确认优先权的诉讼请求明确为确认其对案涉设备享有唯一的、第一顺位的优先权，其认为本案第三人对案涉设备不享有优先权，本案不存在优先权顺位问题。就其该主张，法院认为，H 邦公司于 2019 年 10 月 31 日取回案涉设备所有权后，无权处分的情形消失，而本案第三人及 C 开发银行办理中登网登记或抵押登记的时间，均早于 S 金融租赁公司 2019 年融资租赁合同对应的中登网登记时间，故本案第三人及 C 开发银行系属登记在先的权利人，S 金融租赁公司关于对案涉设备享有唯一的、第一顺位的优先权主张不成立。

【案例分析】

S 金融租赁公司此融资租赁案失败的根本原因：

1. 选择了濒于破产的融资客户。2016 年 10 月开始多次对 H 邦公司进行设备回购租赁融资，到 2021 年 2 月 H 邦公司就进入破产程序。说明 H 邦公司将企业全部设备进行转让回租融资之时，资产负债率已经非常高，企业生产经营已经处于破产的边缘。用企业全部设备进行转让回租，可以说是企业破产前的一次自救。此时，如果有新产品上市，或有新的市场开拓，可能有突困的机会，否则就会越陷越深。

2. H 邦公司于 2019 年 10 月 31 日取回案涉设备所有权后，无权处分的情形消失。此时，S 金融租赁公司可能有抽身的机会。然而，由于盲目自信，又通过设备融资租赁投放了 1.5 亿元，且融资租赁设备已经被 H 邦公司在 C 开发银行进行抵押贷款，S 金融租赁公司在中登网登记时间晚于其他金融机构，从而造成了被动局面。

3. H 邦公司在破产之前陆续找了其他四家金融机构，用设备进行抵押贷款，相当一些设备是与 S 金融租赁公司收购出租的设备处于重合状况。然而，S 金融租赁公司对此没有引起足够的警觉，直到 H 邦公司破产清算，才如梦初醒，此时维权为时已晚。这说明 S 金融租赁公司对于租赁客户的日常管理是比较松懈的。

【案例启示】

1. 如何防止设备重复回租融资租赁，融资租赁公司要注意做好以下工作。

起租前：

（1）审查租赁物是否已经存在动产抵押，于承租人住所地银行或工商局就租赁物是否办理过抵押登记进行查询。

（2）如果租赁物不存在已经租赁登记情况，在办理融资租赁交易时，尽早完成中登网登记。

起租后：

（1）租期内应定期对资产进行巡视，防止重复融资的情况发生。

（2）租期内定期于承租人住所地银行和工商局就租赁物是否办理过抵押登记进行查询。

（3）租期内不定期勤于检索承租人住所地法院有无相关的涉诉信息，控制租赁物风险。

（4）租期内不定期勤于检索法律文书网、被执行人网，及时了解有无承租人的涉诉信息，把握租赁物风险。

2. 融资租赁该如何防范法律风险。

（1）增强法律意识，加强风险预判。

第一，注意考察承租人的法律与合同意识。在开展融资租赁经营活动时，在尽职调查中要重点考察承租人的信誉、诚信、经营、举债、诉讼等方面情况。对于承租人与两名不同的出租人就同一租赁物签订融资租赁合同的情况要零容忍，出租人应认真核对交付租赁物的发票是否真实，型号与合同约定是否相符，质量检验是否合格。

第二，对于回购人、保证人等要加强风险预判。融资租赁业务是融资租赁公司为了缓解承租人生产经营资金的压力，通过设备直购或回购，再租赁给承租人，从中获得收益的类金融业务。这里应充分评估租赁收入与租赁风险的利害关系。特别在回购合同的签订过程中，重视涉及标的物可控制性的条款情况，加强对承租人经营状况、履约情况、租赁物现状的信息掌握。

（2）加强资信审核，施行全程监督。

第一，对于承租人资信要建立严谨的审查机制。融资租赁公司对于所有的承租人都是要建立资信评级机制，能够把握承租人的基本情况，如经营状况、产品开发、市场开拓、纳税、负债、员工稳定、司法诉讼情况等。

第二，对于租赁物交付要建立完善的责任机制。融资租赁公司要建立融物与融资一体化的制度，交付的租赁物要认真核对制造厂家、型号、功能等是否与合同一致，必须有租赁物交接明细及签字手续。

第三，对于承租人的经营要建立完善的跟踪机制。对于承租人经营的跟踪是融资租赁公司一项日常性的工作，应当实时掌握租赁物使用情况。可以在租赁设备上安装定位装置，在租赁设备上标记所有权人信息公示所有权，实时把握租赁物的变动情况，提示其他金融机构该租赁设备的性质，及时掌握承租人经营和融资贷款情况，防止承租人擅自处分租赁物。

（3）完善合同条款，保障交易安全。

完善合同条款，对于租赁物的所有权的真实性，是否重复抵押，要有明确的法律经济责任；明确支付租金的具体时间及违约责任；索赔权利的行使、租赁物残值评估方式等，确保双方当事人的权利义务。

【关联法规】

《最高人民法院关于适用〈中华人民共和国民法典〉有关担保制度的解释》① 第六十五条规定，在融资租赁合同中，承租人未按照约定支付租金，经催告后在合理期限内仍不支付，出租人请求承租人支付全部剩余租金，并以拍卖、变卖租赁物所得的价款受偿的，人民法院应予支持。

---

① 《最高人民法院关于适用〈中华人民共和国民法典〉有关担保制度的解释》，国家法律法规数据库，https://flk.npc.gov.cn/detail2.html?ZmY4MDgwODE3N2U3NTdhYzAxNzgwMDc3ZDIyOTFiNzc%3D.

案例 39

融资租赁物明细日期
不清抵押无效

【案例介绍】①

2013 年 4 月 25 日，Z 融资租赁公司（甲方）与 X 塑料公司（乙方）签订融资租赁合同及动产抵押合同。约定乙方将其未设置抵押或优先权的塑料挤出机 2 套、LD2700 型吹膜机组 3 台，以 990 万元的价格出卖给甲方再回租，并于 2013 年 7 月 9 日在中国人民银行征信中心办理动产权属统一登记初始登记。动产抵押合同约定，X 塑料制品公司以塑料挤出机 1 套为融资租赁合同的债权设定抵押担保。

2013 年 11 月 4 日、2014 年 9 月 30 日、2014 年 10 月 31 日和 2015 年 8 月 17 日 X 塑料公司先后与 A 银行签订流动资金借款合同和最高额抵押合同，约定以 186 台（套）、22 台（套）、217 件、371 台（套）机械设备设定抵押向 A 银行借款 1000 万元、250 万元、1500 万元、1500 万元，均制作了抵押物清单进行了评估，在某市原工商行政管理局（现为市场监督管理局）办理动产抵押登记。

2015 年 10 月 10 日，因 X 塑料公司借款到期未还，A 银行向一审法院提起诉讼，一审法院于 2016 年 6 月 8 日作出民事判决书，判令法人代表何某偿还 250 万元贷款及利息，X 塑料公司偿还 1350 万元贷款及利息，X 塑料公司

① 中国裁判文书网（2019）鄂 06 民终 385 号.

及屈某对何某的 250 万元借款承担连带清偿责任，何某、王某对 X 塑料公司
1350 万元借款承担连带清偿责任。

该判决生效后，一审法院于 2016 年 9 月 21 日立案执行，2016 年 9 月 22
日作出执行裁定书和协助执行通知书及查封财产清单，通知某市原工商行政
管理局（现为市场监督管理局）协助查封 X 塑料公司所有的资产设备。

案外人 Z 融资租赁公司对执行标的提出异议，就其享有的足以阻止执行
标的转让、交付的实体权利，提出具体的事实和理由。Z 融资租赁公司主张
享有所有权的塑料挤出机 2 套、吹膜机组 3 台、享有抵押权的塑料挤出机 1
套，相关财产不在市人民法院查封财产清单之列，并非执行标的。但是法院
认为 Z 融资租赁公司就执行标的不享有足以排除强制执行的民事权益，对 Z
融资租赁公司的异议之诉，依法不予支持。理由如下：

一是《融资租赁合同》附件没有注明租赁物的具体型号，表述为塑料挤
出机，不是吹膜机组，且没有标明生产厂家。180 型塑料挤出机不在查封清
单中。二审经现场勘验，申请人所称吹膜机不是本案争议标的，现场除此之
外，没有其他吹膜机组。法院对出厂日期和铭牌作出了认定，申请人除了发
票外无法提供交易明细。为此，法院认定租赁物不存在正确。

二是担保人签订《抵押合同》的时间与案涉《融资租赁合同》签订时间
有时间差，担保人没有与 Z 融资租赁公司另行签订保证担保合同，也没有提
供保证担保的意思表示，只能在抵押物范围内承担责任，不可能承担连带保
证担保责任。

三是案涉《融资租赁合同》附件一《租赁物品明细表》载明，租赁物品
为 180 型塑料挤出机 1 套，购买时间 2013 年 12 月。Z 融资租赁公司提交的证
据 1~3 所载明的设备与上述内容不符，不能实现 Z 融资租赁公司的证明目
的，故不予采信。

Z 融资租赁公司上诉二审，二审维持原判。

【案例分析】

1. Z 融资租赁公司（甲方）与 X 塑料公司（乙方）签订融资租赁合同约定，
乙方将其未设置抵押或优先权的塑料挤出机 2 套、LD2700 型吹膜机组 3 台，
以 990 万元的价格出卖给甲方再回租，并于 2013 年 7 月 9 日在中国人民银行

征信中心办理动产权属统一登记初始登记。动产抵押合同约定，X 塑料公司以塑料挤出机 1 套为中逸租合字（2013）第 003 号融资租赁合同的债权设定抵押担保。按理说整个融资租赁手续是比较完备的，为什么会出现抵押无效，无法追索执行呢？主要原因是在办理抵押回租手续过程中对于设备的生产厂家、生产时间、设备编号、购买时间、增值税发票没有认真记载，提供给法院的资料与现实设备不一致，无法从法律上确认抵押融资的设备存在。

2. 2015 年 8 月 17 日，X 塑料公司与 A 银行签订流动资金借款合同和最高额抵押合同，约定以 371 台（套）机械设备（含 Z 信融资租赁公司融资租赁的类似设备）设定抵押向 A 银行借款 1500 万元。这样，在 X 塑料公司欠款未还的情况下，Z 融资租赁公司和 A 银行都通过司法程序追款胜诉。在申请执行的过程中，就出现了设备到底抵押给哪一家的问题。由于 Z 融资租赁公司提供的租赁抵押设备资料不真实，所以丧失了设备处置的优先受偿权，甚至可以否定其融资租赁的法律经济关系。

【案例启示】

1. 本案例说明了融资租赁手续认真细致无小事。在办理融资租赁设备的过程中，必须对于设备的生产厂家、生产时间、设备编号、购买时间、增值税发票等认真记载，必要时要留下影视资料，在租赁的设备上留有标记，以防止意外。

2. 要认真考虑设备租赁的法律风险：在办理设备抵押贷款实践过程中，通常认为是单位股东或法定代表人个人同意以公司资产担保的无效，而经全体股东同意的担保合同有效，其中因各地差异有很大不确定性。这类个人担保抵押贷款若已发生，要引起高度重视，必须完善相应手续。在公司章程中没有约定禁止对外担保的，需根据公司章程补齐抵押人全体股东会议的决议，同意给该笔贷款提供担保。若在公司章程中有禁止对外担保约定，就要迅速增加其他形式的第二担保。

3. 要认真考虑设备租赁的操作风险。

（1）在办理设备抵押贷款时没有对拟抵押设备的范围作出界定，如将那些专业性极强的设备，使用期已过的设备，设定为抵押物，处置时难度极大既不易变现，又难以求得适宜的价格。

175

（2）防止企业将按揭取得的设备设定为抵押物，设备再抵押就是重复抵押。

（3）抵押物的合法性是办理抵押贷款的基础，依法办理抵押登记是必要条件，在此前提下才能发放贷款。

4. 要认真考虑设备租赁的价值风险：在办理设备抵押贷款时，一般都将抵押率确定在50%，而忽视设备的折旧率和使年限与贷款期限的匹配，在办理设备抵押时一般对抵押物价格都是以其原价值论价，这是一个致命的误区，若一台三年前以15万元购置的铲车按现在操作模式可申请抵押贷款7.5万元，而贷款期限确定为二年，等贷款到期时，该铲车可能只当废铁变卖了。另外，有许多设备都规定了一定的使用年限，所以在确认抵押物时一定确保贷款到期在该设备使用期内。为了减少损失，应注意：

（1）借款人的经济基础状况，是否有足够的自偿能力。

（2）抵押人担保意愿明晰，要有足够材料证明。

（3）明确抵押物权属清晰，抵押人作出合法承诺的情况下办理贷款。

【关联法规】

《中华人民共和国民法典》第四百条①规定，【抵押合同】设立抵押权，当事人应当采用书面形式订立抵押合同。

抵押合同一般包括下列条款：

（1）被担保债权的种类和数额；

（2）债务人履行债务的期限；

（3）抵押财产的名称、数量等情况；

（4）担保的范围。

---

① 《中华人民共和国民法典》，国家法律法规数据库，https：//flk. npc. gov. cn/detail2. html？ZmY4MDgwODE3MjlkMWVmZTAxNzI5ZDUwYjVjNTAwYmY%3D.

案例 40

在建工程不具备融资租赁条件

【案例介绍】①

T昌公司于2014年12月5日授权T昌K分公司全权处理体育城相关事宜以及融资性租赁事务。2015年1月5日，D融资租赁公司、T昌K分公司、X耀公司签订《以房抵款协议书》，约定：X耀公司将位于某市体育城·6F/7F/8F/9F/22F写字楼作价10943.13万元，抵扣其与T昌K分公司工程款；T昌K分公司要求将以上房产22F的物业产权办理至D融资租赁公司名下，D融资租赁公司不必为此再支付费用。T昌K分公司由于资金困难在2015年1月9日与D融资租赁公司签订了《融资租赁合同》，将体育城22F2房产的物业产权，以1000万元出售给D融资租赁公司，按照回租融资租赁的方式进行融资。D融资租赁公司又将该资产出租给T昌K分公司使用并收取租金，租赁期限2年。租金每季度支付，第一、二期每期支付164.03万元，第三～七期在相关权属未办理至D融资租赁公司名下期间，每季支付174.67万元，第八期支付100万元租金作为回购款；合同签订后T昌K分公司支付先保证金100万元。同日，颜某就诉争融资租赁关系出具《履约担保协议书》。约定：因T昌K分公司与D融资租赁公司融资租赁合同涉及售物权属文本滞后，T昌K分公司负有完善文件义务，本担保书条件是：如果T昌K分公司能够忠实履行融资租赁合同，本担保书责任失效，否则将保持有效；对于本

---

① 中国裁判文书网（2021）最高法民再89号.

担保的任何诉讼，必须是在涉及售物权完善缺陷责任证书发出后一年内提出的为有效。

合同签订后，D 融资租赁公司 2015 年 1 月 9 日支付 1000 万元购房款，并收取保证金 100 万元；2015 年 4 月至 7 月，T 昌公司陆续向 D 融资租赁公司支付 323.29 万元，又于 2018 年 3 月 29 日支付 37.5 万元。后 T 昌公司由于资金困难未合同支付租金，D 融资租赁公司向法院提请了诉讼。

一审法院认为，D 融资租赁公司与 T 昌 K 分公司双方在自愿平等的前提下签订的《融资租赁合同》，依法有效。双方对本案融资租赁物为在建工程都明确知晓，对该资产产权归属及后续手续办理权利主体进行明确约定，从而实现融资租赁的合同目的，并不违反法律规定。T 昌公司、T 昌 K 分公司认为双方之间对民间借贷关系的抗辩缺乏事实及法律依据，不能成立。

颜某于 2015 年 1 月 9 日出具《履约担保协议书》，本担保书条件是："任何有关本担保的诉讼，必须是在缺陷责任证书发出后一年内提出的为有效。"这里明确提出，保证责任应当在担保事项发生后一年内通过诉讼主张权利。融资租赁合同的履行期限截至 2017 年 1 月 8 日，到 2018 年 1 月 8 日前 D 融资租赁公司未提交有效证据表明其向保证人颜某主张承担保证责任。因此，D 融资租赁公司要求颜某承担连带保证责任，已经超过合同约定的保证期间，应予免除保证人的保证责任，故一审法院不支持 D 融资租赁公司对其该项诉讼请求。

T 昌公司不服判决，提出上诉。

二审法院认为本案《融资租赁合同》签订时，第 22 层写字楼没有修建，T 昌 K 分公司不可能在当时向 D 融资租赁公司转移标的物的所有权然后回租，且至今为止，T 昌 K 分公司和 D 融资租赁公司都没有取得案涉第 22 层写字楼的所有权，T 昌 K 分公司自始至终都没有实际承租和使用该房屋，故双方的法律关系只有融资，没有融物。因此，法院认为双方实际形成的是借款合同关系。

二审判决后，D 融资租赁公司不服，向最高人民法院提出再审申请。

最高人民法院作出判决，本案法律关系从二审认定的融资租赁合同关系改变为借款合同关系正确。本案借款本金实际应为 900 万元。二审判决认定本案借款本金为 1000 万元，并按照《融资租赁合同》关于租金的标准计算本息错误，应予纠正。D 融资租赁公司请求颜某承担连带清偿责任的再审理由不能成立，本院不予支持。

【案例分析】

此案 D 融资租赁公司之所以未能达到诉讼请求，主要有以下几个方面的原因。

1. T 昌 K 分公司将属于在建工程的第 22 层写字楼进行融资租赁违反法律规定。在建工程不具备办理所有权证的条件，T 昌 K 分公司和 D 融资租赁公司都没有取得案涉第 22 层写字楼的所有权，T 昌 K 分公司不可能向 D 融资租赁公司出售，也不可能实际回租使用，故双方的《融资租赁合同》的实体并不能成立，双方的法律关系只有融资，没有融物。因而，双方形成的不是融资租赁的关系，而是借款合同关系。

2. 由于双方形成的不是融资租赁的关系，而是借款合同关系。所以在本金、利息计算等方面，都按照借款合同关系进行确认，借款的保证金要充抵本金，利息按借贷标准计算，不存在加收租金问题。

3. 颜某在《履约担保协议书》中约定的保证期间，为合同执行到期一年内。D 融资租赁公司未在合同期内要求颜某承担连带保证责任，保证人保证责任自然免除。

【案例启示】

1. 融资租赁公司开展融资租赁业务，无论是直租和回租，还是无抵押和有抵押的项目，不论利益如何，只要是融资租赁物产权不明确、产权无法办理、产权无法租赁使用的，都不能够做。因为，不符合融资租赁业务的基本要素，不可能形成融资租赁业务的主要环节，从法律上就不是融资租赁的关系，难以从融资租赁的角度维护其经济利益。

2. 在建工程一般不能作为融资租赁关系的租赁物，主要理由有：

（1）在建项目尚不具备法律意义上的所有权，出售人不能对在建项目进行出售；购买人和出租人都不可能实际取得在建工程法律意义上的所有权；在建项目不具备使用的功能，达不到租赁运营的条件，承租人无法进行租赁运营，租赁物尚不具备法律意义上的所有权。

（2）从生产的角度看，在建工程不是完整的产品，而是半成品，还不具备使用的功能，所以，不能租赁；从会计学角度看，在资产负债表上只能列入在建工程项目类，并不属于实质意义上会计科目中的固定资产，不能归于固定资产科目类，只有待在建工程完工符合交付条件，办理完竣工手续后才归入固定资产科目。

【关联法规】

《金融租赁公司管理办法》① 第五十二条规定，金融租赁公司应当选择适格的租赁物，确保租赁物权属清晰、特定化、可处置、具有经济价值并能够产生使用收益。

金融租赁公司不得以低值易耗品作为租赁物，不得以小微型载客汽车之外的消费品作为租赁物，不得接受已设置抵押、权属存在争议或已被司法机关查封、扣押的财产或所有权存在瑕疵的财产作为租赁物。

---

① 《金融租赁公司管理办法》（2024 年 9 月 6 日经金融监管总局 2024 年第 12 次局务会议审议通过　2024 年 9 月 14 日金融监管总局令 2024 年第 6 号公布　自 2024 年 11 月 1 日起施行），https：//www. gov. cn/gongbao/2024/issue_11706/202411/content_6987946. html.

融资保理类风险案例评析

保理业务的风险类型主要包括操作风险、信用风险、真实性风险、应收账款质量风险、法律风险。

一、操作风险

保理业务的操作风险是指在业务发生过程中可能出现的风险，主要包括以下几个方面：

尽职调查阶段：在客户和应收账款的选择上，为有重大瑕疵的应收账款办理保理，缺乏对双方贸易背景真实性调查。

操作设计阶段：在签订保理协议的过程中，由于保理协议内容不完善、条款不全面、约定不受法律保护等情况，导致在具体操作及后续的执行上出现困难。

贷后回收阶段：保理商给客户融资后，经办人员忽视了对卖方应收账款的回收监督，使得客户将款项挪作他用，保理商融资款回收便会出现困难。

案例41～案例43解析了由于保理人未向债务人发出应收账款转让通知、保理与票据权利选择不当、房地产销售款保理设计缺陷等造成保理业务风险的情况，说明保理操作是控制风险的重要环节。

二、信用风险

保理业务的信用风险是指交易对方不按合同约定履行支付或回购义务而造成商业保理公司损失的风险。在保理业务中，信用风险主要涉及买方和卖方两大方面：

买方信用风险：应收账款转让与受让是保理业务的核心，如果买方未能按照商务合同的规定按期支付应收款项，就会产生信用风险。特别是在无追索权的卖方保理业务中，买方的经营业绩和信用情况是卖方保理商风险控制的压舱石。

卖方信用风险：卖方作为保理业务的申请主体（定向保理除外），其信用状况和经营实力的强弱都会对保理业务产生重要影响。无论是有追索权还是无追索权保理业务，作为第二还款人，卖方信用风险都不能忽视。

案例44～案例45解析了由于被保理人资不抵债破产、互联网保理融资缺乏信用基础造成保理业务陷入困境，说明把握被保理人的信用状况是保理业务安全的一个关键因素。

三、真实性风险

真实性风险主要涉及基础交易的真实性和应收账款的真实性两个方面：

基础交易真实性风险：真实存在合法、有效的基础交易是保理业务开展的基础。如果基础交易发生争议或存在瑕疵，就会引发应收账款质量缺陷，从而影响银行到期足额回收保理款项。一些市场主体可能因为自身经营业绩不佳，也不能提供充足担保措施，无法从金融机构融资，因此铤而走险，通过编造、伪造、变造基础合同、发票、企业财务报表，非法骗取银行办理保理融资业务，骗取保理资金。

应收账款真实性风险：在进行应收账款转让前，必须确保应收账款真实存在，且不存在不得转让的情形。如果应收账款不真实或存在瑕疵，就会对保理业务产生风险。

书中第46个案例解析了由于保理应收款根本不存在引起的保理风险，说明把握应收账款真实性是开展保理业务的基础。

四、应收账款质量风险

应收账款质量风险是指由于贸易背景真实性和合法性存在问题，因应收账款被设定限制条件或商务合同中存在争议、瑕疵等因素，导致保理公司受让的应收账款债权有缺陷，影响保理公司到期足额回收保理款项。卖方为了套（骗）取银行融资，编造、伪造、变造财务报表、合同、发票，非法骗取保理信贷资金，有的甚至将资金流入民间高息借贷等高风险领域。

案例47～案例48解析了由于商场协作联营业务保理应收款质量无法保证、企业破产保理公司应收账款存在风险，说明控制应收账款质量是保理业务的重要一环。

五、法 律 风 险

保理业务的法律风险主要表现在以下几个方面：

保理业务是否合规的风险：各个环节都要符合法律规定，如担保合同不符合公司章程，就存在担保无效的风险。

卖方履约瑕疵的风险：如果卖方未能按照合同约定履行义务，就可能导致保理业务产生法律风险。

买方抗辩权以及抵消权的风险：买方可能会行使抗辩权或抵消权，从而对抗保理商的应收账款受让权益。

保理公司受让债权合法性的风险：如果保理公司在受让债权时未能尽到合理的审查义务，就可能导致受让的债权存在合法性风险。

隐蔽保理业务项下债权转让不通知债务人的风险：在隐蔽保理业务中，如果卖方转让应收账款时不立即通知买方，就可能导致后续催收、虚假转让等法律风险。

案例49～案例50解析了由于商业保理担保合同违反法律规定无效，造成保理风险的情况，说明开展保理业务各个环节都要符合法律规定，否则就会有风险。

综上所述，保理业务涉及多种风险类型，需要保理公司在开展业务时进行全面、细致的风险评估和防控措施。

案例 41

保理人未向债务人发出
应收账款转让通知

【案例介绍】①

2018 年 3 月 15 日，甲方 A 建筑公司与乙方 Z 工程局项目部签订碎石买卖合同一份。2018 年 8 月 16 日，甲方向 B 保理公司发出保理融资款 400 万元，约定于 2019 年 2 月 15 日到期还款。2018 年 8 月 14 日，B 保理公司向某工程局项目部出具应收账款确认函一份。同日，某工程局项目部与 A 建筑公司回函 B 保理公司，称上述应收账款转让事宜我司已知悉。

2019 年 5 月 15 日，A 建筑公司向某市人民法院提起诉讼，诉请 Z 工程局及项目部向其支付拖欠的材料款 454.26 万元、违约金 22.71 万元。某市人民法院于 2019 年 7 月 9 日作出民事调解书。2019 年 8 月 12 日，某市人民法院出具结案通知书一份，载明该案已执行完毕。

2019 年 11 月，B 保理公司向省城某区人民法院提起诉讼，要求 Z 工程局及项目部向 B 保理公司支付应收账款 319 万元，A 建筑公司在 Z 工程局及项目部，不能支付的范围内承担连带责任。一审法院判决 A 建筑公司承担还款责任，Z 工程局及项目部无责。B 保理公司不服二审法院判决，提出上诉。

二审法院认为，本案 Z 工程局项目部虽在 2018 年 8 月 14 日给 B 保理公司的回函中称"上述应收账款转让事宜我司已知悉。"但应收账款确认函中

① 中国裁判文书网（2021）甘 01 民终 2172 号.

载明的内容为"我司与 A 建筑公司签订的商业保理合同，A 建筑公司拟将与贵公司签订的采购合同项下的应收账款转让至我司。"从以上内容可以看出，该确认函不能作为 Z 工程局项目部确认债权转让的依据。确认函的存在只能说明在当时 Z 工程局项目部负有债务，Z 工程局项目部知悉 B 保理公司在与 A 建筑公司商谈债权转让事宜，但 B 保理公司在与 A 建筑公司签订商业保理合同后，按照规定应该向债务人 Z 局工程项目部通知债权转让事宜，但是双方均未向债务人送达商业保理合同；B 保理公司也未向 Z 局工程项目部催收过债务；融资款到期后 A 建筑公司和 A 建筑公司双方又签订了展期协议，也未向 Z 局工程项目部通知；B 保理公司未提供证据证明其向 Z 局工程项目部履行了通知义务，为此，B 保理公司与 A 建筑公司签订的商业保理合同对 Z 局工程项目部不产生法律效力，且 Z 工程局项目部已付清未结货款，故对 B 保理公司要求 Z 局工程及项目部支付应收账款 319 万元的诉讼请求法院不予支持。

【案例分析】

1. B 保理公司与 A 建筑公司的保理融资业务，是一项比较普通的保理业务，但由于在操作中忽略了与债务人 Z 局工程项目部正式确认保理债权的转移关系，造成了应收款债权的失控；由于 A 建筑公司已经从 Z 局工程项目部收回了全部应收款，B 保理公司又通过司法程序向 Z 局工程项目部追索应收款，自然没有结果。关键因素是 B 保理公司误将向 Z 局工程项目部出具的应收账款确认函，认为对方已经知晓，实际上 Z 工程局项目部回函"知晓"，并不是同意，更不能作为 Z 工程局项目部确认债权转让的法律依据，B 保理公司工作不严谨，从而造成了被动局面。

2. 关于本案保理合同是否生效的问题。B 保理公司作为商业保理公司，其经营范围中包含保付代理业务，其在经营范围内开展相关的商业保理业务不违反法律和行政法规的强制性规定，故其依法具备开展保理业务的经营资质，A 建筑公司与 Z 局工程项目部有碎石买卖合同关系，A 建筑公司享有未结货款债权。基于该债权，A 建筑公司与 B 保理公司签订的商业保理合同（有追索权），是双方的真实意思表示，符合法律规定，该合同合法有效。

3. 关于本案债权转让是否有效问题。本案 Z 局工程项目部虽在 2018 年 8

月 14 日给 B 保理公司的回函中称"上述应收账款转让事宜我司已知悉",但应收账款确认函中载明的内容为"我司与 A 建筑公司签订的商业保理合同，A 建筑公司拟将与贵公司签订的采购合同项下的应收账款转让至我司。"从以上内容可以看出，该确认函不能作为 Z 局工程项目部确认债权转让的依据。确认函的存在只能说明在当时 Z 局工程项目部负有债务，Z 局工程项目部知悉 B 保理公司在与 A 建筑公司商谈债权转让事宜，但 B 保理公司在与 A 建筑公司签订商业保理合同后，以及融资款到期后双方又签订了展期协议，均未向 Z 局工程项目部通知，B 保理公司也未向 Z 局工程项目部催收过债务，为此，该商业保理合同对 Z 局工程项目部不产生法律效力。

【案例启示】

1. 随着中国经济的快速发展，中国已成为全球保理业务量最大的国家，保理业务量连续第四年领跑全球，保理业务在中国拥有广阔的市场。然而，应该清楚保理业务的特征、把控风险。保理业务是债权转让清收与融资信贷相结合的融资服务业务，保理业务涉及债权、债务方的信用风险，涉及应收账款质量、法律保障，涉及供应链上下游各个环节的运行情况等息息相关，一着不慎，满盘皆输。相比其他供应链金融产品，保理融资交易方与交易环节众多，操作过程较长，法律关系比较复杂，合同凭证繁多，所面临的操作风险、法律风险较多。国际上的主流保理形式是无追索权保理，我国现阶段保理形式以有追索权保理居多，我国保理市场与国际接轨不断推进，无追索权保理业务将越来越多，这说明我国保理市场还有一个不断发展、不断成熟的过程。

2. 本案中由于保理公司告知债务人的通知不落实，造成保理合同无效，教训是深刻的。说明在开展保理业务过程中各个环节都十分重要。保理公司购买应收账款后，首要的是确认合法有效，要办理信用调查、账款催收、账务管理等相关工作。

3. 对于保理合同的债务存在一债多保情形如何处理。

一债多保情形，如将同一应收账款，既进行质押，也进行债权转让，还签订保理合同的情况，其清偿顺序如下：一看登记，登记生效优先；二看通知，以是否通知债务人，先通知优先；三看比例，同一顺序，按比例清偿。

4. 保理公司面临的法律风险主要有以下几个方面。

（1）应收款的合法性、真实性存在瑕疵所带来的风险。这一条是保理业务中最为主要的法律及合规风险，主要体现在对基础交易的真实性及合法性的审查上。在实践中，基础交易的真实性及合法性瑕疵一般表现为虚构基础交易（例如"走单不走货"所形成的虚假交易）、伪造基础交易材料（例如伪造交易合同、伪造票据、虚开增值税发票等）、应收债权不存在等。

（2）未来应收账款是否成立的不确定性风险。保理业务的应收款是已经形成的应收款，不能是未来的未形成的应收账款。有的商业保理以未来应收账款为标的，开展保理融资业务，因为未来应收账款是否成立具有不确定性，以此建立保理法律关系也具有不确定性，所以，该保理关系不能受到法律保护，存在法律风险。

（3）债权人和债务人串通共谋票据，以虚假应收款保理所导致的风险。在"先票据后保理"业务模式下，债务人在保理合同签订时已经开出了商业承兑汇票等票据；一些保理商不审查基础交易的合同、交易往来的证据，仅以票据的付款请求权为依据开展保理融资业务。在此情况下如果债权人和债务人共谋，伪造基础交易文件，再开出虚假的商业承兑汇票，将给保理人带来诸多法律合规风险。

（4）债权转让通知不落实所导致的风险。在商业实践中，不少保理人向债务人发出债权转让通知时存在种种瑕疵，例如：①只有简单的债权转让通知，没有应收账款转让凭证，缺乏转让通知的法律要件；②所附的必要凭证的形式不合法；③仅依据应收账款转让登记或者通过登报公示的方式进行通知。而一旦发生争议，法院可能以上述瑕疵为由，认定债权转让通知不对债务人发生效力。

（5）债权方与债务方私自相互抵销债权导致的风险。在保理合同的实践中，买卖双方因相互进行交易而往往存在互享债权、互负债务的情况，如果买卖双方私自合意进行债权抵销，无疑将影响保理人的债权实现，从而催生相应的法律风险。

（6）保理商因保理合同的履行发生纠纷所导致的诉讼，往往面临以下法律风险。①管辖权问题；②保理商同时起诉买卖双方的情况下，是否可以合并审理可能存在法律障碍问题；③在仅起诉卖方的情况下，如果法院支持了保理商的诉求，保理商是否还可向买方另行起诉的问题。以上问题如不能在诉讼程序中解决，将直接影响到保理人的权利实现。

【关联法规】

《中华人民共和国民法典》第五百四十六条①规定，【债权转让通知】债权人转让债权未通知债务人的，该转让对债务人不发生效力。

第七百六十三条规定，【虚构应收账款的法律后果】应收账款债权人与债务人虚构应收账款作为转让标的，与保理人订立保理合同的，应收账款债务人不得以应收账款不存在为由对抗保理人，但是保理人明知虚构的除外。

---

① 《中华人民共和国民法典》，国家法律法规数据库，https：//flk. npc. gov. cn/detail2. html？ZmY4MDgwODE3MjlkMWVmZTAxNzl5ZDUwYjVjjNTAwYmY%3D.

案例 42

保理与票据权利选择

【案例介绍】[①]

2017 年 4 月 3 日，C 城建公司与 S 工程公司签订了《建设工程施工专业分包合同》，约定的工程项目为"某县全民健身中心建设项目（二期）"，C 城建公司为相关工程的分包人，S 工程公司为该工程承包人，S 工程公司负有向 C 城建业公司根据分包合同支付工程款的义务。

2017 年 12 月 27 日，C 城建公司作为卖方与 A 保理公司签订《保理合同》，约定 C 城建公司将其对 S 工程公司享有的应收账款转让给 A 保理公司，A 保理公司向 C 城建公司授予保理融资额度 3000 万元，保理融资额度有效期自 2018 年 1 月 19 日至 2018 年 11 月 30 日，案外人陈某对 C 城建公司的上述融资提供保证担保。

同日，C 城建公司向 A 保理公司出具《应收账款转让申请书》，C 城建公司将《建设工程施工专业分包合同》项下，其对 S 工程公司的 3000 万元应收账款转让给 A 保理公司。同日，C 城建公司、A 保理公司共同向 S 工程公司出具《应收账款债权转让通知书》，S 工程公司在《债权转让通知书回执》上盖章，确认知悉应收账款转让事宜。2018 年 1 月 15 日，A 保理公司将上述应收账款转让事宜在中国人民银行征信中心动产权属统一登记中心进行了登记。

---

① 中国裁判文书网（2021）川民终 1219 号.

同日，S 工程公司作为出票人以 C 城建公司为收款人，分别开具了 3 张《商业承兑汇票》，金额均为 1000 万元，共计 3000 万元，汇票到期日均为 2018 年 11 月 30 日，D 长城公司当天进行了承兑；C 城建公司将上述 3 张《商业承兑汇票》背书给 A 保理公司；D 长城公司当天还向 A 达保理公司出具《承诺书》，承诺对上述 3 张《商业承兑汇票》，如 S 工程公司在汇票到期日不能按时足额兑付，则由 D 长城公司负责按时足额兑付。

2018 年 1 月 19 日，A 保理公司向 C 城建公司支付了保理融资款 3000 万元。上述 3 张商业承兑汇票到期后，A 保理公司提示付款均未获兑付。

A 保理公司于 2020 年 6 月 16 日向省仲裁委员会申请仲裁，请求裁决，省仲裁委员会于 2020 年 12 月 20 日作出（2020）X 仲案字第×××号裁决书，裁决：

1. S 工程公司应自本裁决作出之日起 10 日内向 A 保理公司支付受让的应收账款 3000 万元；

2. C 城建公司应自本裁决作出之日起 10 日内向 A 保理公司退还保理融资本金 3000 万元并支付相应的保理服务费及违约金；

3. 陈某对 C 城建公司上述第二项债务承担连带清偿责任；

4. 如 S 工程公司先履行本裁决第一项确定的支付应收账款 3000 万元的全部或部分义务，C 城建业公司、陈某在本裁决书第二、三项应退还的保理融资本金 3000 万元相应免除或减少，保理服务费和违约金的计算基数亦相应减少。如 C 城建公司、陈某先履行本裁决书第二、三项确定的退还保理融资本金 3000 万元的全部或部分义务，S 工程公司在本裁决书第一项应支付的 3000 万元应收账款相应免除或减少，A 保理公司不得重复受偿；

5. S 工程公司、C 城建公司应自本裁决作出之日起 10 日内分别向 A 保理公司偿付仲裁费 138876 元。陈某对 C 城建公司偿付 138876 元仲裁费承担连带责任；

6. 驳回 A 保理公司的其他仲裁请求。

后 A 保理公司在某市中级人民法院就票据合同纠纷对 D 长城公司提起诉讼，法院认为本案案由不属于票据纠纷，应属于合同纠纷。某市中级人民法院作出的（2021）×10 民初××号民事，认为该案存在票据纠纷和保理合同纠纷两个法律关系，A 保理公司既然选择在省仲裁委员会就保理事宜进行了仲裁，就不能再就票据合同纠纷提起诉讼，且 A 保理公司以票据付款请求权

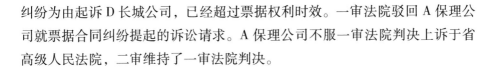
纠纷为由起诉 D 长城公司，已经超过票据权利时效。一审法院驳回 A 保理公司就票据合同纠纷提起的诉讼请求。A 保理公司不服一审法院判决上诉于省高级人民法院，二审维持了一审法院判决。

【案例分析】

本案的焦点问题在于：一是案涉 3 张商业承兑汇票载明的票据权利 A 保理公司能否享有；二是如果 A 保理公司享有商业承兑汇票的权利，应如何认定 D 长城公司的责任。

本案保理业务同时存在保理合同与票据权利两种法律关系，这两种法律关系行使权利、诉讼审判依据各不相同，两种法律关系均是各自独立的，A 保理公司可以选择保理关系，也可以选择票据关系来主张权利，但只能择一行使权利。

虽 D 长城公司不是案涉保理合同的当事人，但因案涉商业承兑汇票的出票人是 S 工程公司，是案涉保理关系的当事人，A 保理公司已就保理合同的法律关系向 S 工程公司主张了权利，且已得到生效仲裁裁决的支持，即使 A 保理公司仍享有就案涉 3 张商业承兑汇票对承兑人 D 长城公司的票据利益返还请求权，但根据《中华人民共和国票据法》第十八条"持票人因超过票据权利时效或者因票据记载事项欠缺而丧失票据权利的，仍享有民事权利，可以请求出票人或者承兑人返还其与未支付的票据金额相当的利益"的规定，持票人仅能向出票人或者是承兑人主张票据利益返还请求权，不能同时向两者主张权利，A 保理公司已就保理合同关系向出票人 S 工程公司主张了权利，不能再依据票据法律关系主张权利，也不能再依据票据法律关系向承兑人 D 长城公司主张权利，否则，违反了法律的规定，A 保理公司将会重复受偿。综上所述，A 保理公司已基于保理合同这一基础法律关系主张了相应权利，其再就基于保理合同而取得的票据权利主张权利，构成了权利的重复主张，其诉讼请求依法不能得到支持。

【案例启示】

1. A 保理公司为什么在某市中级人民法院和省高级法院连续败诉，主要是其在案涉保理业务存在保理合同与票据权利两种法律关系是各自独立的，A 保理公司可以选择保理关系主张权利，也可以选择票据关系主张权利，A 保理公司只能择一行使权利。A 保理公司既然选择在省仲裁委员会就保理事宜进行了仲裁，就不能再就票据合同纠纷提起诉讼。

2. A 保理公司在此案中面临着两种选择，即保理合同与票据权利两种法律关系，选择哪种法律关系维权更为有利，要根据具体的法律环境、当事方的实际情况来确定。从本案的实际情况来分析，可能选择票据权利更直接、更有利于维护自身的权益。

3. A 保理公司与 C 城建公司、S 工程公司就保理融资款引发的法律诉讼，表面上是 C 城建公司、S 工程公司违约，实际上是整个工程结算出现了问题，建设方或开发商的建设资金出现了问题，从而造成了一系列的违约案件。也就是说 A 保理公司在进行保理业务过程中，存在尽职调查不够，风险把控不严的教训。

【关联法规】

《中华人民共和国票据法》① 第十七条规定，票据权利在下列期限内不行使而消灭：（一）持票人对票据的出票人和承兑人的权利，自票据到期日起二年、《最高人民法院关于审理票据纠纷案件若干问题的规定》第十六条票据债务人依照票据法第九条、第十七条、第十八条、第二十二条和第三十一条的规定，对持票人提出下列抗辩的，人民法院应予支持：……（二）超过票据权利时效的；……

第十八条规定，持票人因超过票据权利时效或者因票据记载事项欠缺而丧失票据权利的，仍享有民事权利，可以请求出票人或者承兑人返还其与未支付的票据金额相当的利益。

---

① 《中华人民共和国票据法》，国家法律法规数据网，https：//flk. npc. gov. cn/detail2. html？MmM5MDlmZGQ2NzhiZjE3OTAxNjc4YmY2MmIyYTAyZGY%3D.

案例 43

商品房销售应收款保理失控

【案例介绍】①

2020 年 4 月，原告 L 保理公司（作为保理商）与被告 H 房地产开发公司（作为转让方）签署涉案《保理合同》，约定：鉴于转让方在国内销售 A 房地产项目，并已经或将不时与买方签订《商品房买卖合同》，由此形成对买方的应收账款，转让方愿意将该应收账款转让给保理商，保理商以 50% 的融资比例向转让方提供一次性保理融资额度 2 亿元，年化利率为 9.5%，按季度付息，融资期限为 12 个月，自保理商向转让方支付每一笔保理融资本金之日起计算。该合同第 6.1 条约定，该应收账款实行的是有追索权保理业务，应收账款到期日或保理融资到期日届满，应收账款未收回部分转让方必须回购。同时约定转让方未按本合同约定回购，转让方需要支付保理融资本金、利息和逾期利息；承担保理商为此而支付的所有费用，如催收费用、诉讼费（或仲裁费）等费用。另外约定，除本合同另有明确约定外，本合同项下的其他通知应为书面形式，且应递交、发送到下述通信地址或传真号码。附件一为 H 房地产开发公司向原告出具的《应收账款转让申请书》，其中应收账款债权转让清单包括 560 笔应收账款，总金额为 42361.33 万元，清单还记载了客户名称、房号、应收账款金额、签约日期。

K 实业有限公司与 L 保理公司签订反担保协议，同意将其持有的 H 商业

---

① 中国裁判文书网（2021）沪 74 民初 2584 号.

有限公司99%的股权作为抵押反担保；Z实业有限公司与L保理公司签订反担保协议，同意将其持有的T开发有限公司99%的股权作为抵押反担保；自然人程某、刘某承担连带清偿责任与L保理公司签订反担保协议，同意为该保理业务进行反担保。

2020年4月21日，原告L保理公司在中国人民银行征信中心办理了应收账款转让登记。

2020年4月28日，原告L保理公司分9笔合计向被告H房地产开发公司支付保理融资款2亿元。

被告H房地产开发公司按期支付利息至2021年3月10日，之后未再支付过任何款项。2021年6月24日，原告L保理公司向被告H房地产开发公司发出《催收函》，载明：根据合同约定，H房地产开发公司应于2021年4月28日支付到期本金、利息和服务费，期间经原告多次催要，H房地产开发公司未予支付，现具函催告，请H房地产开发公司于收到本函三个工作日内支付截至2021年6月18日的到期本金、利息、服务费及违约金26352.91万元。

2021年7月8日，L保理公司就与H房地产开发公司、程某、刘某、K实业有限公司、Z实业有限公司保理合同纠纷一案，向法院提起诉讼。

庭审中，原告L保理公司与被告H房地产开发公司、程某、刘某均确认，双方曾在2019年签订《隐蔽型有追索权国内保理合同》《咨询服务合同》《咨询服务合同补充协议》，交易模式与本案相同，其中，保理融资年利率8.5%，咨询服务年费率6.5%，该笔融资款于2020年4月到期，涉案保理融资属于"借新还旧"。原告明确，本案不向《商品房买卖合同》中的买受人主张权利。

法院判决如下：

被告H房地产开发公司应于本判决生效之日起十日内归还原告L保理公司保理融资款本金2亿元；支付融资利息400万元；自2021年4月28日起，按年利率24%支付违约金。

若被告H房地产开发公司届期不履行上述所确定的付款义务，原告L保理公司可以根据与被告K实业有限公司和被告Z实业有限公司协议，以被告K实业有限公司持有的H商业有限公司99%的股权折价，或者申请以拍卖、变卖该质押物所得的价款优先受偿；质押物进行折价或者拍卖、变卖后，所得价款用于归还上述债权，归还上述债权的不足部分由被告 H 房地产开发公司继续清偿。以被告 Z 实业有限公司持有的 T 开发有限公司 99% 的股权折价，或者申请以拍卖、变卖该质押物所得的价款优先受偿；质押物折价或者拍卖、变卖后，其价款不足部分由被告 H 房地产开发有限责任公司继续清偿。

对被告 H 房地产开发公司上述付款义务，被告程某、刘某承担连带清偿责任，在履行上述义务后，有权依法向被告 H 房地产开发公司追偿。

【案例分析】

此案是房地产应收款保理纠纷案，房地产公司以房屋销售的应收款作为保理融资，到期不能还款，从而引发司法诉讼。此项目失败的原因，值得总结分析：

1. 房地产应收款的不确定因素多。房地产销售通常是通过银行按揭贷款进行，在不具备预售的条件下，提前预售，一是不符合房地产销售的政策规定；二是本案 H 房地产公司所谓 4.2 亿元的应收款难以查实确定；三是房地产公司提供的 58 份销售合同真伪难以甄别，即使是真合同，其银行按揭款是否已经到位，也无法确认。

2. 房地产应收款很难有效控制。房地产销售后，购买者支付首付款后，余款通过银行按揭支付，房屋已经抵押给银行，银行的按揭贷款可能直接支付给予了建设、材料供应等第三方，保理方无法控制应收款的走向。保理业务中买卖双方信息透明度不一致。公司在进行保理融资的过程中存在买卖双方相关资料透明度不一致的问题，这直接影响了保理合同中收账方法的制定，从而增加了企业应收账款的回款风险。

3. 房地产应收款抵押变数多。房地产销售通常不存在应收款问题，如果有应收款，也属于违规销售，风险很大。房地产开发，通常用土地使用权抵押融资，再则以在建工程抵押融资。如果土地使用权和在建工程都抵押融资了，房地产销售通常是银行按揭，不存在应收款一说。如果用房产应收款保理融资，房产已经抵押给了银行，没有相应的抵押物，这种融资是不正常融资，是有重大瑕疵的融资，应该高度警惕。

4. 此案实际上是一个以新还旧的保理融资项目，保理公司已经陷入房地产开发的陷阱之中。所谓股权担保也是饮鸩止渴，如果房产公司已经资不抵债，99%的股份，只能是接一个更大的包袱。

【案例启示】

房地产保理业务的风险有以下几个方面：

1. 房产交易真实性直接关系到应收账款真实性风险。房产基础交易是否真实存在，是否合法、有效是保理业务开展的基础。如果房产基础交易存在一房多售，产权纠纷而发生争议，存在瑕疵，引发应收账款质量缺陷，那么保理公司收回保理融资的担保效果将大打折扣，风险就会上升。

2. 房产的信用风险。卖方保理商受让应收账款后，卖方能否依约按期履行还款义务，直接决定卖方保理商的融资能否顺利收回。在有追索权保理中或者在保理合同约定的特定条件下，卖方作为主要还款责任人，其信用风险也不能忽视。

3. 房产销售应收账款回收挪作他用的风险。房产公司往往由于土地抵押、工程建设款、建筑材料款等更为紧迫，使房产应收账款挪作他用的情况经常发生。

防控措施：应收账款真实存在，债权行使无障碍，债权转让无瑕疵，债务人具备偿还能力，是应收账款审查的标准。

一是审查买卖双方。通过现场及非现场手段，调查卖方和买方的房产交易是否真实存在，双方交易是否是真实意愿的表达，双方对债权债务是否确认无误，债务方的资信、经营及财务状况等情况。

二是审查应收账款具体情况。审查应收账款基础材料，包括房产交易付款方式、付款条件、付款时间、质量保证、房屋竣工交付、产权证办理抵押情况。防止买卖双方通过伪造交易合同、回款流水等串通手段恶意骗取融资。

三是审查回款监管。回款风险监控是，保理商进一步熟悉客户、了解行业、持续管控风险，做好贷后管理的重要环节。房地产公司的应收款回款监控是非常困难的，因为房地产公司融资方比较多，融资额度非常大，保理融资是比较小的一部分，许多回款资金都直接被其他融资方控制了，保理控制相关的回款需要认真、细致、可控的方案。

【关联法规】

《中华人民共和国民法典》第五百九十七条①规定，【无权处分效力】因出卖人未取得处分权致使标的物所有权不能转移的，买受人可以解除合同并请求出卖人承担违约责任。

第七百六十六条规定，【有追索权保理】当事人约定有追索权保理的，保理人可以向应收账款债权人主张返还保理融资款本息或者回购应收账款债权，也可以向应收账款债务人主张应收账款债权。保理人向应收账款债务人主张应收账款债权，在扣除保理融资款本息和相关费用后有剩余的，剩余部分应当返还给应收账款债权人。

---

① 《中华人民共和国民法典》，国家法律法规数据库，https：//flk. npc. gov. cn/detail2. html？ZmY4MDgwODE3MjlkMWVmZTAxNzI5ZDUwYjVjNTAwYmY％3D.

案例 44

保理应收款纠纷追偿受阻

【案例介绍】①

2013 年 5 月 8 日，F 通信公司与 Z 天信公司关于协议 ODM 生产的合作事项，签订了《ODM（原始设计）合作框架协议》。ODM 是由 Z 天信公司生产的产品，该产品分别由 Z 天信公司单独设计，或与 F 通信公司联合设计，以及由 F 通信公司委托 Z 天信公司设计。框架协议第 4 款明确，F 通信公司对 Z 天信公司的付款方式为 Z 天信公司交货之日起 3 个月付 6 个月承兑汇票。第 3 款明确，在货物验收合格入 F 通信公司仓库后，Z 天信公司方可开具发票。F 通信公司付款账龄依据 Z 天信公司开具发票的时间为起始点计算。

2014 年 12 月~2015 年 11 月，H 保理公司与 Z 天信公司开展保理融资业务，其业务基础是以前述 Z 天信公司与 F 通信公司间的产品和服务交易应收款转让。依据上述合同所形成的保理融资关系以及合同定义，H 保理公司系甲方、受让人；Z 天信公司系乙方、转让人；F 通信公司为买方、债务人。保理业务类型为有追索权保理业务，H 保理公司有权向 Z 天信公司追索，同时在 H 保理公司要求下，Z 天信公司还应承担回购该应收账款的责任。

2014 年 12 月 9 日，H 保理公司通过中国人民银行征信中心动产权属统一登记系统，以前述应收账款及中天信公司与 F 通信公司在未来一年内产生的应收账款为转让财产，完成了应收账款转让业务登记。2014 年 12 月 15

① 中国裁判文书网（2017）鄂民终 3301 号.

日，Z 天信公司将前述通知书邮寄至 F 通信公司位于某省某市的地址，并付费指令快递公司将签收单作返单处理。

2016 年 1 月 11 日，F 通信公司以支付维保费用、赔偿异地库损失和客供料损失为由，以 Z 天信公司和 H 保理公司为被告向开发区法院递交了起诉状。

2016 年 3 月 2 日，H 保理公司以保理应收款为由，以 Z 天信公司和 F 通信公司为被告向某市中级人民法院递交了起诉状。

2016 年 10 月 18 日，开发区法院作出 232 号判决，判令 Z 天信公司向 F 通信公司支付维保费用 552011.59 元、逾期交货违约金 1917364 元，赔偿异地库损失 3103168.42 元、客供料损失 7765068.95 元，合计 13337612.96 元。

2017 年 3 月 30 日，某市中级人民法院向 F 通信公司发出通知书，告知 Z 天信公司破产案件已指定管理人，应及时申报债权。

一审某市中级人民法院认为，本案争议为 H 保理公司是否有权以债权人身份向买卖合同关系的债务人 F 通信公司主张欠付的应收账款及其具体金额。一审法院判决：F 通信科技股份有限公司向某市 H 保理公司支付应收账款 21195238.38 元，并自 2016 年 6 月 3 日起至实际给付之日止，以 21195238.38 元为基数，按照中国人民银行同期一年期贷款基准利率支付逾期付款利息。

F 通信公司不服一审判决，提出上诉二审。

二审法院认为，本案所涉《ODM 合作框架协议》《供应合作框架协议》，各份《国内商业保理合同》及其附件包括补充协议、《应收账款转让清单》均系缔约当事人真实意思表示，内容不违反法律规定，合法有效，对缔约当事人具有约束力。依据上述协议在三方当事人间形成保理融资业务关系，H 保理公司为保理商、Z 天信公司为应收账款债权人（以下简称债权人）、F 通信公司为应收账款债务人（以下简称债务人）。

关于开发区法院作出 232 号判决债权能否对抗本案债务的问题。

本案中，F 通信公司以其对 Z 天信公司享有的维保费用、逾期交货违约金及异地库和客供料损失债权主张抵销案涉应收账款债务，开发区法院 232 号判决确认的债权与本案债权是否源于同一事实和法律关系并非该抵销权有效行使的前提。本案中，无须比较开发区法院 232 号判决确认的各项债权是否在首笔保理业务转让通知到达 F 通信公司时已到期，而需具体分析开发区法院 232 号判决确认的各项债权与本案债权的到期先后顺序。

1. 开发区法院 232 号判决各项债权的到期日。

（1）关于维保费用。维保费债务晚于本案应收账款到期，F 通信公司无权向 H 保理公司主张抵销。

（2）关于逾期交货违约金。违约金债务早于本案应收账款到期，F 通信公司有权向 H 保理公司主张抵销。

（3）F 通信公司存放在异地库和客供料由于 Z 天信公司保管不善的损失。损失赔偿债务早于本案应收账款到期，F 通信公司有权向 H 保理公司主张抵销。

2. 抵销后应收账款余额。F 通信公司有权以其与 Z 天信公司之间的另案债务向 H 保理公司主张抵销的债务为 12785601.37 元（1917364 元 + 3103168.42 元 + 7765068.95 元）。F 通信公司关于开发区法院 232 号判决债权可抵销本案债务的上诉理由部分成立，本院予以支持。抵销后，F 通信公司欠付的应收账款债务为 4476562.6 元（17262163.97 元 – 12785601.37 元）。

【案例分析】

1. 本案是某市 H 保理有限公司在 Z 天信公司与 F 通信公司的设计 – 制造 – 销售业务合作中，进行商业保理服务的结算纠纷。Z 天信公司为 F 通信公司进行设计 – 制造 – 销售业务合作，H 保理有限公司为 Z 天信公司的应收款进行保理融资。后由于 Z 天信公司资不抵债破产，F 通信公司通过诉讼要求 Z 天信公司赔偿其产品维保费用、异地库和客供料损失，以抵偿其应付货款；H 保理有限公司根据保理合同，诉讼要求 F 通信科技公司支付给 Z 天信公司的应收款。

2. 本案争议的焦点是 F 通信公司在另一起胜诉案件中，Z 天信公司赔偿其产品维保费用、异地库和客供料损失，能否在应付货款中抵扣。一审法院认为不能抵扣，二审法院认为在应收款期间所产生的费用损失可以抵偿其应付货款，最后法院判决 F 通信公司诉讼 Z 天信公司赔偿其产品维保费用、异地库和客供料损失，12785601.37 元可以抵偿其应付货款，F 通信公司还需向某市 H 商业保理有限公司支付应收账款 4476562.6 元及逾期付款利息。从而使 H 保理有限公司失去了 75% 的保理应收款。

【案例启示】

1. 某市 H 保理有限公司在这项保理业务中，总计损失 1278.56 万元，主要原因是 Z 天信公司破产，需要赔偿 F 通信公司产品维保费用、异地库和客供料损失，造成应收款严重缩水。

2. 按理说 H 保理公司这项保理业务是比较安全的，应收款方是光通信产业的大公司，经济实力非常强。然而，由于供货方经营不善破产，造成了保理业务风险。这说明从事保理业务，不仅要看付款方经济实力，还要看供货应收款方经营状况，两者缺一不可。

3. 积极运用信用保险缓释保理风险。引入信用保险机制，能够较好地缓释保理风险。信用保险是权利人向保险人投保债务人信用的一种保险，我国目前正在积极地探索信用保险产品，一些银行办理保理业务时常引进信用保险。目前信保项下国际保理的占比 28% 左右，我国占 2.5% 左右，发展空间十分阔。

【关联法规】

《最高人民法院关于审理买卖合同纠纷案件适用法律问题的解释》第四十四条①规定，出卖人履行交付义务后诉请买受人支付价款，买受人以出卖人违约在先为由提出异议的，人民法院应当按照下列情况分别处理：

买受人拒绝支付违约金、拒绝赔偿损失或者主张出卖人应当采取减少价款等补救措施的，属于提出抗辩；

买受人主张出卖人应支付违约金、赔偿损失或者要求解除合同的，应当提起反诉。

---

① 《最高人民法院关于审理买卖合同纠纷案件适用法律问题的解释》，国家法律法规数据库，https://flk.npc.gov.cn/detail2.html?ZmY4MDgxODE3OTlkZWY5ODAxNzliMDk2ODBjZjE4MDI%3D.

案例 45

互联网保理融资纠纷

【案例介绍】①

2018 年 10 月 9 日，A 餐饮公司根据其向供应商案外人高新技术产业开发区 B 食品经营部采购需要，向网络平台服务方 C 信用公司申请融资 70 万元服务，由 C 信用公司撮合 P 商业保理公司通过其提供的餐饮云平台为 A 餐饮公司提供相应的应收账款融资，并按照约定由 A 餐饮公司向 P 商业保理公司支付年化费率 10% 的保理服务费，向 Z 财富公司支付保障费用，以及向 C 信用公司支付咨询服务费。为此，A 餐饮公司和 P 商业保理公司通过 C 信用公司的餐饮云系统，订立了电子化《餐饮优化项目保理融资服务合同》及相关证明文件。在 P 商业保理公司按照约定履行了合同约定保理融资款 70 万元义务后，A 餐饮公司并未按照约定期限和金额支付保理服务费并归还融资款项，到期尚欠保理融资款 70 万元及保理融资服务费 2527.78 元，构成了违约。P 商业保理公司对于 A 餐饮公司的违约提出了诉讼。

一审法院判决：

1. A 餐饮公司在判决生效后 10 日向 P 商业保理公司支付保理融资款 70 万元及保理融资服务费 2527.78 元；

2. A 餐饮公司在判决生效后 10 日向 P 商业保理公司支付违约金（从 2019 年 1 月 29 日起，以 702527.78 元为基数，按年利率 24% 的标准计算至逾期款项付清为止）；

① 中国裁判文书网（2020）渝 01 民终 3442 号.

3. Z 财富担保有限公司在 A 餐饮公司未按本判决第一、二项所确定的期限或金额履行给付时，在前述第一、二项判决所确定的债务范围内向 P 商业保理公司承担收购责任。

A 餐饮公司不服一审判决，提出上诉，二审法院判决，维持原判。

【案例分析】

1. 本案说明互联网保理金融还有一个不断探索和完善的过程。此案是一起典型的互联网金融案例，C 信用公司建立网上的互联网金融平台，以其提供的餐饮云网络平台服务，整合资金提供方、餐饮经营方、食材供应商，通过互联网组织资金方向上游供应商受让应收账款，下游采购方相应获得价格优惠，下游采购方再按照约定期限向资金方支付应收账款及保理服务费，这样形成相应的融资配对资金解决方案，试图建立电子化《餐饮优化项目保理融资服务合同》模式。这是互联网金融的一种探索，其用意是好的，但该案例说明实施条件还有不成熟之处。

首先，相应的法律法规还不完善，交易的标准、条件、责任尚不明确。在此案中，申请人实际上是信用贷款，不存在资产抵押事宜，难免鱼龙混杂，许多不符合条件的客户会冒风险使用这一平台。

其次，餐饮云网络平台服务其整合功能没有真正实现，设想很好，但现实很难。对于申请人没有把关的手段，出现问题也缺乏责任机制，往往凑合成功，收取了管理服务费，就不了了之。

最后，缺乏有效的防风险机制，贷款人、担保人缺乏责任意识，整个经营环节没有形成闭环机制。

2. 信用环境基础的薄弱。我国目前的金融生态环境还在完善之中，存在一些不讲信用的企业和个人，在这种情况下，建立互联网金融平台，要考虑现实的经济环境和信用基础尚比较薄弱的状况。

3. 互联网金融需要从法律机制方面强化各方的责任。本案的餐饮云网络平台服务，作为申请用款方，要考虑其基本条件，明确法律责任，设置资产抵押和个人财产的连带责任；作为中介服务平台方，要有遴选用户的条件和责任；作为担保方，要有必要的尽职调查，要明确相应的责任；作为出资贷款方，要认真研究商业模式的可行性，在安全的前提下，才能参与此经营活动。

【案例启示】

亟待从法律法规上构建完善互联网金融的约束和风险控制机制。目前，互联网金融风险的控制机制相对薄弱，应该引起保理公司的足够重视。

1. 流动性风险。本案《餐饮优化项目保理融资服务合同》模式是否成功的核心在于餐饮优化项目经营是否顺利，互联网金融本质上也是金融活动，如果其负债期限的餐饮经营不理想，就可能出现流动性风险。众多互联网金融平台为了扩展市场增揽新的客户，对项目经营的良性运行情况考虑不够，盲目扩展市场，也会加剧自身的流动性风险。

2. 信用风险。互联网金融平台未纳入央行征信系统，对于客户的选择有很大的局限性，平台在进行交易撮合时，对于借款人的资产、经营、信用、负债等情况很难做到全面的调查了解，仅凭借款人自身提供的信息情况难以求证、常常失真。关于中介方面，常常出现资金挪用情况，存在代理人风险。

3. 操作风险。互联网金融的监督管理目前尚需要加强，互联网金融业务，存在操作人员的专业技能和道德风险，对于虚假承诺、误导销售的问题，有一个完善法律，加强监督管理的问题。

4. 法律风险。互联网金融是一个新型的金融业务，尚处探索发展阶段，对于互联网金融全过程运行标准、程序；对于互联网金融的准入、合同订立、身份认证等的监督管理；对于相关的法律、法规，都有一个不断完善问题。为此，存在相应的法律风险。

【关联法规】

2022 年 7 月，中国人民银行等十部委联合发布《关于促进互联网金融健康发展的指导意见》①，再次明确了分业监管边界，同时第一次提出对网络证券、互联网保险、互联网信托和互联网消费金融的监原则；也首次明确从业机构应当选择银行建立第三方存管制度。

---

① 《关于促进互联网金融健康发展的指导意见》，https：//www.cac.gov.cn/2015 - 07/18/c_1115966431.htm.

案例 46

名为保理实为借贷

【案例介绍】①

A 商业保理公司（原告）起诉 B 太阳能专营店（被告）归还保理合同借款。被告系于 2006 年 1 月 9 日注册成立的个体工商户，经营者为王某。2017 年 10 月 20 日，原、被告签订了《商业保理确认书》以及《商业保理协议书》，约定原告受让被告从事电器类经营产生的自 2017 年 10 月 20 日～2018 年 10 月 19 日的消费应收账款。保理预付款 490000 元，其中包含费率为 5% 的综合管理费 24500 元、手续费率为 1.35%/月的综合保理手续费、代垫人行登记费 60 元，故实际支付金额为 465440 元。还款方式约定直接扣款，每月最低还款额为 47000 元，每周固定 10967 元，最后一周还款 10945 元。逾期违约金条款中约定：对于乙方未能按照商业保理确认书约定在每个还款节点足额归还保理预付款及保理手续费，三天期限到期后仍未足额归还的，每天按全部剩余保理预付款及保留手续费的 0.5‰收取违约金，乙方还款次序依次为违约金、保理手续费和保理预付款。

2017 年 10 月 20 日，原告按照《商业保理确认书》约定向被告转账支付465440 元，内容摘要记载为保理放款。同日，原告向中国人民银行征信中心申办了应收账款转让业务登记。被告在收到原告保理预付款后，按照协议约定偿还了部分款项，自 2018 年 6 月起未予偿还。截至 2018 年 5 月 23 日，被

① 中国裁判文书网（2020）辽 13 民终 1272 号.

告共偿还原告本金 292128.5 元、手续费 47848.5 元，合计 339977 元。尚欠本金 197871.5 元。原告要求被告按期足额还款未果，为此诉至法院。

法院认为，本案当事人之间签订的合同名为保理合同，实为借款合同。基于民间借贷法律关系，结合双方合同的约定主张相关本金和利息等权益，手续费、管理服务费等保理合同项下的相关费用不予支持。为此，按照借款合同的法律关系，法院判决 B 太阳能专营店于本判决生效后十日内给付所欠 A 商业保理有限公司借款 125463 元（不是原合同所约定的 197871.5 元），并自 2018 年 6 月 2 日起按照每日 0.5‰支付逾期违约金。

【案例分析】

1. 为什么本案是民间借贷法律经济关系而不是保理合同关系。本案原告 A 商业保理公司通过名义上的保理合同收购被告的所谓应收款，实际上是借款给被告除按照保理合同关系收取本金和利息外，另外收取手续费、管理服务费等费用。

保理业务是一项综合性金融服务业务，其核心是应收账款的债权转让进行融资，与应收账款催收、管理、坏账担保相结合的金融服务业务。把握保理业务的法律关系有三个要点：一是债权人转让其应收账款给保理商；二是保理商债权人提供保理融资；三是保理商进行应收账款催收、管理、坏账担保等金融服务。本案完全是简单的借款与收款的关系，不存在实质的应收账款催收、管理、坏账担保或保理融资等服务，所以，实质为民间借贷关系。

2. 本案法院为什么认定双方签订的《商业保理确认书》以及《商业保理协议书》，实质上是借款合同。本案中，双方约定的未来一年内应收账款具有不确定性，不具备债权转让的法律基础。此外，从当事人双方签订的商业保理协议书和确认书的内容来看，原告的金融服务是向被告提供保理融资款，被告的主要义务是保理期限届满后偿还保理融资款本金并支付保理业务服务费，对于债务人支付的应收账款不是还款第一来源，还款义务人是融资方而并非债务人。从原告提供的证据来看，无法证明双方是围绕应收账款所开展的金融服务合同、对于应收账款债权是否转让、是否用应收账款偿还融资款等，合同上没有进行任何形式的约定。为此，双方签署的保理合同实质是借贷合同的特征，缺乏保理业务的实质核心，不符合保理业务的基本特征。

3. 如何判断保理合同与借贷合同在法律效力上存在的本质区别。

一是合同主体不同。保理合同交易是保理人、债权人、债务人三方就应收款债权转让清收的金融服务业务，当事人是三方主体。借贷合同与保理合同的差异是只有出借人、借款人双方主体。

二是合同的基础不同。债权人将债权转让给保理商的行为，即应收账款转让的行为是保理合同的基础，而资金的借贷行为是借贷合同的基础，不存在债权的让与行为。

三是合同内容不同。保理合同的内容主要包含债权转让的条件、债权融资比例、清收是否保底、是否向债务人公开、是否有追索权等综合性的金融服务；借贷合同内容相对单一，主要是债权人与债务人之间关于资金借出的金额、时间、利率，借贷抵押担保的资产、第三方担保人、违约责任等内容，通常不涉及其他法律关系。

【案例启示】

1. 正确把握保理业务的内涵，是商业保理公司的基本经营原则。保理以应收账款为核心，是民事主体债权变现及流转的重要方式，能为持有债权的民事主体提供融资的渠道同时又能在一定程度上为保理商提供偿还保障。保理关系可以从以下纬度进行分类。以保理服务提供者的性质不同可以将保理分为商业保理及银行保理；按照应收账款无法收回时保理商能否有权要求债权人归还融资或回购应收账款，保理又可以分为有追索权保理和无追索权保理；按照保理商和债权转让人行为是否告知债务人，保理又可以分为明保理和暗保理。

2. 保理公司不能以未来的应收款作为标的来进行保理业务。本案以未来的应收款作为标的进行融资贷款，违背了保理业务的宗旨，是违反法律的强制性规定的行为。此种行为既不符合保理金融的规定，也置保理商于高风险之中。未来的收入和应收款具有很大的不确定性，以此为抵押物可谓空中楼阁，相当于对没有实力的企业实行信誉无抵押贷款，风险是可以想象的。现实中一些企业由于从事向不特定对象反复性、经常性放贷行为，从而造成了严重的坏账损失，以至于破产倒闭。

3. 充分发挥保理业务的积极作用。保理合同作为《民法典》新增的有名合同，在经济价值及社会发展上具有其独特的优势，应该尊重保理业务自身的特点，发挥保理业务的优势，为保理营造出良性发展的法治环境。保理公司应该根据保理业务的特点，发挥其独特的融资优势，在应收款的催收、担保等方面具有管理、过桥、担保、融资等特殊作用，能够为社会市场经济提供多元化的服务。

4. 保理业务作为新兴业务，与传统民间借贷之间既有同又有异。相同之处表现为保理与民间借贷的结果指向相同，均为融资。但是保理相较于民间借贷而言具有更多的不同。

一是还款的来源不同。保理的还款来源具有特定的指向即"应收账款"中的债务人，在具有追索权的保理关系中第一还款人也应当为"应收账款"中的债务人。而民间借贷关系中还款来源为债务人。

二是资金提供方的服务内容不同。在民间借贷中，出资方提供资金并收取利息；而在保理业务中，除了提供资金外，保理商一般还会提供账户管理、催收款项等相关服务，故保理商收取的费用也包含了保理服务费。

三是息费标准不同。不同于民间借贷的利息，法律保护民间借贷利息可以在银行一年期利率四倍以内，而涉及保理合同纠纷违约金时法院通常判决以年利率 24% 为上限；在"应收账款"中债权人抗辩保理合同约定的逾期服务费、滞纳金、违约金过高时，以年利率 24% 作为法官裁量的标准。这种做法实际上将保理合同的融资成本以民间借贷利率的上限予以规范。可见，保理合同在发生纠纷时息费标准不同于民间借贷。

【关联法规】

《中华人民共和国民法典》第七百六十一条①规定，【保理合同定义】保理合同是应收账款债权人将现有的或者将有的应收账款转让给保理人，保理人提供资金融通、应收账款管理或者催收、应收账款债务人付款担保等服务的合同。

---

① 《中华人民共和国民法典》，国家法律法规数据库，https：//flk. npc. gov. cn/detail2. html？ZmY4MDgwODE3MjlkMWVmZTAxNzI5ZDUwYjVjNTAwYmY％3D.

案例 47

商场协作联营业务保理风险

【案例介绍】①

2014 年 3 月 26 日，A 新世纪公司与 G 廷公司签订《商品经营合同》，约定双方共同开展个人护理品类的商品销售经营业务，经营方式为代销；合同时间为一年；结算方式为 A 新世纪公司每月盘点后，根据月销售报表，与 G 廷公司核对无误后，G 廷公司开具增值税发票，A 新世纪公司收到发票并在 G 廷公司缴清应付 A 新世纪公司的促销服务费及代收代支费后，于次月 5 日起 30 个工作日内付款；G 廷公司派出与其建立劳动关系的人员到 A 新世纪公司各经营单位所设专柜从事销售工作，其派出的销售人员接受 A 新世纪公司统一管理；G 廷公司促销人员的工资、奖金、加班费、社会保险金、福利待遇等费用均由 G 廷公司承担，G 廷公司应按月、足额支付促销人员的薪酬待遇，若 G 廷公司未能按时支付，促销员向 A 新世纪公司提出协助申请，经核实，A 新世纪公司本着维护劳动者合法权利的原则，可书面通知乙方后直接从 G 廷公司货款中扣除相应费用支付给 G 廷公司促销人员，G 廷公司对此表示认可；同日，A 新世纪公司与 G 廷公司签订《补充协议》，在该补充协议中有手写字体载明："按销售额 11.5% 进行结算。"

2015 年 6 月 11 日，G 廷公司（卖方）、H 保理公司（保理商）与 H 供应链科技公司（数据服务方）签订《保理协议》，G 廷公司同意 H 保理公司支

---

① 中国裁判文书网（2016）渝 01 民终 9199 号.

付保理预付款之日起至保理预付款到期日止（即自 2015 年 6 月 11 日～2015 年 9 月 9 日），依约定计付利息及手续费；如果买方不能于保理预付款到期日足额付款，G 廷公司承诺在保理预付款到期日向 H 保理公司指定的账户返还保理预付款；并同意在中国人民银行征信中心办理应收账款转让登记手续。

2015 年 6 月 11 日，G 廷公司根据《保理协议》的要求，向 A 新世纪公司邮寄一份《债权转让通知书》，H 保理公司根据《保理协议》向 A 新世纪发出《债权转让暨催收通知》。A 新世纪公司在该通知的回签部分盖章确认以下内容：本公司已获悉 G 廷公司已将对本公司的全部应收账款债权（包含现有以及未来的应收账款）悉数转让给 H 保理公司，并同意依该通知办理相关事宜；盖章确认时间为 2015 年 6 月 30 日。

市 A 区人民法院于 2015 年 6 月 28 日向 A 新世纪公司送达了（2015）区法民保字第×××号协助执行通知书（落款时间：2015 年 6 月 29 日），请协助执行以下事项：（1）冻结并扣留被告 G 廷公司在你公司的货款 100 万元，以待处理；（2）如果该公司的货物尚未销售，则扣留其价值 100 万元的货物，以待处理。

2015 年 7 月 2 日，某区人民法院向 A 新世纪公司送达了（2015）民保字第 00260 号、第 00261 - 1 号协助执行通知书，冻结 G 廷公司在你单位的应收款 30 万元，冻结期限二年。

2016 年 6 月 10 日 H 保理公司向一审法院起诉请求：A 新世纪公司向 H 金控保理公司支付 100 万元。

一审法院认为，本案的争议焦点包括：（1）债权转让是否对 A 新世纪公司发生法律效力；（2）G 廷公司对 A 新世纪公司拥有的债权金额；（3）债权转让是否受司法冻结的影响。

针对第一个争议焦点：虽然在《商品经营合同》中约定，G 廷公司不得将其货款债权转让给第三方，但在 H 保理公司发出的《债权转让暨催收通知》中，A 新世纪公司明确表示同意债权转让事宜。同时，根据《保理协议》、G 廷公司发出的《债权转让通知书》可以认定 G 廷公司也同意将其债权转让给 H 保理公司。因此，H 保理公司、G 廷公司、A 新世纪公司三方关于债权转让达成了新的合意，该债权转让对 A 新世纪公司发生法律效力。

针对第二个争议焦点：关于应收账款的金额，根据《商品经营合同》的约定需要 A 新世纪公司与 G 廷公司进行结算，而目前 A 新世纪公司与 G 廷公司没有进行结算，在应收账款金额无法确定的情况下，H 保理公司对应收账款中的 100 万元主张权利，缺乏事实依据，法院不予支持。

针对第三个争议焦点：首先，某区人民法院的司法冻结由于发生在债权转让之后，因此，对债权转让的范围没有影响。其次，关于 A 区人民法院的司法冻结时间，A 新世纪公司在送达回证中的签收时间为手写字体，本院只能根据该时间确定送达时间，即为 2015 年 6 月 28 日，而该时间早于债权转让对 A 新世纪公司发生效力的时间（2015 年 6 月 30 日），因此，债权转让的范围应当在司法冻结金额 100 万元之外，也就是说如果 G 廷公司与 A 新世纪公司的结算金额在 100 万元以内的，在解除司法冻结之前，H 保理公司同样没有可以受让的债权。

综上所述，一审法院判决：驳回 H 保理公司的诉讼请求。

H 保理公司不服一审判决，提出上诉，二审法院维持原判。

【案例分析】

本案是一起典型的应收款不实保理金融失败的案例。本案 H 保理公司为 G 廷公司在 A 新世纪公司商场协作联营的个人护理品类的商品销售经营业务中提供保理融资业务，融资 100 万元，结果 G 廷公司在 A 新世纪公司商场协作联营销售收入，不仅没有应收款，反而倒欠 18.79 万元，也就是应收款为 0。失败的主要原因：

一是对于应收款的风险没有认真评估。个人护理品类的商品在大型商场进行销售，需要租赁柜台、支付销售人员薪酬、交纳商场提成，经营成本非常高，经营风险非常大。

二是对于经营者的经济实力，尽职调查不够。经营者经济实力不强，不是个人护理品类商品的生产商，也不是专业的个人护理品类商品代理商，缺乏销售经验，只是想借保理资金进行冒险的尝试。

三是经营者对于个人护理品市场不熟悉盲目多元化经营。经营者在从事个人护理品类商品销售的同时，又开展其他不同类别的业务，资金分散、精力分散，本身就是中小经营者的大忌，自然经营风险大。

【案例启示】

1. 本案例失败的根本原因在于，G廷公司在A新世纪公司商场协作联营模式存在问题：

一是G廷公司是一家个人护理品类商品代理销售公司，不是个人护理品类商品的生产性企业，经济实力非常薄弱，基本靠举债经营，一个环节不畅，就会全盘崩溃。实际结果是与商场协作联营工作人员的工资都无法保障；在外借款无法偿还，法律执行案件数起。

二是个人护理品类的商品销售市场竞争激烈，国内外产品丰富多彩，大量国际品牌在市场角逐，一般产品营销十分困难。

三是G廷公司在A新世纪公司商场协作联营模式，这种商业模式比较原始落后，经营成本高，效益低，特别是中间商代理公司更是难以为继。

2. 作为金融服务类的保理公司，在选择保理业务时要注意把握好以下原则：商业保理作为一种金融服务，其产品设计即是为客户提供保理服务的解决方案。该金融服务方案不仅要满足客户金融需求，还需要满足内部的风险管理、操作、合规、财务等方面的要求，是一项综合性、创造性的工作。保理业务的核心是基于真实交易项下应收账款债权转让开展的，在产品设计中如何进行风险的把控至关重要。保理产品设计必须把握好以下原则。

把握好应收账款有效转让是前提。

（1）应收账款必须已经形成，不能是未形成的应收款，且无法律瑕疵；

（2）如果是明保理业务，应收账款的转让必须有效通知债务人；

（3）保理商必须把握应收账款对回款的进程，对于资金流要进行控制，要落实债务人归还应收款的账户已经变更为保理商账户；

（4）保理商在保理服务期间内对特定债务人的应收账款应全部转让，使保理商取得"唯一债权人"的法律地位，原债权人脱离应收账款债权债务关系。

在进行保理产品设计时，要考虑应收账款的形成过程、转让过程、回款过程，再考虑供应链上各企业的信用、物流、信息流、资金流的流向及价值创造过程，从而设计出既满足客户需求，又符合内部风险管理规定的保理产品。

3. 保理融资的自偿性是出发点。希望通过保理业务进行融资的客户，通常缺少足以作为融资担保的资产，欠缺独立的还款能力。保理融资的自偿性，是指保理商以真实应收账款为授信依据，通过债权的转让进行保理融资服务，从而缓解企业资金的压力，加快企业的现金周转。

信息不对称使保理商容易相信保理融资自偿性的技术安排。由于信息不对称的存在，企业对自身的经营状况、市场环境、交易对手情况等信息的了解会远胜过保理商等第三方机构，保理商在面对客户时，倾向于预先假设道德风险发生的可能性，特别是在面临信用等级较低的贸易型企业时，保理商更加难以识别其信用风险。由于在贸易过程中，资金流和物流均有其特定的流动规律，保理商利用控制现金流和物流的技术手段可有效降低融资风险。

【关联法规】

《中华人民共和国民法典》第五百四十五条①规定，【债权转让】债权人可以将债权的全部或者部分转让给第三人，但是有下列情形之一的除外：（1）根据债权性质不得转让；（2）按照当事人约定不得转让；（3）依照法律规定不得转让。

当事人约定非金钱债权不得转让的，不得对抗善意第三人。当事人约定金钱债权不得转让的，不得对抗第三人。

第五百四十六条规定，【债权转让通知】债权人转让债权，未通知债务人的，该转让对债务人不发生效力。

债权转让的通知不得撤销，但是经受让人同意的除外。

---

① 《中华人民共和国民法典》，国家法律法规数据库，https：//flk. npc. gov. cn/detail2. html？ZmY4MDgwODE3MjlkMWVmZTAxNzI5ZDUwYjVjNTAwYmY％3D.

案例 48

企业破产保理公司应收账款质押效力

【案例介绍】①

2016 年 11 月 7 日，K 保理公司与 E 联公司签订了《有追索权保理合同》《应收账款质押合同》，约定 E 联公司向 K 保理公司申请获得有追索权保理业务服务，服务内容包括保理融资、应收账款管理与催收等，融资最高额度为800 万元。同时，E 联公司将其与第三人之间订立的《散装化学品运输合同》《罐箱租赁合同》项下的应收货款质押给 K 保理公司，K 保理公司在中国人民银行征信系统办理了质押登记并发布了公告。

2017 年 8 月 29～30 日，K 保理公司向第三人发出通知函，要求第三人将货款支付给 K 保理公司。2017 年 9 月 22 日，E 联公司出具《情况说明及通知函》，E 联公司认可，第三人应付给 E 联公司的账款全部质押给 K 保理公司。

2018 年 3 月 21 日，A 区人民法院出具（2017）X0115 民初×××号民事调解书一份，调解确认 E 联公司应归还 K 保理公司保理融资回购款本金4292666.72 元及利息。

2018 年 12 月 17 日，某市人民法院、E 联公司破产管理人向第三人发出通知函，要求第三人将所应付给 E 联公司的运输款支付至管理人账户，收到

① 中国裁判文书网（2021）苏 12 民终 1261 号.

第三人支付的货款合计4117482.86元。2020年6月18日，E联公司管理人向K保理公司发出债权复核通知书，告知K保理公司：管理人确认K保理公司的债权金额为5281122.60元，但未确认K保理公司申请的4117482.86元运输款为优先债权。

K保理公司依法向某市人民法院提起诉讼，要求确认K保理公司申请的4117482.86元运输款为优先债权。

一审某市人民法院认为当事人争议焦点：

1. K保理公司与E联公司订立的《有追索权保理合同》《应收账款质押合同》是否有效。

2. 管理人从第三人B公司处收取的4117482.86元货款是否全部或部分质押给K保理公司，质押数额具体是多少。

3. 管理人从第三人B公司处收取货款的事实，是否表明K保理公司已丧失对质押标的的权利。

对此，一审法院认为：

关于争议焦点一。本案中，K保理公司提供的《有追索权保理合同》符合保理业务特征，E联公司针对合同所提"名为保理，实为借贷"的抗辩，因没有提供证据支持，依法不予采信；K保理公司、E联公司双方订立的《有追索权保理合同》《应收账款质押合同》合法有效，合同签订后，K保理公司已按指示向E联公司发放了保理融资款4292666.72元，但债务人并未向K保理公司全面履行应收账款支付义务，K保理公司有权向E联公司行使追索权。

关于争议焦点二。一审认为，K保理公司所提供的证据能够证明第三人B公司支付给E联公司管理人的货款金额为4117482.86元，且货款的支付单位均是第三人B公司及运输合同所列明的关联企业，故可以认定上述4117482.86元全部是E联公司质押给K保理公司的账款；E联公司抗辩称，上述4117482.86元账款中部分或全部不属于质押货款，因没有提供相应的证据支持，故依法不予采信。

关于争议焦点三。一审认为，K保理公司在申请某区人民法院执行质押货款过程中，因E联公司进入破产程序，故E联公司管理人在该院的协助下从第三人B公司处直接收取运输款的行为，其实是避免破产程序中债务的个别清偿，并不意味着质押标的物灭失，故不影响K保理公司对标的的质押权利。鉴于 E 联公司在本案审理过程中已进入破产程序，该运输款已经从第三处划至管理人账户，故确认 K 保理公司对第三人 B 公司支付给 E 联公司的运输款享有优先权。

综上所述，一审法院判决：K 保理公司对于 B 公司、B 公司市分公司支付给 E 联公司管理人的 4117482.86 元运输款享有优先受偿权。

E 联公司破产管理人不服一审判决 K 保理公司有优先受偿权，提出上诉，二审法院维持一审法院原判。

【案例分析】

K 保理公司在本案中之所以能够胜诉，享有运输款优先受偿权，主要在于：

一是 K 保理公司与 E 联公司签订了《有追索权保理合同》《应收账款质押合同》，约定 E 联公司向 K 保理公司申请获得有追索权保理业务服务。

二是 E 联公司将其与第三人之间订立的《散装化学品运输合同》《罐箱租赁合同》项下的应收货款质押给 K 保理公司，应收款保理合同依法成立。应收货款质押是非常重要的一个环节，因为有质押才能确立破产优先受偿的法律地位。

三是 K 保理公司在中国人民银行征信系统办理了质押登记并发布了公告，质押的合法性进一步确立。

四是 2018 年 3 月 21 日，某区人民法院出具（2017）×0115 民初×××号民事调解书一份，调解确认 E 联公司应归还 K 保理公司保理融资回购款本金 4292666.72 元及利息。

五是应收款债务方是国际知名企业，支付应收款有保障。

【案例启示】

1. 此案说明保理公司开展保理业务程序严谨的重要性。K 保理公司在本案的操作过程中，虽然客户破产，但保理公司基本能够完身而退，十分不易。重要的因素是严格执行了保理业务的基本原则，合同、质押、公告都比较严密，特别是业务的跟踪比较细致，发现客户有破产迹象，及时在某区人民法院与客户 E 联公司就归还 K 保理公司保理融资回购款本金 429.267 万元及利息达成了调解协议，为后来争取优先受偿权打下了良好的基础。

2. 关于保理融资业务的风险及其防范。保理业务是一种重要的融资工具，具有促进企业发展和提升资金流动性的作用。然而，如同其他金融业务一样，保理业务也存在着一定的风险。

（1）信用风险。在保理业务中，信用风险是经常会遇到的风险。债权人往往由于应收款难以清收而进行保理业务，对于债务人的信用风险评估非常重要；而债权方的信用风险是指提供货物或服务的能力不足，容易引起应收款的纠纷。为了防范信用风险，保理商可以通过以下几个方面做好防范：

第一，认真评估审查买方信用：保理商对于买方进行信用调查，是进行保理业务非常重要的一环，了解买方的资信状况，判断是否具备可靠的还款能力。

第二，引入保险：保理商可以引入信用保险，通过向保险公司购买相应的保险产品，减小买方信用风险造成的损失。

第三，设置额度限制：保理商可以给予每个买方设置相应的授信额度，限制每个买方的融资规模，以控制信用风险的程度。

第四，加强卖方管理：对于卖方的信用情况也需要进行审查，确保其能够按时履约，并提供所承诺的货物或服务。

（2）操作风险。保理业务在操作过程中可能会出现文件的丢失、记录的错误、数据处理的失误等问题。防范操作风险，保理商需要做好以下工作：

第一，建立健全的内部控制机制：保理商应该建立起完善的内部控制机制，明确员工在保理业务操作中的职责，减少错误发生的概率。

第二，加强培训：保理商应该加强对员工的培训，提高其操作技能和风险意识，降低操作风险的发生。

第三，严格审核制度：建立起严格的审核制度，对每一笔保理业务进行审核，确保数据的准确性和完整性。

（3）流动性风险。流动性风险是指在保理业务中，资金的流动性出现障碍，导致资金链断裂，无法按时履行各项支付义务。防范流动性风险，保理商注意做好防范措施：

第一，资金储备：保理商应该建立起紧密的资金储备，以备不时之需。确保在出现资金需求时能够及时满足。

第二，多样化的资金来源：保理商可以通过多样化的资金来源来降低流动性风险。不仅仅依赖于银行贷款，还可以通过发行债券、引入股权投资等方式获取资金。

第三，管理债务：保理商应该合理规划债务，避免过度借贷，确保还款能力。

（4）法律风险。法律风险主要是涉及各类法律文件的签署和合规性要求，保理商应该以下几点：

第一，合法合规运营：遵守相关的法律法规合规运营，是保理业务开展的基本原则。

第二，法律意识培养：保理商应该加强法律意识的培养，对法律风险有清晰的认识，并保持与合规专家的沟通，及时了解相关法律变化。

第三，合同条款严谨：保理业务的安全离不开合同的签订。保理商应该制订完善的合同条款，明确各方的权利义务，减少风险。

【关联法规】

《最高人民法院关于适用〈中华人民共和国民法典〉有关担保制度的解释》第六十一条①规定，以现有的应收账款出质，应收账款债务人向质权人确认应收账款的真实性后，又以应收账款不存在或者已经消灭为由主张不承担责任的，人民法院不予支持。

以现有的应收账款出质，应收账款债务人未确认应收账款的真实性，质权人以应收账款债务人为被告，请求就应收账款优先受偿，能够举证证明办理出质登记时应收账款真实存在的，人民法院应予支持；质权人不能举证证明办理出质登记时应收账款真实存在，仅以已经办理出质登记为由，请求就应收账款优先受偿的，人民法院不予支持。

---

① 《最高人民法院关于适用〈中华人民共和国民法典〉有关担保制度的解释》，国家法律法规数据库，https：//flk. npc. gov. cn/detail2. html?ZmY4MDgwODE3N2U3NTdhYzAxNzgwMDc3ZDIyOTFiNzc%3D.

案例 49

保理担保合同违反公司章程无效

【案例介绍】①

2018 年 12 月 24 日，H 保理公司（甲方）与 S 公司（乙方）签订了《保理合同》，其性质是有追索权的国内保理业务，H 保理公司对 S 公司作为卖方与买方之间形成的应收账款债权，进行保理融资服务业务。保理融资额度为 2 亿元，有效期为首次提款日起 1 年，约定是有追索权保理业务。

D 网力公司盖章出具承诺函一份，载明：我司作为保证人，为 S 公司与 H 保理公司签署的《保理合同》项下债务向贵司提供连带责任保证担保，特向贵司出具了《连带责任保证担保书》。为保障贵司在主合同及担保书项下债权的实现，现我司承诺：如 S 公司未按主合同约定按时向贵司清偿全部债务，则我司承诺将我司持有的 A 科技金融资本控股集团股份公司的全部股份作为代偿的资金来源，按贵司要求将上述股份质押给贵司，或按贵司要求将上述股份以不低于出资额的价格转让给第三方以清偿贵司债务，或将上述股份转让给贵司指定的第三方。如未履行上述承诺，我司将赔偿贵司因此遭受的全部损失。

后 S 公司未偿还保理融资款本金，自 2019 年 7 月 20 日起构成违约。H 保理公司通过司法诉讼，法院判决 S 公司承担保理本金和利息的赔偿责任，但 D 网力公司却不承担连带保证责任。理由是其《连带责任保证担保书》未经

---

① 中国裁判文书网（2021）京 74 民初 1256 号.

公司董事会讨论，无法律效力。

【案例分析】

1. 本案保理融资是一种有追索权的保理合同业务，为了确保保理公司的融资安全，D网力公司提供了《连带责任保证担保书》，保障保理公司在有追偿的保理业务不能实现时，由D网力公司负责偿还。本案的重点是D网力公司对S公司的债务是否承担连带保证责任。

2. 为什么D网力公司《连带责任保证担保书》没有法律效力，原因是未经公司董事会讨论，违反了公司的章程规定。D网力公司的公司章程对于外担保行为有明确具体的规定，公司对外担保重大行为，必须经出席股东会的股东所持表决权的2/3以上通过。D网力公司的《连带责任保证担保书》只有公司盖章和法人代表签字，违背了公司章程的规定，未经公司董事会讨论，未经股东会通过，所以无法律效力。

【案例启示】

1. 担保合同是否符合担保公司的章程，是否具备法律效力，是商业保理公司和类金融公司在从事业务过程中，必须认真把握的一个事项。在大多数金融服务合同中，都有担保的存在，其目的是保证在主债务人不能履行还款义务时，能保证金融机构发放的贷款收回。但在实践中，有的是业务不熟，有的是人情作怪，有的是行政干预，往往出现担保无效的情况。

2. 担保公司要注意担保或反担保无效的几种情况。

（1）注意担保或反担保的主体是否合格问题。不是什么机构法人单位都可以担保的，按照国家法律和法规规定，教育和社会福利机构没有担保或反担保资格，因为这些部门和机构从事的是社会的教育和福利工作，其财产为国家所有，不能参与商业性的经济活动，不能承担相应的经济风险，而这些部门的工作也具有不可中断性。

（2）《中华人民共和国公司法》有明确规定，禁止以公司资产为本公司的股东，或者是其他个人债务提供担保；不得将公司资产以公司董事、经理个人名义为他人进行担保或反担保。

（3）根据法律规定，采取欺诈、胁迫、恶意串通等违背保证人真实意思，形成的担保或反担保合同无效，保证人不承担责任。

（4）禁止流通物不能提供担保或反担保。如行政机关、公立学校、医院等公益事业单位的资产不能担保，国家的专卖产品、禁止流通国防、特殊药品、文物等都不能设定担保，其担保合同无效。

（5）业务主合同无效，从属的保证合同无效。如保理的主合同本身没有法律效力，其相应的保证合同自然也没有法律效力。但是如果保证人明明知道或者应当知道保理的主合同无效而仍然为之提供保证的，保证人要承担连带赔偿责任。

（6）《中华人民共和国公司法》明确规定，公司法定代表人违反公司章程规定，对外或者为公司股东或者实际控制人提供担保或反担保的，担保合同无效。

【关联法规】

1. 2019 年颁布的《九民会议纪要》① 第二十条的意见明确，债权人明知法定代表人超越权限或者机关决议系伪造或者变造，债权人请求公司承担合同无效后的民事责任的，人民法院不予支持。

2.《最高人民法院关于适用〈中华人民共和国民法典〉有关担保制度的解释》第九条②规定，相对人未根据上市公司公开披露关于担保事项已经董事会或者股东会决议通过的信息，与上市公司订立担保合同，上市公司主张担保合同对其不发生效力，且不承担担保责任或者赔偿责任的，人民法院应予支持。

---

① 全国法院民商事审判工作会议纪要理解与适用 九民纪要解读［M］. 北京：人民法院出版社，2020.

② 《最高人民法院关于适用〈中华人民共和国民法典〉有关担保制度的解释》，国家法律法规数据库，https：//flk. npc. gov. cn/detail2. html?ZmY4MDgwODE3N2U3NTdhYzAxNzgwMDc3ZDIyOTFiNzc%3D.

案例 50

上市公司违规担保保理合同无效

【案例介绍】[①]

2017 年 7 月 21 日，H 保理公司与 S 公司签订《国内保理合同》约定：卖方（S 公司）愿意将其与买方交易合同项下的应收账款转让给保理公司（H 保理公司），H 保理公司同意按合同约定，受让应收账款，并向 S 公司提供保理融资、应收账款管理及催收等国内保理服务，保理融资总额度 1 亿元，有效期自 2017 年 7 月 21 日 ~ 2018 年 12 月 31 日；保理融资方式为比例预付方式，融资比例为 100%，年利率为 11.75%，应收账款转让生效后，H 保理公司取得 S 公司在该应收账款项下的债权及其权益。

同日，H 保理公司与 E 通公司签订《保证合同》，约定 E 通公司就 S 公司在《国内保理合同》项下对 H 保理公司的义务提供连带责任保证。为此，E 通公司出具董事会决议。董事会决议载明，本公司于 2017 年 7 月 21 日召开董事会，同意本公司无条件为《国内保理合同》项下贵司（H 保理公司）债权的实现提供连带保证担保，保证期间为该合同约定的保理融资额度有效期届满之日起两年。

2017 年 7 月 26 日，S 公司向 H 保理公司出具《应收账款转让申请书》，将其对 F 集团公司在《电解铜购销合同》项下的应收账款总额 4220.53 万元转让给 H 保理公司，应收账款到期日为 2018 年 1 月 22 日。2017 年 7 月 27 日，

---

① 中国裁判文书网（2020）闽民终 360 号.

H 保理公司向 S 公司出具《应收账款转让申请保理公司审核意见》，同意受让对 F 集团公司应收账款金额 3600 万元，到期日 2018 年 1 月 22 日，融资比例 100%，融资本金 3600 万元，预付转让对价 3388.5 万元，担保条件为：E 通公司提供连带保证担保（暗保）、F 集团公司法定代表人邓某提供连带保证担保。

同日，S 公司和 H 保理公司出具《应收账款债权转让通知书》，共同告知了 F 集团公司应收账款转让事宜。该通知书同时附有《应收账款债权转让确认回执》，确认收到《应收账款债权转让通知书》，并同意其全部内容，落款处盖有 F 集团公司公章及邓某的印章。同日，H 保理公司向 S 公司转让融资款 3388.5 万元，并在中国人民银行征信中心作了动产权属统一登记。H 保理公司转让融资款 3388.5 万元，系因约定的融资本金 3600 万元直接按年利率 11.75% 扣除融资期间半年利息计算得来。

另查明，E 通公司是上市公司，E 通公司章程规定："第五十五条公司下列对外担保行为，须经股东会审议通过：……（三）为资产负债率超过 70% 的担保对象提供担保。"

由于 S 公司、F 集团公司和 E 通公司未履行合同承担还款责任，H 保理公司向法院提起诉讼。

一审法院认为，《国内保理合同》系独立于基础交易关系的合同，合同经汇 H 保理公司与 S 公司盖章确认，合同内容不违反法律规定，应认定《国内保理合同》合法有效，对双方均具有法律约束力。H 保理公司诉讼请求 S 公司按实际提供的融资款 3388.5 万元，并从 2017 年 7 月 27 日起计至 2018 年 1 月 23 日止按合同约定支付融资期间的利息，有事实和法律依据，予以支持。

关于 E 通公司是否承担保证责任，一审法院认为：

1.《保证合同》的效力。E 通公司章程关于对外担保有明确细致的规定，分为两种类型，一类是股东会授权以内的对外担保，应经董事会全体成员 2/3 以上同意；另一类是股东会授权以外的担保，需要提交股东会审核批准。另外，凡是资产负债率超过 70% 的担保对象，为其提供担保须经股东会审议通过。E 通公司在 2017 年 7 月与 H 保理公司在签订《保证合同》时，被担保人 S 公司上一年度的资产负债率超过 70%，属于应经股东会审议通过的事项。案涉《保证合同》的签订未经 E 通公司股东会审议批准，不符合 E

通公司章程规定,《保证合同》的签订未经合法授权,应认定《保证合同》无效。

2. 在《保证合同》无效的情况下责任如何划分问题。对此,有关担保的司法解释有明确规定,担保合同无效而主合同有效,债权人无过错的,担保人对债权人的经济损失,承担连带赔偿责任;如果债权人、担保人有过错的,担保人承担不应超过债务人不能清偿部分的 1/2 的民事责任。本案中对于《保证合同》的无效,债权人 H 保理公司及担保人 E 阳信通公司均有过错,债务人 S 衡公司不能清偿部分担保人 E 阳信通公司应承担 1/2 责任。

综上所述,法院判决:(1)S 公司应在判决生效之日起十日内向 H 保理公司返还保理融资款本金 3388.5 万元及利息;(2)E 通公司对上述 S 公司债务不能清偿的 1/2 向 H 保理公司承担连带清偿责任。

【案例分析】

1. 此案看似安全系数比较高的一项保理业务,却由于第三方保证合同无效出现了风险。第三方为经济实力较强的股份上市公司,董事会通过了担保合同条款,其为保理合同的执行进行担保应该说是比较安全的。但问题恰恰出现在担保合同方面,担保方 E 通公司的章程明确规定,对外担保的公司如果资产负债率达到 70% 以上,需要经过全体股东的表决通过,担保合同方为有效。而其担保的 S 公司资产负债率恰恰超过了 70%,为此,其董事会通过的担保合同无效。从而,使 H 保理公司的业务增加了风险。

2. 此案的保理业务不确定风险多,H 保理公司与 S 公司保理融资总额度 1 亿元,时间是一年半。然而,第一笔电解铜的保理业务,就出现了问题;S 公司的资产负债率超过 70%,企业经营处于高负债状况;担保企业虽然是上市公司,但是董事会决议存在瑕疵,且不符合公司章程;此保理资金发放不久,H 保理公司就行使不安抗辩权进行诉讼。这说明整个保理业务充满着不确定性。

【案例启示】

本案说明对于上市公司担保也不能盲目相信。保理业务资金回收有上市

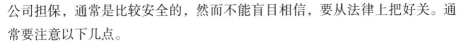

公司担保，通常是比较安全的，然而不能盲目相信，要从法律上把好关。通常要注意以下几点。

1. 对于上市公司的担保，关键看是否符合该上市公司的公司章程规定。各上市公司都有自己公司的章程，公司章程受到法律的保护，具有法律的效力。所有对外担保都符合该上市公司的公司章程规定，一般担保需要上市公司董事会进行审议通过，重要担保需要上市公司股东会审议通过。什么是一般担保和重要担保，公司章程都有详细的规定，必须按照详细规定执行，违反其详细规定，担保无效。

2. 对于上市公司的担保，还要看是否符合《民法典》和《公司法》的规定。《民法典》对于公司担保作出了明确的规定；《公司法》对于公司董事长、股东、监事的权力和责任，对于董事会、监事会、股东会的权力和责任，会议召开的程序、法律效力等都作出了相应的规定。上市公司的担保既要看是否符合公司章程，也要看其担保决议的形成是否符合《民法典》和《公司法》的规定。否则，也有可能出现无效的担保决议。

3. 对于上市公司的担保，还要看是否符合《证券法》的规定。《证券法》对于上市公司对外担保也有详细的规定，主要是担保对内的审批程序、对外的披露程序、反担保的强制性要求等。上市公司对外担保按照《证券法》的规定必须公开向社会披露，否则上市也存在违规问题。

4. 关于上市公司如何为控股子公司提供担保问题。关键是看公司章程是如何确定的，通常上市公司对控股子公司的担保属于对外担保，应该需要上市公司董事会进行审议，是否需要经过股东会审议，控股子公司作为上市公司的构成部分，原则上不构成关联担保，不必须经过股东会审议，主要看上市公司的章程如何确定。

上市公司对于子公司提供担保的，从规则层面，子公司其他股东并不必须提供相关反担保，但实际操作中，有部分上市公司是要求子公司其他股东也是同步提供反担保的。因此，从谨慎性的角度，对于类似情形，从保护上市公司利益的角度，亦可要求少数股东同步提供反担保。

科创板和创业板上市公司关于对外担保的披露有特殊规定，担保条件有所放宽，为全资子公司或控股子公司提供担保，只要不损害上市公司利益，可以不需要董事会或股东会审议表决，但公司章程另有规定除外。

【关联法规】

《最高人民法院关于适用〈中华人民共和国民法典〉有关担保制度的解释》① 第七条：公司的法定代表人违反公司法关于公司对外担保决议程序的规定，超越权限代表公司与相对人订立担保合同，人民法院应当依照民法典第六十一条和第五百零四条等规定处理：

（1）相对人善意的，担保合同对公司发生效力；相对人请求公司承担担保责任的，人民法院应予支持。

（2）相对人非善意的，担保合同对公司不发生效力；相对人请求公司承担赔偿责任的，参照适用本解释第十七条的有关规定。

法定代表人超越权限提供担保造成公司损失，公司请求法定代表人承担赔偿责任的，人民法院应予支持。

第一款所称善意，是指相对人在订立担保合同时不知道且不应当知道法定代表人超越权限。相对人有证据证明已对公司决议进行了合理审查，人民法院应当认定其构成善意，但是公司有证据证明相对人知道或者应当知道决议系伪造、变造的除外。

---

① 《最高人民法院关于适用〈中华人民共和国民法典〉有关担保制度的解释》，国家法律法规数据库，https：//flk. npc. gov. cn/detail2. html?ZmY4MDgwODE3N2U3NTdhYzAxNzgwMDc3ZDIyOTFiNzc%3D.

金融诈骗类风险案例评析

金融诈骗是指以非法占有为目的，采用虚构事实或者隐瞒事实真相的方法，骗取公私财物或者金融机构信用的行为。其类型多种多样，以下是一些常见的金融诈骗类型：票据诈骗；金融凭证诈骗；贷款诈骗等。如何判断贷款人是否欺诈骗贷，主要方式有以下几步：

一、分析历史信用记录

通过贷款企业及实际控制人征信报告，对贷款企业及实际控制人的历史信用记录、历史借贷行为等进行评估，以判断其是否存在欺诈风险。

二、评估信用风险

通过资料审核和实地调查，评估贷款企业的还款能力和信用风险。

资料审核：收集和分析企业的营业收入、资产、负债等资料信息，通过不同资料信息进行交叉验证，与公开查询信息比对验证。

实地调查：了解贷款企业经营是否正常，借款人的人品、经营情况、财务状况。访谈内容与书面资料相互验证、同样的问题不同人的回答交叉验证等。

通过核实的信息初步判断借款人是否存在欺诈行为，是否有骗贷倾向。

三、运用大数据风控系统对贷款企业的风险进行监测识别

目前应用的税贷＋系统，包括工商、税务、司法、专利等方面的企业相关信息，通过对企业信息的多方面查询分析，更全面地对企业的信用状况做出判断。

通过企查查等第三方平台，查询企业关联关系，通过股权穿透进行识别，对股权关联、投资关联、法人、高管及股东关联关系进行识别，防范关联交易风险。

四、保后检查资金用途

定期保后检查，对企业资金实际用途、经营情况进行检查，确定是否存在经营异常。

五、合作银行对贷款企业风险评估

合作银行在放款前也会对贷款企业进行调查、放款后进行跟踪检查，风险评估。

案例51～案例61解析了不法贷款人用虚假装修合同和付款单据、假仓单假合同、假房产证土地证、假应收款、不实股权欺骗银行和担保机构；担保公司中介职务侵占犯罪、担保公司参与做假、贷款人犯骗取贷款、金融机构人员渎职违法发放贷款等犯罪行为，造成金融风险的情况，说明金融服务业防范金融诈骗要警钟长鸣，加强法律法规建设一刻都不能松懈。

案例 51

虚假装修合同和付款单据
骗取担保贷款

【案例介绍】①

2013 年 3 月 27 日，被告人陈某与其妻子李某为装修李某经营的商业场所，决定向 B 商业银行小企业信贷中心申请贷款 160 万元。2013 年 3 月 15 日，被告人陈某以李某名义与某州 T 广告装饰工程公司签订了一份虚假的价值 254.30 万元的装修施工合同以及虚假预算表，同时伪造了一张实际并未支付的价值 76.29 万元的虚假装修首付款收据，骗取了 A 担保有限公司为其融资担保。2013 年 7 月 12 日，B 商业银行小企业信贷中心放款 160 万元。

2013 年 9 月 1 日，被告人陈某和余某提供虚假的汽车买卖合同，并伪造虚假的定金支付收据，以支付某州 E 汽车贸易公司购车贷款为由，向 B 商业银行小企业信贷中心贷款 100 万元。2017 年 2 月 27 日，B 商业银行小企业信贷中心放款后，于当日转入被告人陈某账户内，被告人陈某将 100 万元转入某州 E 汽车贸易有限责任公司账号。贷款到期未还，A 融资担保有限公司和 B 商业银行小企业信贷中心报案，最终，法院判决陈某和余某犯骗取贷款罪。

【案例分析】

1. 陈某和余某均犯骗取贷款罪，手段比较简单，仅一份虚假的价值

---

① 中国裁判文书网（2021）沪 74 民初 2584 号.

254.30 万元的装修施工合同以及虚假预算表，一张实际并未支付的价值 76.29 万元的虚假装修首付款收据；虚假的汽车买卖合同，并伪造虚假的定金支付收据，就骗取了 A 融资担保有限公司为其担保；B 商业银行为其贷款。陈某和余某均犯骗取贷款罪，而且贷款没有任何反担保资产，没有其他反担保个人或企业，说明 A 融资担保有限公司和 B 商业银行小企业信贷中心的担保贷款管理比较粗放，制度不够完善，尽职调查基本上是走形式。本案贷款管理的漏洞比较多，应该引起所有担保公司和银行信贷机构的重视，引以为戒，防患未然。

2. 对于假装修合同和假购买合同的识别应该是不困难的。首先，检查签字、印鉴是否真实；其次，看工程项目首付款的银行记录；最后，到现场或出售单位了解装修和购买的实际情况。认真做好尽职调查的基础工作。

【案例启示】

1. 防范骗取贷款是所有金融机构首要的职责。中小金融机构防范骗取贷款主要做好以下几点。

（1）在贷款前，对其信誉度进行调查，了解借款人的收入状况，核实抵押物与证件的真伪关系等。

（2）核实借款人的身份证，或同一人多处签名笔迹是否一致。

（3）担保类公司通常不会异地跨区开展担保业务，要特别注意打着外地名义的各种担保公司进行的担保业务。

2. 防止诈骗人员注册空壳公司，到市场监督管理部门调查了解公司成立的时间、股东身份、注册资金等情况；到税务部门了解纳税情况；到开户银行了解现金流情况等，以确定公司的真实情况。

3. 防止不法企业编制虚假会计报表、虚增利润、虚假合同、虚假应收款等用虚假申贷材料骗贷。骗贷是银行和金融担保服务机构面临的严重挑战，随着科学技术的发展，也为一些弄虚作假骗贷的人员提供了一些高科技手段。有的私刻其他企业公章，伪造交易合同、企业保函、房产证书、增值税发票；有的串通作案，虚假合同、销售、采购、套取真实增值税发票；有的虚构项目，伪造项目立项、发展改革委文件；有的虚构住房买卖交易、购车交易等，以种种欺骗手段向银行申请贷款，向担保公司申请融资担保。

4. 利用同一项目或同一设备财产重复抵押贷款。由于法律法规制定相对滞后，对于企业利用同一项目或同一抵押物重复贷款的责任追究不够明确，一些企业公开或半公开地利用同一项目或同一抵押物重复申请贷款、重复申请抵押担保，造成贷款抵押物落空、担保抵押物落空，给银行和担保公司造成了巨大的损失。

【关联法规】

《中华人民共和国刑法》① 第一百七十五条规定，【骗取贷款、票据承兑、金融票证罪】以欺骗手段取得银行或者其他金融机构贷款、票据承兑、信用证、保函等，给银行或者其他金融机构造成重大损失或者有其他严重情节的，处三年以下有期徒刑或者拘役，并处或者单处罚金；给银行或者其他金融机构造成特别重大损失或者有其他特别严重情节的，处三年以上七年以下有期徒刑，并处罚金。

---

① 《中华人民共和国刑法》，国家法律法规数据库，https：//flk. npc. gov. cn/detail2. html?ZmY4 MDgxODE3OTZhNjM2YTAxNzk4MjJhMTk2NDBjOTI%3D.

案例 52

假仓单、假合同骗取信用证连环诈骗担保贷款

【案例介绍】①

被告人陈某，系德某资源控股有限公司实际控制人。2001～2014 年，被告人陈某先后在某市成立 A 贸易有限公司等 80 余家境内外公司，开展氧化铝仓储融资业务。采用伪造其他公司印章、中转联运章；模仿负责人签名，重复编排货物信息、伪造仓单、转货证明等货权凭证，再使用伪造的仓单、转货证明等货权凭证骗取在国际上具有信誉的仓储监管公司的监管仓单；或者贿赂仓储监管公司负责人出具内容虚假的仓单、质押清单、核库确认书等证明文件，采取伪造仓单、出具内容虚假的仓单进行质押、买卖或重复质押等欺骗手段，骗取银行授信，总计骗取资金折合人民币约 154 亿余元（除另有标注，以下币种均为人民币），是震惊全国的重大金融连环诈骗事件。

1. 诈骗英国某银行 7164.43 万美元，折合 4.4036 亿元人民币。

2013 年 7～11 月，在被告人陈某的指使下，被告人江某组织德某公司业务人员编造 E 公司仓单，通过被告人陈某、刘某交由被告人袁某模仿张某春签名，并加盖私刻的某某公司印章，伪造 10 份某公司电解铜仓单，质押给 J 依公司、F 泓公司，骗取 J 依公司、F 泓公司电解铜监管仓单 11 份。2013 年 8 月～2014 年 3 月，陈某指使江某以德某公司名义将上述监管仓单直接或通

---

① 中国裁判文书网（2017）鲁 02 刑初 34 号.

过 Z 澳公司、德国某银行销售给香港中 W 公司，再安排他人以香港中 W 公司名义与英国某银行签订 7 笔销售合同，并签订回购合同，以此骗取英国某银行货款共计 7164.43 万美元，折合人民币 4.4036 亿元。

2. 诈骗某市建行。2013 年 6 月 4 日，在"德某系公司"库存铝锭不足以办理质押融资的情况下，被告人杨某在被告人陈某指使下，组织业务人员通过张某签名盖章出具 1 份 5.8 万吨 X 公司铝锭仓单质押给某市建行，骗取该行 7.25 亿元的授信额度。2013 年 12 月 30 日、2014 年 3 月 26 日，被告人陈某、刘某、袁某先后二次在核库通知书上加盖私刻的某某公司印章，给某市建行提供虚假核库确认。

3. 诈骗国内 H 银行。2013 年 11 月 16 日，被告人陈某以香港中 W 公司名义与 H 银行签订销售合同，约定每月向 B 公司销售铝锭 3 万吨，再由香港中 W 公司回购。合同签订后，在陈某的指使下，李某安排业务人员制作内容虚假的不可撤销持货证明交付给 H 银行作为货权交付凭证，并向 B 公司提供虚假的库存确认书，以此骗取 H 银行货款 14046.20 万美元，折合人民币 8.636 亿元。

4. 诈骗 M 银行 Q 分行。2012 年 11 月 19 日，在被告人陈某的指使下，被告人杨某组织业务人员以被告单位德某公司名义与某公司、M 银行 Q 分行签订动产质押监管协议，约定德某公司以德某公司库存铝锭质押的方式获取 M 银行 Q 分行 15 亿元的授信额度，同时约定德某公司、H 远公司均可使用该授信额度。2013 年 11 月 19 日，杨某明知"德某系公司"库存铝锭不足以办理质押融资，仍安排德某公司办理 11.4 万吨铝锭的虚假质押手续。薛某在 M 银行 Q 分行核库时，对虚假库存予以确认。2013 年 11 月，H 远公司以代理德某公司购买铝锭为由，向 M 银行 Q 分行申请开立 4 份信用证共计 3.753 亿元，扣除保证金及利息，M 银行 Q 分行损失 2.977 亿元。

5. 诈骗 N 银行 D 分行。2013 年 7 月 3 日，在"德某系公司"库存铝锭不足以提供足额质押的情况下，被告人杨某在陈某指使下，仍组织业务人员继续向 N 银行 D 分行提供 2.65 万吨铝锭虚假质押担保，以德恒公司的名义骗取 N 银行 D 分行 3 亿元授信额度。

2014 年 4 月 25 日、29 日，在被告人陈某及德某公司的控制下，德恒公司以代理德某公司购买铝锭为由，向 N 银行 D 分行申请开立 2 份信用证。后德某公司逾期未通过德恒公司偿还，致使 N 银行 D 分行形成垫付，扣除保证金及 D 恒公司自有账户资金，N 银行 D 分行损失 5080 万元。

2012 年 12 月~2013 年 1 月，使用以上虚假的铝锭质押骗取 N 银行 D 分行贷款 1.8 亿元。

6. 诈骗某自治区 T 银行。2013 年 3 月 25 日，利用已出库的铝锭货物信息制作 1 份某某公司铝锭仓单，以某自治区 T 诚公司名义骗取某自治区 T 银行 5 亿元的授信额度。

7. 诈骗某自治区 Q 银行。2013 年 8 月，使用伪造的 5818.99 吨某某公司铝锭仓单为 W 公司向某自治区 Q 银行申请的 1 亿元授信提供质押担保。骗取某自治区 Q 银行开立 1 份 1095.01 万美元的信用证并形成垫付。

8. 诈骗某自治区 K 银行。2013 年 11 月，将伪造的 3.8 万吨某某公司铝锭仓单及货押授信质押监管协议交给某自治区 K 银行，以德恒公司名义骗取某自治区 K 银行 4 亿元年度综合授信额度。

9. 诈骗 L 银行 W 分行。2014 年 2 月 20 日，假冒某某公司名义与 L 银行 W 分行签订仓单质押合作协议，并在仓单质押合作协议及王某 1 安排鸿某业务人员制作的某某公司仓单上加盖私刻的某某公司印章，以新某联公司名义骗取 L 银行 W 分行 3.44 亿元综合授信额度。

2014 年 4 月 2 日，为骗取 L 银行 W 分行授信，伪造 2 份某某公司铝锭仓单，骗取 L 银行 W 分行 5 亿元承兑汇票贴现使用。

10. 诈骗某自治区 Z 银行。2013 年 5 月 30 日，被告人陈某以德某公司名义与某自治区 Z 银行签订最高额保证合同，为 Z 诚公司融资授信提供连带担保，骗取该行 7 亿元融资授信额度。

11. 诈骗某 S 银行 D 分行。2013 年 11 月，被告人陈某明知被告单位德某公司、C 市德某公司实际经营状况不符合申请银行贷款和担保的条件，安排财务人员向 S 银行 D 分行提交虚假的 C 市德某公司审计报告等资料，骗取该行 2 亿元的授信额度。

【案例分析】

1. 德系公司实施的骗取银行贷款和信用证的手法，都是以少量的氧化铝、电解铜仓单，以少充多、伪造仓单、以假仓单骗真仓单、私刻其他公司印章的手法，通过抵押、回购等途径，骗取银行的贷款和信用证，屡屡得手。

2. 实际上大多数虚假仓单，只要认真甄别，是可以识破的，但是，受骗银行基本忽略了这一点。为什么会这样呢？

一是偷梁换柱。德系公司先是代理中某运公司进口电解铜存入某市 Z 国际物流公司保税仓库。私刻其代理公司印鉴，伪造 3 份 Z 国际物流公司电解铜仓单质押于 J 依公司，欺骗 J 依公司出具 3 份监管仓单。再安排业务人员制作销售上述监管仓单给香港中 W 公司的合同。又安排他人以香港中 W 公司名义与英国某银行签订合同，将上述监管仓单销售给英国某银行，并签订回购合同，以此骗取英国某银行货款 993.74 万美元，折合人民币 6072.06 万元。一系列操作如行云流水，环环相扣，最后，形成民事纠纷。这里代理 Z 国际物流公司进口的电解铜，实际上原地未动，所以不容易被 Z 国际物流公司发现。后面由假仓单，变成了真仓单，通过与仓单销售与回购，骗取英国某银行货款。这里关键点是假仓单的出笼，接手公司缺乏鉴定识别手段，诈骗公司很容易得手。英国某银行对于真仓单的销售和回购是很难发现的，但若严格谨慎的银行，如果认真追索一下仓单的源头，询问一下仓单的主人 Z 国际物流公司，就可以识破德系公司的诈骗真面目。

二是行贿买假仓单。行贿收买某仓储公司副经理张某，利用担任其某公司副经理的职务便利，为"德某系公司"在某公司存放的氧化铝、铝锭等货物开展仓储、运输、融资业务提供帮助。张某明知"德某系公司"在某公司库存货物数量不足以出具仓单或者不够质押数量，仍为其出具仓单、监管货物。"德某系公司"以此骗取的仓单，向银行抵押授信。尽管某市建行，专门派员两次到仓储公司核实，都被"德某系公司"私刻的某公司印章，给某市建行提供虚假核库确认。

作为银行受骗，严格来说是可以避免的，主要是没有进行原始进货单的核查，对于某仓储公司的仓单没有论证；也没有进行两次核查，只是去取证，不是去核查。没有核查"德某系公司"仓储物质的进库手续；没有查氧化铝、铝锭等货物的购买手续；没有核对仓储公司的真假，从而使"德某系公司"诈骗贷款得手。

三是直接伪造仓单。"德某系公司"直接伪造仓单为关联公司抵押担保，骗取银行信用证。直接伪造仓单其实是很容易查证的，但往往由于盲目信任，而忽视了核实的重要环节，使其诈骗信用证，轻而易举地得手。

四是以关联的假担保，骗取银行巨额信用证。由于公司业务做得非常大，以至于一些银行完全放松了警惕，"德某系公司"只需信用担保，就取得了7亿元的银行信用证。

【案例启示】

1. 如何防范仓单质押贷款的诈骗风险。

仓单质押贷款作为物流和供应链金融一种常用的金融产品，是解决流通企业及生产企业资金困难的一种有效途径，也为金融和类金融行业带来了新的经营空间。但对于金融机构来说，新的经营空间也带来了新的挑战。仓储企业的管理水平不同，仓单的格式、内容以及操作程序、标准还不统一，差异很大，如果对于实际情况不熟，仓单真假识别有误，就为仓单质押贷款诈骗提供了机会。

一是从各个方面论证真假仓单，防范假仓单的风险。仓单是否真实存在，是仓单质押贷款最基础的问题。然而，由于各方面的原因，特别是不法商家和仓储管理人员的道德风险，制造假仓单的案件时有发生，本案就是一个典型案例。要杜绝假仓单，要从仓单物质的购买、运输、入库的全过程进行尽职调查，了解其资金流、物流的全部手续凭证。

为确认仓单的真实性，仓单质押贷款不能只是金融部门与借款企业的经济法律关系，还应将仓储企业纳入其中，签署"三方合作协议"，仓储企业要签订"协助保证书"，承诺配合仓单质押业务的进行，从而为质押合同顺利执行提供保证。

二是防范以少充多、以劣充优的仓单风险。

第一，防范以少充多的风险。在仓单数量上做文章是仓单抵押诈骗的惯用手法之一，主要是不良商家收买仓储企业管理人员，篡改仓单数据，欺骗金融贷款和担保机构。防范的主要措施还是调查了解仓单物质资金流、物流的全部手续凭证，因为不良商家可能串通一家单位造假，但是与多家单位串通造假很难，调查全部手续凭证，可以较好地防范假仓单风险。

第二，防范以劣充优的风险。仓单质押融资业务一个重要环节是仓单质押货物评估事宜，以假冒伪劣产品充当优质产品的事情时有发生。因此，金融和担保机构一定要选择资质好、信誉佳、水平高的评估机构和质量检测机构，对仓单物质进行评估检测验收。

三是防范仓单物质来源合法性风险。金融和担保机构要注意质物来源的合法性，非法途径获得物资、走私及违禁物品，法律明确规定质押无效。

2. 加强金融和担保机构自身的管理。

一是对于任何大宗物资的抵押都要慎之又慎。仓储的核查要有追索物资源头到底的精神，不能轻信一般的仓单，要通过购买手续、进出口手续、入库手续、质检手续、装卸手续等反复论证抵押物资的真实性。

二是不能盲目相信所谓全国性大公司、上市公司、连锁集团的信用力，特别是爆发性发展的平台贸易、资产运营公司、高新科技公司，一切以实际的资金、物资为准。

三是对于贸易的真实性、科学性、逻辑性要认真研究，销售又回购的业务要慎重，是真贸易还是套资金洗钱，必须认真甄别。

【关联法规】

《中华人民共和国刑法》第一百九十三条①规定，【贷款诈骗罪】有下列情形之一，以非法占有为目的，诈骗银行或者其他金融机构的贷款，数额较大的，处五年以下有期徒刑或者拘役，并处二万元以上二十万元以下罚金；数额巨大或者有其他严重情节的，处五年以上十年以下有期徒刑，并处五万元以上五十万元以下罚金；数额特别巨大或者有其他特别严重情节的，处十年以上有期徒刑或者无期徒刑，并处五万元以上五十万元以下罚金或者没收财产：（1）编造引进资金、项目等虚假理由的；（2）使用虚假的经济合同的；（3）使用虚假的证明文件的；（4）使用虚假的产权证明作担保或者超出抵押物价值重复担保的；（5）以其他方法诈骗贷款的。

---

① 《中华人民共和国刑法》，国家法律法规数据库，https：//flk. npc. gov. cn/detail2. html？ZmY4 MDgxODE3 OTZhNjM2 YTAxNzk4 MjJhMTk2 NDBjOTI% 3D.

案例 53

假房产证、土地证骗取担保贷款

【案例介绍】①

2007 年 7 月，被告人韩某某与他人共同注册成立了 H 公司，韩某某系 H 公司法定代表人和实际控制人。2013 年，韩某某以购买 F 公司名义找到该公司实际控制人康某，向康某索要了 F 公司位于某市 A 区两幢房产的房产证和土地使用权证复印件，康某在复印件上均注明了"此复印件不做贷款依据"，但双方并未就购买事宜达成明确的一致意见。

2014 年初，为了获得银行贷款，韩某某找到市农业担保公司，以 H 公司借款用途为支付汽车款为由要求市农业担保公司提供贷款担保，市农业担保公司提出需要第三方反担保，韩某某谎称其准备收购 F 公司，F 公司已经同意以公司名下的房产、土地作为反担保，骗取了市农业担保公司的同意。

2014 年 1 月，韩某某通过伪造 F 公司印章、找人冒充 F 公司法定代表人的方式，与市农业担保公司签订了《房产最高额抵押担保合同》《土地使用权最高额抵押担保合同》，同时以 H 公司的名义与市农业担保公司签订了《担保服务协议（最高额担保）》，骗得市农业担保公司为其贷款提供担保服务。随后，韩某某利用其获取的 F 公司房产证及土地使用权证复印件，伪造了 F 公司虚假的《房产他项权证》《土地他项权利证明书》交给了市农业担保公司。韩某某并向市农业担保公司交纳了担保费 17.5 万元。

① 中国裁判文书网（2020）鄂 06 刑终 62 号.

2014 年 2 月，市农业担保公司与 L 银行签订《最高额保证合同》《保证金最高额质押合同》，为 H 公司作担保。L 银行于 2014 年 2 月 10 日向 H 公司发放了 700 万元贷款，以上贷款随即被韩某某转出并大部分用于偿还债务，其中 100 万元以购买 F 公司为由，于 2014 年 2 月 11 日转至康某实际控制的 S 市政工程有限公司账户，在此期间双方并未达成购买协议。同年 4 月 1 日，康某在韩某某一直没有购买行为的情况下将该款退回，韩某某将其中 77.5 万元转入 R 投资担保有限公司用于支付保证金和担保费，剩余款项转给其妹韩某用于他用。

贷款到期后，韩某某只偿还了贷款本金 91.09 万元，市农业担保公司为其代偿了银行贷款本金共计 608.90 万元。2017 年，市农业担保公司向法院起诉 H 公司和韩某某等人过程中，发现韩某某提供了虚假的反担保材料，遂向公安机关报案。接到市农业担保公司报案后，公安机关于 2017 年 6 月 16 日对韩某某立案侦查并上网追逃。2018 年 11 月 16 日，韩某某被抓获归案。

【案例分析】

这是一起典型的伪造虚假《房产他项权证》《土地他项权利证明书》的诈骗贷款案件。当事人以找人冒充 F 公司法定代表人的方式，与市农业担保公司签订了《房产最高额抵押担保合同》《土地使用权最高额抵押担保合同》，同时以 H 公司的名义与市农业担保公司签订了《担保服务协议（最高额担保）》，从而骗取市农业担保公司担保，在 L 银行骗取贷款 700 万元。

这里有四假：一是假《房产他项权证》；二是假《土地他项权利证明书》；三是假法人代表；四是假贷款用途。对于这四假是比较容易识破的，但是，遗憾的是市农业担保公司全部忽略了。按理说，《房产他项权证》和《土地他项权利证明书》都需要持证方和担保公司共同到房产和土地部门去办理，或者由担保机构到房产和土地部门去核验。市农业担保公司完全忽略这些环节，从而酿成错误。假法人代表的论证，更是容易辨别，查验工商执照、法人代表身份证就能够做到，由于担保公司的工作不严谨，让诈骗贷款案轻易形成了。

【案例启示】

1. 这是一起不应该发生的案件，现实中却经常出现类似的案例。从担保公司自身的角度讲，还是管理上存在漏洞，各个环节缺乏核查监督程序，缺乏责任机制，缺乏问责机制，缺乏严格的管理制度。

2. 房屋他项权证和假土地证和假土地他项权证怎么辨别真假？

辨别房屋他项权证和假土地证、假土地他项权证真假，最快捷的方法是到房产土地部门进行调查核实，不要轻信当事人的承诺和担保。

具体辨别房屋他项权证和假土地证、假土地他项权证真假，需要一定的专业知识，主要从以下几个方面来判断：看封面、看纸张、看图案、看底纹、看盖章、看图纸、看花边等，将用于抵押的证件与真实的证件进行对比分析，防止受骗。

【关联法规】

《中华人民共和国刑法》第二百二十四条①规定，【合同诈骗罪】有下列情形之一，以非法占有为目的，在签订、履行合同过程中，骗取对方当事人财物，数额较大的，处三年以下有期徒刑或者拘役，并处或者单处罚金；数额巨大或者有其他严重情节的，处三年以上十年以下有期徒刑，并处罚金；数额特别巨大或者有其他特别严重情节的，处十年以上有期徒刑或者无期徒刑，并处罚金或者没收财产：（1）以虚构的单位或者冒用他人名义签订合同的；（2）以伪造、变造、作废的票据或者其他虚假的产权证明作担保的；（3）没有实际履行能力，以先履行小额合同或者部分履行合同的方法，诱骗对方当事人继续签订和履行合同的；（4）收受对方当事人给付的货物、货款、预付款或者担保财产后逃匿的；（5）以其他方法骗取对方当事人财物的。

---

① 《中华人民共和国刑法》，国家法律法规数据库，https://flk.npc.gov.cn/detail2.html?ZmY4MDgxODE3OTZhNjM2YTAxNzk4MjJhMTk2NDBjOTI%3D.

案例 54

假应收款骗取保理贷款

【案例介绍】①

王某某系 G 工贸有限公司（以下简称 G 公司）、B 科技有限公司（以下简称 B 公司）、Z 工贸有限公司（以下简称 Z 公司）、E 科贸有限公司（以下简称 E 公司）实际控制人。

2014 年 6 月，王某某向 A 资产管理公司（以下简称 A 管理公司）提供了虚假的 G 公司与 D 有色金属公司（以下简称 D 有色公司）的阴极铜购销合同、增值税专用发票、付款通知单等，谎称 G 公司享有 D 有色公司 6126.09 万元的债权。同年 6 月 3 日，王某某得知 A 管理公司要核查上述债权后，便筹集资金通过 E 公司以货款的名义向 D 有色公司账户汇入 6320.5 万元。A 管理公司债权核查完毕后，王某某立即要求 D 有色公司返还该笔债权。同年 6 月 5 日，D 有色公司向 G 公司支付 6309 万元。同年 6 月 19 日，王某某隐瞒 G 公司已经不享有 D 有色公司债权的事实，以 G 公司名义与 A 资产管理公司签订了《债权转让协议》《委托清收协议》《股权质押合同》等协议，骗取 A 资产管理公司发放的债权转让款人民币 5000 万元。

2014 年 8 月，王某某以 F 天公司的名义向 C 银行开发区支行申请保理款，安排人员在 C 银行开发区支行出具的《国内保理项下三方协议》《应收账款债权转让通知书》上加盖伪造的 T 公司公章，与 C 银行开发区支行签订

---

① 中国裁判文书网（2017）鄂刑终 256 号.

保理合同，骗取 C 银行开发区支行发放的保理款 3000 万元。

2014 年 9 月初，王某某以 G 公司的名义向 C 银行开发区支行申请保理款，安排人员在 C 银行开发区支行提供的《国内保理项下三方协议》《应收账款债权转让通知书》上加盖伪造的 D 公司公章，通过签订保理合同的方式骗取 C 银行开发区支行发放的保理款 2000 万元。

2014 年 9 月中旬，王某某以 B 公司的名义向 C 银行开发区支行申请保理款，安排人员在 C 银行开发区支行提供的《国内保理项下三方协议》《应收账款债权转让通知书》上加盖伪造的 P 集团物流公司公章，通过签订保理合同的方式骗取 C 银行开发区支行发放的保理款 1200 万元。

2014 年 9 月底，王某某以 G 公司的名义向 C 银行开发区支行申请保理款，安排人员在以银行开发区支行提供的《国内保理项下三方协议》《应收账款债权转让通知书》上加盖伪造的 D 有色公司公章，通过签订保理合同的方式骗取 C 银行开发区支行发放的保理款 3000 万元。

2014 年 10 月，王某某再次以 F 天公司的名义向 C 银行开发区支行申请保理款，通过与 C 银行开发区支行签订保理合同的方式，骗取 C 银行开发区支行发放的保理款人民币 2000 万元。

2014 年 11 月初，王某某为获得 C 银行开发区支行发放给 Z 公司 1000 万元的借款，委托 J 融资担保有限公司（以下简称 J 公司）为上述借款提供担保。安排人员在 J 公司提供的《应收账款质押三方协议》上加盖伪造的知名 S 汽车公司公章，骗取 J 公司为上述借款提供担保并承担连带责任。债务到期后，因王某某潜逃，J 公司为此已向 C 银行开发区支行代为清偿该笔借款本金及利息。

王某某以非法占有为目的，在签订、履行合同过程中，骗取有关单位财物共计人民币 1.72 亿元，骗取的上述资金主要用于偿还前期债务、银行贷款以及个人使用。2014 年 11 月中旬，王某某明知其公司早已资不抵债、无力还款，即携款潜逃至斐济共和国。2015 年 3 月 5 日，经公安人员劝返，王某某从斐济共和国返回中国。

【案例分析】

王某某犯罪实施骗贷的主要手段是伪造债权，制造虚假的应收款，再从银行申请保理贷款，并屡屡得手。王某某伪造的债务单位都是知名的大企业，如D有色金属有限责任公司、T公司、H有色公司、P集团物流公司、S汽车公司等，购销合同、增值税专用发票、转款凭证等，然后，违法私刻大公司公章，在《国内保理项下三方协议》《应收账款债权转让通知书》上加盖伪造的公章，从而蒙混过关，骗贷金额达到1.72亿元。

王某某在D有色金属有限责任公司的债权是暗度陈仓的手法，先将资金汇到D有色金属有限责任公司形成真债权，债权核查完毕后，又立即返还该笔债权，使真债权变成了假债权，以达到骗贷的目的。这种骗贷的手法是比较难以识破的，以至于省级类金融机构也上当受骗。

王某某在C银行开发区支行骗取的三笔保理贷款，都是伪造的《国内保理项下三方协议》《应收账款债权转让通知书》，加盖债务单位的假公章，银行根本没有到债务单位去核实应收款的真伪，就盲目相信了债权的存在，认为这样的大企业应收款回收是肯定没有问题的，这样的保理贷款是非常难得的金融业务，所以，放松了警惕，从而上当受骗。

金融机构上当受骗的主要原因。

一是风险意识淡薄，规章制度不严，环节把关有漏洞。骗保骗贷之所以得逞，原因多种多样，最根本的原因，还是担保和金融机构自身管理有漏洞。伪造的《国内保理项下三方协议》《应收账款债权转让通知书》，只要到债务单位去核实一下就露馅了。然而，担保和金融机构盲目相信当事人，让其自己办理，给了其以假充真的空间和时间。

二是盲目相信当事人的信用，以情感代替制度，只顾形式，不顾实际，使其瞒天过海。

三是对于央企存在盲目轻信的思想，认为央企的应收款，是没有风险的，做央企的担保保理业务是机会是资源，应该及时抓住，从而放松了警惕。

四是对于真债权变成假债权防备不足，只确定了债权，没有办理《国内保理项下三方协议》《应收账款债权转让通知书》，还是让当事人钻了空子。

【案例启示】

本案是典型的假应收款骗取保理融资的案例，总结经验教训，在从事保理金融业务中为了防范假应收款的风险，主要做好以下工作。

1. 真假应收款的调查。真假应收款通常是比较容易调查清楚的，本案主要是金融部门盲目相信保理企业放弃了调查。保理业务首先需要确定的是应收款的真实性。核查应收账款形成的原始业务合同原件，了解应收款形成的时间、原因，掌握应收账款债务人的基本情况、经营状况等具体内容。

为了进一步确认应收款的真实性，还需要收集债权人履行合同的发货单、应收账款债务人的收货单、验收合格证明，最大限度地保证应收账款具有真实的交易背景并且已经形成应收账款。

2. 应收款的可靠性调查。应收款是否存在相互欠款、法律纠纷情况；债务方履约能力很低，甚至涉于破产。

3. 应当尽可能开展公开型的保理业务。签订保理商、债权人、债务人三家关于应收款转让的合同，明确应收账款转让的法律经济关系，确保后期业务操作各自的法律经济责任。签订三家关于应收款转让的合同不方便的情况下，金融和担保机构可以向应收账款债务人发询证函，并取得应收账款债务人的书面确认，具有真实的应收账款，债务人同意通过指定应收账款结算账户还款。

4. 审慎开展隐蔽型保理业务，注意采取有效管控手段。

（1）对于债务方要严格把控准入门槛。只有债务方有充分的经济实力，有良好的银行信誉的企业，才能考虑开展隐蔽型保理业务。

（2）重点核实交易的真实性。从本案例来看，越是有充分的经济实力，有良好的银行信誉的企业，越要防止虚假的行为，防止以假乱真。

（3）严格按照制度要求，完善合同条款，可以合同约定卖方在发票上指定保理专户作为回款专户。

5. 下列应收账款建议不能设立质押：一是应收款保理贷款企业同时欠应收账款债务人的钱，即存在对冲账的应收款；二是有争议有瑕疵的应收账款；三是公益性质的民事主体基于公益而产生的收费权不宜质押。对此，法律法规有明确规定。

保理业务中的风险大多数源自欺诈。作为对应收账款提供的金融服务，保理业务的主要单据通常是卖方提供的合同、发票、货运单据以及其他需要的相关文件，难以从根本上完全杜绝欺诈的产生，但是大多数欺诈可以从正式开展业务前发现征兆并避免。

保理欺诈监测与防范通常包括欺诈监测、欺诈调查、采取措施和欺诈防范四个部分，组成一个相互关联、紧密衔接的过程，任何一个部分出现疏忽都可能为欺诈提供可乘之机。

【关联法规】

《中华人民共和国刑法》第一百九十三条①规定，【贷款诈骗罪】有下列情形之一，以非法占有为目的，诈骗银行或者其他金融机构的贷款，数额较大的，处五年以下有期徒刑或者拘役，并处二万元以上二十万元以下罚金；数额巨大或者有其他严重情节的，处五年以上十年以下有期徒刑，并处五万元以上五十万元以下罚金；数额特别巨大或者有其他特别严重情节的，处十年以上有期徒刑或者无期徒刑，并处五万元以上五十万元以下罚金或者没收财产：（1）编造引进资金、项目等虚假理由的；（2）使用虚假的经济合同的；（3）使用虚假的证明文件的；（4）使用虚假的产权证明作担保或者超出抵押物价值重复担保的；（5）以其他方法诈骗贷款的。

---

① 《中华人民共和国刑法》，国家法律法规数据库，https：//flk. npc. gov. cn/detail2. html？ZmY4MDgxODE3OTZhNjM2YTAxNzk4MjJhMTk2NDBjOTI%3D.

案例 55

不实股权质押骗取担保贷款

【案例介绍】①

2011 年 5 月 27 日，王某某向马某借款 300 万元注册成立了 F 鞋业公司。2011 年 5 月 31 日，王某某将公司注册资金转出偿还借款。2011 年 9 月 6 日，王某某向马某借 700 万元用于 F 鞋业公司增资。次日，王某某增资成功后将该款转出偿还借款。王某某在成立 F 鞋业公司之前即拖欠他人巨额借款，在 F 鞋业公司成立后，无资金进行投资建厂、生产、经营，王某某欲通过担保公司提供担保的方式向银行贷款。王某某向新区担保公司提供了虚假的采购合同、销售合同、F 鞋业公司利润表、资产负债表，并向 X 担保公司出质价值严重不实的 F 鞋业公司 400 万元股权，虚构个人良好信用，向担保公司提供个人信用担保书，骗取了 X 担保公司的信任，同意为 F 鞋业公司贷款 800 万元提供担保，承担连带担保责任。

2012 年 7 月 20 日，王某某虚构 F 鞋业公司向 T 商贸有限公司购进布匹的事实，骗取某银行的信任，与某银行签订出口信用证打包贷款合同，获得贷款 340 万元。

2012 年 9 月 20 日，王某某利用 F 鞋业公司与王某某实际控制的 H 服饰有限公司签订的虚假工矿产品购销合同，骗取某银行信任，与某银行签订出口信用证打包贷款合同，从该行获得贷款 140 万元。

① 中国裁判文书网（2015）宿中刑终字第 00266 号.

2012 年 10 月 13 日、11 月 20 日，王某某采取上述同样手段，利用 F 鞋业公司与 H 服饰公司签订的虚假工矿产品购销合同，骗取某银行信任，与某银行签订出口信用证打包贷款合同，获得贷款 650 万元。

贷款到期后，王某某潜逃外地并改变联系方式。2013 年 2 月 6 日，某银行从 X 担保公司账户中划走 652.73 万元，用于偿还 F 鞋业公司的贷款及其利息，王某某因骗取贷款罪受到法律制裁。

【案例分析】

1. 当事人王某某在债务缠身的情况下，借钱成立空壳公司，通过编造虚假采购合同、销售合同，公司利润表、资产负债表，并向 X 担保公司出质价值严重不实的 F 鞋业公司 400 万元股权，虚构个人良好信用，向 X 担保公司提供个人信用担保书，骗取了 X 担保公司的信任，同意为 F 鞋业公司贷款提供担保。向 H 商银行累积贷款 1130 万元，最终造成 650 多万元的贷款无法归还。一个没有工厂、没有人员、没有经营、没有抵押物的虚假工厂，能够骗得担保公司的信任，为其提供 800 万元贷款有连带担保责任的担保。有许多教训值得总结。一是当事人胆大妄为，编制一系列假报表遮人耳目，善良的人难以想象；二是出质 400 万元的股权，具有一定的欺骗性，让人难辨真假；三是担保公司管理制度形同虚设，尽职调查纸上往来、没有深入实际；四是银行信贷缺乏责任机制，单纯依赖担保公司担保，谈不上尽职调查和审核把关。为此一套虚假资料骗取一笔糊涂担保，再带来一笔糊涂贷款。这样的事情好像是天方夜谭，现实中却时而出现，说明金融担保和银行信贷的风险控制，任重而道远。

2. 空壳公司、虚设股份、虚假业务是担保公司和银行信贷的三大风险源。从以上案件中我们可以看出，担保公司和银行对空壳公司的审查、对虚设股份的甄别、对虚假业务的核实三方面均存在风险把控不足的情况。

首先，王某某这种办理空壳公司的情况屡见不鲜，该公司并没有实际注册资金，偿债能力极弱。

其次，增资 700 万元，使股份达到 1000 万元，实为虚设，以便骗贷。

最后，虚构 F 鞋业公司向 T 商贸有限公司购进布匹的事实，虚假工矿产品购销合同是骗取担保公司和银行信贷的烟幕弹。

【案例启示】

1. 本案是一个利用空壳公司进行骗贷的案例，空壳公司骗贷的情况时有发生，识破空壳公司是金融和担保机构的一项基本功。识别空壳公司注意以下几点：

（1）空壳公司的法定代表人往往不是实际控制人。实际控制人通常不亲任公司法定代表人，目的是逃脱实施骗贷后的追债或法律责任。

（2）公司注册资本往往很大，实则名不副实。空壳公司为了达到骗贷的目的注册资本往往很大，通常达到几百万元、几千万元，甚至上亿元的规模。为此，判断公司的真假看公司的注册资本是次要的，更要看公司的现金流量、公司的纳税情况等。

（3）空壳公司基本没有实际经营活动。空壳公司通常成立的时间不长，经营活动不多，公司的账目和银行账户交易流水很少，较少进行纳税申报，工作人员没有社保记录等。发现以上情况，金融和担保机构要特别警惕。

（4）经营项目通常很新颖、前沿、高科技，具有一定的迷惑性和隐蔽性。空壳公司常常根据社会经济发展的热点，编造高科技、新能源、新材料和招商引资大项目、好项目，欺骗地方政府的信任，从而骗取金融和担保机构，以合法公司作为"掩体"实施诈骗等各种违法犯罪活动。其犯罪行为往往具有连续性，危害巨大。

2. 金融和担保机构如何识破虚假贸易融资。

一是到企业实地调查。调查企业经营工商执照、经营年限、经营业绩、收入、支出、效益，核实基本资料是否属实合法。

二是严格审核贸易合同。核查贸易合同的另一方是否客观存在，贸易合同是否真实，是否具有法律效力，是否具有合理性，是否双方真实意图的体现等方面。

三是调查核实企业银行的结算账户。该账户是否为临时账户，是否经常有资金流动，业务往来结算是否正常等。

四是审核公司申请贷款金额与公司经营方向、经营规模是否匹配。了解公司经营范围专业与贸易合同是否相关，与经营规模是否相当，与公司的经营情况是否相符。

【关联法规】

根据最高人民法院于 2000 年 9 月 20～22 日在湖南省长沙市召开全国法院审理金融犯罪案件工作座谈会形成的《全国法院审理金融犯罪案件工作座谈会纪要》① 的精神，在司法实践中，对于行为人通过诈骗的方法非法获取资金，造成数额较大资金不能归还，并具有下列情形之一的，可以认定为具有非法占有的目的：（1）明知没有归还能力而大量骗取资金的；（2）非法获取资金后逃跑的；（3）肆意挥霍骗取资金的；（4）使用骗取的资金进行违法犯罪活动的；（5）抽逃、转移资金、隐匿财产，以逃避返还资金的；（6）隐匿、销毁账目，或者搞假破产、假倒闭，以逃避返还资金的；（7）其他非法占有资金、拒不返还的行为。但是，在处理具体案件的时候，对于有证据证明行为人不具有非法占有目的的，不能单纯以财产不能归还就按金融诈骗罪处罚。

---

① 《全国法院审理金融犯罪案件工作座谈会纪要》，最高人民法院在湖南省长沙市召开全国法院审理金融犯罪案件工作座谈会的会议纪要，https://www. customslawyer. cn/portal/fgk/detail/id/65662. html.

案例 56

担保公司中介职务侵占犯罪

【案例介绍】①

刘某某是金融租赁公司的中介代理人，在某地区长期为购车客户提供汽车贷款业务，在购车客户需要办理汽车贷款时，经车行联系，后在刘某某的操作下，促使多家金融公司与不同的购车客户分别签订了融资回租合同、汽车专项分期付款合同、汽车贷款合同、融资租赁合同等合同，刘某某从中抽取提成。在贷款金额审批下来后，融资公司便将相关贷款打入刘某某的账户内，委托其将该款项转给车行，但刘某某未按融资公司的委托要求转给车行，受网上认识网友放贷盈利的诱惑，为了放贷盈利，将本该转账给车行的客户贷款转账给网上认识的网友。将相关款项共计 58.44 万元转给他人以作他用，数额较大，其行为已构成职务侵占罪。其案发时，刘某某代客户保管的贷款转账给网友均未追回。被告人刘某某犯职务侵占犯罪判处有期徒刑三年零六个月。

【案例分析】

1. 被告人刘某某是融资租赁公司的中介代理人，从事着融资中介服务工作，对于融资业务的拓展有着积极的意义。然而，对于融资中介人员如何管理需要严格的制度和操作程序，本案例从管理程序的角度讲，存在管理漏洞。

---

① 中国裁判文书网（2018）黔 0422 刑初 163 号.

在资金运行程序上，将中介人作为一个环节，是不科学的，贷款应该直接到贷款人和回租人的账户，经过中介人账户就多了一份代理人风险。

2. 代理人风险问题。美国经济学家伯利和米恩斯在20世纪60~70年代首先提出了委托代理理论。他们认为"委托—代理"的关系在社会经济活动中，包括在市场交易中，普遍存在。委托人通常是产权、资产、资源的所有人，代理人通常是实际经营者、受托者。代理人没有所有权，拥有经营权，有可能在信息不对称的条件下，利用自己拥有的知识优势和信息优势，损害委托人利益，谋取自身利益，这就是说存在代理人的道德风险问题。融资交易代理人的道德风险主要是指作为信息在各层级委托代理人之间极其不对称，以及金融管理制度的不完善为代理人的道德风险提供了空间。如何防范代理人道德风险，在法律规制、透明管理、权力制衡、监督机制等方面，值得我们去探讨研究。

【案例启示】

1. 本案犯职务侵占罪的是中介代理人员，实际上类金融机构的工作人员也有可能存在同样的问题，如果管理不严，当事人法律风险意识淡漠，就有可能利用自身的权力，利用信息不对称的机会，侵占挪用公司的资金，谋取私人利益，以致犯罪。这里要做到"三不"，即加强教育、强化信念，不想侵占；加强打击力度、从严处置，不敢侵占；更重要的加强制度机制建设，做到不能侵占、无法侵占。

2. 打造优良的金融生态环境是类金融企业一项重要任务。强化监管"减"风险。建立风险防控的监管工作机制，研究制订类金融机构业务规模和风险状况相适应的监管制度，强化类合法经营，降低违规风险。同时，建立风险日常排查机制，建立对企业的"投资管理""资产管理""资本管理""财富管理"日常排查制度，及时消除风险隐患。

建立风险评估机制。建立日常经营和管理风险评估制度，准确掌握类金融业务的运行风险，有效实施风险为本的防范监管，切实提升类金融机构风险管理。

建立日常检查机制。加大对高风险业务和典型问题的执法检查力度，查深查实存在的问题，并按要求落实整改，提升检查质效，防范金融风险。

加强科技赋能，依托监测预警平台，及时处置金融风险线索，研判风险，第一时间进行核查反馈，做到防早防小、打早打小，营造安全稳定的良好金融生态环境。

3. 关于防范"中介代理"侵害融资业务的正常开展。近年来，我国银行业类金融服务业稳健发展，金融服务产品的推陈出新不断地满足人民日常生活中的各种需求，为不同行业提供金融保障。然而，当人们享受着金融服务带来的便利的时候，一些"中介代理"以"快捷、低成本""代理维权"名义，怂恿消费者委托其办理快捷贷款服务，收取高额手续费。此类非法代理活动已形成黑色产业链，简称"黑产"，严重扰乱了金融市场秩序，侵害消费者合法权益，广大消费者要注意防范警惕以下风险。

一是虚假承诺，谎称"快捷、低成本"。一些购买房屋、汽车的消费者由于急于获得贷款资金，常常被"黑中介"人员利用，他们冒充监管、金融机构从业人员或法律工作者，谎称能够"快捷、低成本"贷款，向消费者收取高额手续费，导致消费者财产损失。

二是个人信息泄露，暗藏安全隐患。"黑中介"人员，以获取授权为由，要求消费者提供身份证、银行卡、家庭住址、通讯录、保险合同等敏感信息，存在个人信息被非法使用、买卖等风险，严重危害消费者人身安全及财产安全。

三是谋取非法利益。"黑中介"人员获取消费者委托后，以被委托人名义，违背诚信甚至突破法律底线，扰乱金融市场正常秩序，还可能涉嫌违法犯罪。

【关联法规】

《中华人民共和国刑法》第二百七十一条①规定，公司、企业或者其他单位的工作人员，利用职务上的便利，将本单位财物非法占为己有，数额较大的，处三年以下有期徒刑或者拘役，并处罚金；数额巨大的，处三年以上十年以下有期徒刑，并处罚金；数额特别巨大的，处十年以上有期徒刑或者无期徒刑，并处罚金。

---

① 《中华人民共和国刑法》，国家法律法规数据库，https：//flk. npc. gov. cn/detail2. html？ZmY4MDgxODE3OTZhNjM2YTAxNzk4MjJhMTk2NDBjOTI％3D.

案例 57

担保公司参与做假诈骗银行贷款

【案例介绍】①

2014 年年初，J 担保有限公司法定代表人刘某某找到 H 担保有限公司唐某，协商由 H 担保公司担保帮杨某向 L 银行申请贷款，刘某某答应给唐某使用部分贷款。为使杨某获取银行贷款，刘某某开会组织公司员工使用虚假的贷款材料申请贷款，其让蒋某负责银行流水，让雷某准备贷款材料，雷某让吴某具体负责办理杨某的贷款。吴某以杨某系并未实际开展经营活动的 B 电器有限公司法定代表人虚假身份，使用 B 电器有限公司和 S 建公司的虚假购销合同等虚假的贷款材料向 L 银行申请贷款。时任 L 银行业务部经理的高某、时任该业务部客户经理的李某未对杨某申请贷款的材料进行严格审查，按照银行贷款的程序审核通过，为杨某申请到人民币 150 万元的贷款。2014 年 5 月 15 日贷款放款后，刘某某、蒋某将其中人民币 100 万元转到其控制的账户上，另人民币 50 万元转给唐某。2017 年 1 月 L 银行起诉至市 B 区人民法院要求杨某偿还本息及担保公司、担保人对上述债务承担连带清偿责任，2017 年 8 月法院判决支持诉请；2018 年 4 月 L 银行申请执行；2018 年 10 月 11 日法院终结执行。

关于被告单位 J 担保有限公司法人代表刘某某组织员工蒋某、雷某、吴某，通过编造虚假资料为第三人骗取贷款情况，已经构成骗取贷款罪。法院

① 中国裁判文书网（2021）桂 03 刑终 391 号。

判决，在案证据足以证实，刘某某身为被告单位 J 担保有限公司的负责人，组织其公司员工使用杨某系 B 电器有限公司法定代表人的虚假身份、B 电器有限公司和 S 建公司的虚假购销合同等虚假的贷款材料向 L 银行申请贷款，其中蒋某、雷某分别负责银行流水及贷款材料，吴某具体负责办理贷款，贷款金额 150 万元，该笔贷款已造成 L 银行损失，依法构成骗取贷款罪。

【案例分析】

1. 本案担保公司法人代表帮助贷款人造假，假公司、假法人代表、假购销合同、假担保，到银行骗取贷款，性质却十分恶劣。这说明担保公司法人代表及职员，法律法规意识淡薄，公然铤而走险，以身试法。

2. 贷款银行存在管理不严、风控松懈问题。一套假资料轻而易举地就骗到了贷款，说明贷前的尽职调查、贷中的审核把关，完全走过场，制度、责任都是形式，金融机构如此管理令人遗憾。

【案例启示】

金融和担保机构随时都会面临着骗取贷款各种行为的挑战。骗取贷款罪时常出现，除了一些不良贷款人铤而走险、以身试法外，也有极少数金融和担保机构工作人员为利益诱惑，相互串通，图谋骗贷。行为人欺骗贷款通常使用以下方法：

1. 银行或者其他金融机构的贷款，通常选择前景好、效益好、现金流好的项目，行为人往往编造效益好的投资项目骗取信贷。

2. 银行或者其他金融机构的贷款，通常根据现实可靠的经济合同来决策贷款。行为人往往使用虚假的经济合同来骗取信贷。

3. 银行或者其他类金融机构的贷款，为了防范风险需要可靠的担保措施。行为人往往使用虚假的担保函、存款证明等证明文件来骗取信贷。

4. 银行或者其他类金融机构的贷款，为了防范风险，比较倾向于使用产权证书和设备物资作为担保，行为人往往使用虚假的产权证书作担保，使用虚假的仓单、信用证质押来担保，将租赁的设备或者已经抵押的设备重复用于抵押担保等来骗取信贷。

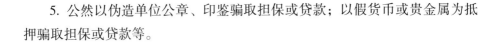

5. 公然以伪造单位公章、印鉴骗取担保或贷款；以假货币或贵金属为抵押骗取担保或贷款等。

【关联法规】

最高人民检察院、公安部于 2010 年出台的《关于公安机关管辖的刑事案件立案追诉标准的规定（二）》① 第二十七条规定，凡以欺骗手段取得贷款等数额在一百万元以上的，或者以欺骗手段取得贷款等给银行或其他金融机构造成直接经济损失数额在二十万元以上的，或者虽未达到上述数额标准，但多次以欺骗手段取得贷款的，以及其他给金融机构造成重大损失或者有其他严重情节的情形（以上简称四种情形），应予立案追诉。在此之前，公安部经侦局已率先于 2009 年作出了《关于骗取贷款罪和违法发放贷款罪立案追诉标准问题的批复》，其基本精神与上述规定也是一致的。不过应注意该解释的溯及力问题。关于刑事司法解释的时间效力，最高人民法院、最高人民检察院《关于适用刑事司法解释时间效力问题的规定》确立的是"无旧从新，有旧从旧兼从轻"的做法，且规定对于在司法解释施行前已办结的案件如果无错误就不再变动。

---

① 刑事案件管辖规定与立案追诉标准 ［M］. 北京：中国法制出版社，2021.

案例 58

对非国家工作人员行贿骗取担保

【案例介绍】①

2016年6月~2017年7月，被告人熊某某为谋取不正当利益，先后8次给予E市担保公司（国有企业）担保二部原主任胡某、担保二部原副主任鲁某某现金共计人民币150万元，胡某、鲁某某两人各分得75万元。具体事实如下：

1. 2016年1月，熊某某到E市担保公司找到时任担保二部主任胡某和副主任鲁某某，称其在某县工业园承接了道路修建项目，因资金紧张需要担保贷款，而自己银行个人征信记录不良，不能申请担保贷款，想以其哥哥熊某星承接工业园道路修建项目为由向E市担保公司申请500万元贷款担保。胡某、鲁某某表示同意。2016年3月，熊某某再次将胡某、鲁某某约至E市担保公司对面的"德华茶楼"喝茶，在喝茶过程中，熊某某请求胡某、鲁某某在申请500万元贷款担保项目过程中予以关照，事后会给予胡某、鲁某某好处费30万元，胡某、鲁某某予以默许。之后，熊某某伪造了熊某星承接某县工业园道路修建项目的相关工程合同等资料报送给鲁某某申请500万元担保贷款，胡某、鲁某某明知熊某星并非该项目的承包商，仍然为其履行了相关担保程序。2016年6月3日，该500万元贷款担保项目通过了E市担保公司审保委员会评审。同年6月12日，E市L商业银行依据E市担保公司的担保

---

① 中国裁判文书网（2020）湘07刑终123号.

手续将该笔 500 万元贷款发放至熊某某实际控制的熊某星的 L 商行个人银行账户内。

2016 年 6 月 13～15 日，熊某某为了感谢胡某、鲁某某为其贷款担保给予了关照，先后 2 次送给胡某现金共计 15 万元；先后 2 次送给鲁某某现金共计 15 万元。

2. 2017 年 1 月，熊某某到 E 市担保公司找到胡某和鲁某某，谎称自己承接了道路建设项目，因资金紧张需要担保贷款，而自己银行个人征信记录不良，不能申请担保贷款，想以其公司员工高某某承接道路建设项目为由向 E 市担保公司申请 2500 万元贷款担保，事成后会按照审批贷款担保额度的 6% 给予两人好处费，胡某、鲁某某表示同意。之后，熊某某伪造了高某某承接道路建设项目的相关工程合同等资料报送给鲁某某申请 2500 万元贷款担保，胡某、鲁某某明知高某某并非该项目的承包商，仍然为其履行了相关担保程序。2017 年 4 月 27 日，该贷款担保项目通过 E 市担保公司审保委员会评审，额度为 2000 万元，分两笔进行发放。2017 年 5 月 24 日、7 月 11 日，市 L 商业银行分 2 次将两笔 1000 万元贷款发放至熊某某实际控制的高某某的 L 商行个人银行账户内。

2017 年 5～7 月，熊某某为了感谢胡某、鲁某某为其贷款担保给予了关照，先后 4 次送给胡某、鲁某某现金共计 120 万元。

2017 年 9 月～2018 年 8 月，胡某、鲁某某先后退还熊某某及其亲属现金共计 105 万元。

贷款均未投入虚构的项目中，全部被熊某某挪作他用。事后，熊某某无法按时偿还贷款本金和利息，E 市担保公司作为担保人，偿还银行本金和利息 2084.56 万元。法院最终认定熊某某犯合同诈骗罪和行贿罪，判决有期徒刑 18 年，并处罚金人民币 70 万元。

【案例分析】

1. 这是一起典型的当事人编制假工程项目，收买担保公司工作人员，骗取担保公司担保，从而诈骗贷款的犯罪案件。当事人编制假的工程中标通知书、路桥建设集团有限公司的授权委托书、路桥集团的工程转让协议、四方协议等相关资料，轻而易举地得到了担保公司和银行的信任，再加上对担保公司经办负责人的贿赂，骗取了 2000 万元的贷款。其中担保公司的审核把关，完全是走形式，当事人利益驱使，一路过关。银行的放贷审核，也是只看担保不管实际，从而让当事人诈骗得逞。

2. 人们说堡垒最容易从内部攻破，金融最大的风险也在于内部人员的参与，只有内部人员最清楚《担保尽职调查报告》《担保审核报告》达到什么条件才能通过审批，也可以说他们知道如何造假才能通过审批。为此，加强内部人员的管理教育是防止金融风险的关键。

3. 关于金融机构工作人员参与骗贷的民事法律后果问题。金融机构工作人员参与骗贷违规行为，通常与其获得非法利益密切相关，其个人要依法承担法律责任，但由于其是以金融机构工作人员的身份来参与骗贷，其性质是职务行为，金融机构单位同样要承担民事责任，不能以工作人员的个人行为为由推卸责任。其主要依据是：

（1）根据《民法典》的相关规定，单位工作人员代表法人从事民事活动，其法律后果由法人承受。

（2）金融机构的行为是通过其工作人员的行为来体现的，工作人员实施违法犯罪给他人造成经济损失，单位存在管理不善的过错，根据过错责任原则，单位应依法承担相应的民事赔偿责任。

（3）从民事诉讼主体资格角度来看，金融机构工作人员的行为是以单位和"职务行为"的身份出现，相对人认同的是其所属金融机构单位而不是其个人身份。最高人民法院《关于适用民事诉讼法若干问题的意见》第 42 条明确规定，法人或者其他组织的工作人员因职务行为或授权行为发生的诉讼，该法人或其他组织为当事人。

【案例启示】

此案给我们提出了一个严峻的课题，就是如何加强金融机构内部人员的风险管理问题。

1. 强化金融机构内部人员的遵纪守法意识。

2. 金融机构要构建内部管理全面风险管理体系。一是完善金融业务的决策体系，充分发挥风险管理部门的作用，建立金融业务的尽职调查、证据核实、项目分析、风险评估等制度，确保决策的科学性；二是完善金融业务的责任体系，明确主体责任人制度，奖罚分明，让风险控制成为每位员工的内在准绳；三是结合金融单位自身的企业文化、员工素质、管理能力和发展阶段，不断完善全面风险管理体系，做到实用、高效、低成本。

3. 完善监督机制。金融机构要完善风险管理机制，加强风险控制部门的权力和责任；完善金融机构工作人员的监督考核机制，除了正常的业务监督考核外，还要考核其工作作风、职业道德、价值取向等。以考核的严肃性、激励和约束的到位来提升金融机构工作人员遵纪守法、职业道德水准，从而保证全面风险管理理念的贯彻落实。

【关联法规】

《中华人民共和国刑法》第一百六十四条①规定，［对非国家工作人员行贿罪］为谋取不正当利益，给予公司、企业或者其他单位的工作人员以财物，数额较大的，处三年以下有期徒刑或者拘役，并处罚金；数额巨大的，处三年以上十年以下有期徒刑，并处罚金。

为谋取不正当商业利益，给予外国公职人员或者国际公共组织官员以财物的，依照前款的规定处罚。

单位犯前两款罪的，对单位判处罚金，并对其直接负责的主管人员和其他直接责任人员，依照第一款的规定处罚。

行贿人在被追诉前主动交代行贿行为的，可以减轻处罚或者免除处罚。

---

① 《中华人民共和国刑法》，国家法律法规数据库，https：//flk. npc. gov. cn/detail2. html?ZmY4 MDgxODE3OTZhNjM2YTAxNzk4MjJhMTk2NDBjOTI%3D.

案例 59

金融机构人员渎职违法
发放贷款罪

【案例介绍】①

2001 年 6 月 21 日，被告人杨某某成立 Z 银集团公司，自公司成立之日起至 2014 年 4 月 30 日，一直担任 Z 银集团公司法定代表人。2004 年 4 月，被告人王某某担任 Z 银集团公司副总经理。

2013 年 9 月 15 日，被告人杨某某以被告单位 Z 银集团公司虚假的抵押权证，编造虚假的资金使用方式，与 X 信托公司在位于省城 Z 银集团公司办公室签订《特定资产收益权转让及回购合同》和《抵押担保合同》等从合同，合同约定 Z 银集团公司向 X 信托公司融资贷款人民币 3 亿元，约定资金用于 Z 银集团公司旗下的 Z 银城市广场酒店公寓装修。

被告人吴某、李某、孙某某分别作为 X 信托公司的业务经理、风控经理、业务员，在 Z 银集团公司向 X 信托公司申请贷款的过程中，未能严格按照 X 信托公司规定的制度履行自己的职责。被告人吴某、李某没有认真核实 Z 银集团公司提供的虚假抵押权证原件，就向 X 信托公司汇报已经核实了该抵押权证的原件；被告人孙某某伙同 Z 银集团公司副总经理被告人王某某制作虚假的抵押权证电子版蒙骗 X 信托公司，致使 X 信托公司误以为 Z 银集团公司提供了 98497.76 平方米的抵押物，而给 Z 银集团公司贷款人民币 3 亿元。

---

① 中国裁判文书网（2019）内 01 刑终 171 号.

2013 年 9 月 30 日～2014 年 4 月 14 日，X 信托公司分六次将 3 亿元人民币存入 Z 银集团公司与 X 信托公司共管的某银行账户后，Z 银集团公司未能按照约定的用途使用资金。2013 年 10 月 24 日，Z 银集团公司偿还 X 信托公司利息人民币 1050 万元。2014 年 8 月 8 日偿还利息人民币 480 万元、2014 年 9 月 4 日偿还利息人民币 800 万元、2014 年 10 月 14 日偿还利息人民币 300 万元，截至 2016 年 1 月 27 日欠付 X 信托公司本金合计人民币 2.737 亿元。

被告单位 Z 银集团公司、被告人杨某某、王某某作为 Z 银集团公司直接负责的主管人员使用虚假抵押权证骗取 X 信托公司贷款人民币 3 亿元，并没有按照约定用途使用资金，且至今仍未归还金额为人民币 2.737 亿元，其行为已构成骗取贷款罪。被告人吴某、李某、孙某某身为金融机构工作人员，违反国家规定发放贷款，至今仍未归还，其行为构成违法发放贷款罪。

【案例分析】

此案是一起数额巨大、手段却比较简单的诈骗贷款案，Z 银集团公司仅凭虚假抵押权证就骗取 X 信托公司人民币 3 亿元贷款。按说抵押权证的甄别不是很难的事情，而 Z 银集团公司的虚假抵押权证，就轻易让审核人员放行。这里 X 信托公司存在管理制度缺乏、管理机制松懈等一系列问题。

1. 抵押权证应该是金融机构与客户单位人员一起去相关部门办理，而不是由客户单位单独办理，这样可以从源头上防止虚假抵押权证的产生。此案中显然是客户单位自行办好后交由金融部门的。

2. 对于抵押权证的审核，不能简单地在办公室审核，应该到办理抵押权证的土地、房产等部门去核准、备案。此案显然忽视了这个程序。

3. 此项贷款的名义目的是用于 Z 银集团公司旗下的 Z 银城市广场酒店公寓装修，既然用于酒店公寓装修，就要根据装修合同、装修进度进行付款，有的金融机构是将资金直接付给装修公司第三方，一般不会一次性将资金付给贷款方。X 信托公司资金管理方式比较粗放，不是根据工程进度付款，而是将 3 亿元资金分六次付给 Z 银集团公司，造成资金失控。

4. 大额贷款，金融机构的尽职调查是必需的工作环节，此案中尽职调查形同虚设，仅仅签订《特定资产收益权转让及回购合同》和《抵押担保合同》，就认为贷款可行了，对于是否装修、装修后是否有效益、客户资金运转情况、原有房产是否抵押等，均没有认真调查。

【案例启示】

预防虚假抵押权证欺诈贷款的具体措施：

1. 加强金融贷款机构自身管理是最根本的措施。本案的诈骗情节非常简单，一份虚假的房产抵押权证就骗到了信托公司的 3 亿元贷款。这里不是识别贷款方的手段有多么困难，而是信托公司根本没有履行尽调、核实、评估、风控等相应的程序。也就是说，预防虚假抵押权证欺诈贷款，最根本的措施是金融贷款机构自身严格执行规章制度的问题，是自身的管理问题。从现在的案件来分析，80% 的虚假抵押权证欺诈贷款案件，都是与金融贷款机构自身管理不严有着密切的关系。

2. 认真考察反担保人的资格能力。抵押贷款和抵押担保的重要一环是需要提供反担保，对反担保人资格能力进行考察直接关系到贷款风险的控制问题。对反担保人的资信能力、信誉、反担保物的可靠性都要进行认真的考察，确保反担保的安全效力。

3. 按法律规定认真办好全套手续。抵押登记是抵押贷款、抵押担保必不可少的一个环节，必须按法律规定到不同的登记部门去办理抵押登记手续。如果没有相关部门能够办理抵押登记的，可以到当地的公证机关去办理登记手续，杜绝一切虚假抵押、合同欺诈的可能性。本案就是因为办理抵押登记的疏忽从而酿成了大错。

【关联法规】

《中华人民共和国刑法》第二百二十四条①规定，【合同诈骗罪】有下列情形之一，以非法占有为目的，在签订、履行合同过程中，骗取对方当事人财物，数额较大的，处三年以下有期徒刑或者拘役，并处或者单处罚金；数额巨大或者有其他严重情节的，处三年以上十年以下有期徒刑，并处罚金；

---

① 《中华人民共和国刑法》，国家法律法规数据库，https：//flk. npc. gov. cn/detail2. html? ZmY4 MDgxODE3OTZhNjM2YTAxNzk4MjJhMTk2NDBjOTI% 3D.

数额特别巨大或者有其他特别严重情节的，处十年以上有期徒刑或者无期徒刑，并处罚金或者没收财产：（1）以虚构的单位或者冒用他人名义签订合同的；（2）以伪造、变造、作废的票据或者其他虚假的产权证明作担保的；（3）没有实际履行能力，以先履行小额合同或者部分履行合同的方法，诱骗对方当事人继续签订和履行合同的；（4）收受对方当事人给付的货物、货款、预付款或者担保财产后逃匿的；（5）以其他方法骗取对方当事人财物的。

案例 60

合同诈骗融资租赁公司

【案例介绍】①

2007 年 11 月，被告人游某某作为主要出资人，与他人在某省 Q 州市共同成立 Q 州 WS 精密电子科技有限公司（以下简称 WS 公司），游某某任法定代表人、董事长。

2011 年，经广东省某市电子有限公司业务员张某介绍，游某某与上海市 Z 国际贸易公司法定代表人吉某某、被骗公司 D 租赁公司达成融资租赁合作意向。2011 年 12 月 31 日，游某某、吉某某、D 租赁公司签订《融资租赁合同》《委托代理进口合同》，约定 WS 公司向 D 租赁公司融资租赁 28 台由台湾东台精机股份有限公司（以下简称东台公司）生产的 CPD－7620 型钻孔机，并由 Z 国际贸易公司代理进口。设备总价为人民币（以下币种均为人民币）3683 万余元，约定 WS 公司先期支付 1289 万余元，D 租赁公司再行支付 2394 万余元。同日，游某某与 D 租赁公司签订《保证合同》，约定游某某对《融资租赁合同》承担连带保证责任。

2012 年 1 月 19 日，游某某及其 WS 公司汇款 13 万元至 Z 国际贸易公司，并将该笔款项的银行凭证汇款数额伪造成 1289 万余元，并由吉某某交付至 D 租赁公司。D 电气租赁公司误认为 WS 公司已支付钱款，即按合同要求分两次分别汇款 718 万元、1140 万余元至 Z 国际贸易公司。

---

① 中国裁判文书网（2019）沪 0106 刑初 1717 号.

其后，游某某伪造 28 台设备的《海关进口增值税专用缴款书》等单据，并出具 28 台设备《租赁物确认单》，由吉某某交付至 D 租赁公司，D 租赁公司再次汇款 535 万余元至 Z 国际贸易公司。其间，Z 国际贸易公司收取 D 租赁公司的钱款后，仅向东台公司购买并进口 14 台设备，并将剩余钱款中的 733 万余元，按游某某要求汇至 WS 公司账户。

截至 2012 年 7 月，WS 公司向 D 租赁公司支付了 5 期共计 219 万余元设备租金后，中断支付租赁费用。

2012 年 9 月 13 日，WS 公司向某省 Q 州市中级人民法院申请重整；同月 19 日，某省 Q 州市中级人民法院裁定 WS 公司重整；同月 22 日，游某某出境，后再未回内地。2015 年 3 月 18 日，某省 Q 州市中级人民法院裁定 WS 公司宣告破产。

2019 年 3 月 20 日，被告人游某某在泰国被公安机关抓获。

被告人游某某作为 Q 州 WS 精密电子科技有限公司直接负责的主管人员，以非法占有为目的，在签订、履行合同过程中，虚构事实、隐瞒真相，骗取对方当事人财物，数额特别巨大，其行为已构成合同诈骗罪，依法应予惩处。

【案例分析】

1. 被告人游某某在明知 WS 公司经营不善、资不抵债的情况下，仍与被害单位签订融资租赁合同，在履行合同过程中不仅向被害单位 D 租赁公司提交伪造的转账凭证、租赁物确认单等材料，而且向 D 租赁公司工作人员隐瞒实际收悉的租赁设备数量，骗取相关工作人员信任，使得 D 租赁公司陷入错误认识，并基于该错误认识，向 Z 国际贸易公司支付 2394 万余元货款，待 Z 国际贸易公司支付设备购买款、缴清税费并向 WS 公司交付 14 台租赁设备后，又要求 Z 国际贸易公司在留存部分代理费后，分次将剩余钱款 733 万余元转账至 WS 公司银行账户，以此达到占有租赁物及剩余钱款的目的，其行为符合刑法规定的合同诈骗罪构成要件，应当以合同诈骗罪定罪处罚。

2. 本案中游某某及其 WS 公司汇款 13 万元至 Z 国际贸易公司，并将该笔款项的银行凭证汇款数额伪造成 1289 万余元，是 D 租赁公司上当受骗的一个关键点，误认为 WS 公司遵守承诺，实则是诱骗 D 租赁有限公司付款。

3. 融资租赁合同约定租赁购买 28 套设备，实则只购买 14 套设备，数额差距如此之大，D 租赁公司工作人员从《海关进口增值税专用缴款书》、设备运输单据、现场清点查证等都可以查实真伪，可惜，D 租赁公司疏于管理，落入诱骗陷阱。

【案例启示】

融资租赁公司为防止融资租赁诈骗，可采取以下措施。

1. 增强法律意识：加强风险预判，时刻保持警醒，增强法律意识，有效抵御法律风险。本案中 WS 公司伪造银行凭证汇款、伪造《海关进口增值税专用缴款书》，如果法律意识强，就能够识破其诈骗行为。

2. 加强资信审核：对承租人进行全面的资信调查，包括身份、经济状况、信用程度等，实行全程监督。本案中 WS 公司由于经营不善、资不抵债，已经面临破产的情况下，进行较大规模的融资租赁设备，如果资信调查认真、全程监督到位，也能够识破其诈骗行为。

3. 设立有效担保：要求承租人提供保证人、保证金等担保方式，最大限度地避免风险。本案由于盲目信任只是让犯罪当事人个人签订保证合同，保证程度很低。

4. 完善合同条款：确保合同条款详尽，包括租赁物的详细信息、租赁期限、租金构成等，保障交易安全。

通过这些措施共同构成融资租赁公司防止诈骗的坚实防线。

【关联法规】

《中华人民共和国刑法》第二百二十四条①规定，有下列情形之一，以非法占有为目的，在签订、履行合同过程中，骗取对方当事人财物，数额较大的，处三年以下有期徒刑或者拘役，并处或者单处罚金；数额巨大或者有其他严重情节的，处三年以上十年以下有期徒刑，并处罚金；数额特别巨大或者有其他特别严重情节的，处十年以上有期徒刑或者无期徒刑，并处罚金或

---

① 《中华人民共和国刑法》，国家法律法规数据库，https://flk.npc.gov.cn/detail2.html?ZmY4MDgxODE3OTZhNjM2YTAxNzk4MjJhMTk2NDBjOTI%3D.

者没收财产：（1）以虚构的单位或者冒用他人名义签订合同的；（2）以伪造、变造、作废的票据或者其他虚假的产权证明作担保的；（3）没有实际履行能力，以先履行小额合同或者部分履行合同的方法，诱骗对方当事人继续签订和履行合同的；（4）收受对方当事人给付的货物、货款、预付款或者担保财产后逃匿的；（5）以其他方法骗取对方当事人财物的。

案例 61

贷款人骗取贷款担保合同效力

【案例介绍】①

2011 年 1 月 19 日，D 银行市中支行与 Q 源公司法定代表人杨某及 C 泰公司签订《个人借款/担保合同》，合同约定借款人杨某向 D 银行市中支行借款 200 万元，C 泰公司为该借款提供担保，X 机械有限公司为 C 泰公司提供反担保。借款逾期贷款未得清偿，C 泰公司经 D 银行市中支行通知承担担保责任，代偿借款本息 2043270.3 元。2013 年 5 月 6 日，某市人民法院作出 (2013) X 刑初字第 76 号刑事判决，认定杨某某（杨某之父，Q 源公司实际控制人）以 Q 源公司法定代表人杨某名义骗取 D 银行山亭支行贷款 200 万元，其行为构成骗取贷款罪，被判处有期徒刑。

2013 年 11 月 6 日，一审原告 C 泰公司起诉 D 银行市中支行，因借款人犯罪行为导致本案《个人借款/担保合同》无效，根据最高人民法院《关于适用〈中华人民共和国担保法〉若干问题的解释》第八条的规定，主合同无效而导致担保合同无效，担保人无过错的，担保人不承担民事责任。为此，C 泰公司担保为借款人的代偿款及利息，D 银行市中支行应予以返还。

一审法院认为：主合同没有法律效力，从合同亦没有法律效力。现有证据不能证明 C 泰公司对于合同无效存有过错，因而不应承担担保责任。

D 银行中支行不服一审判决，向省高级人民法院提出上诉。省高级人民

① 中国裁判文书网（2015）鲁民提字第 13 号.

法院终审判决：杨某是借款合同的借款人，刑事判决关于其父杨某某骗取贷款的认定并不能导致本案借款合同无效。本案杨某与银行的借款合同不违反法律的规定，应为有效合同。杨某在 D 银行市中支行按约发放贷款后，未按合同约定的用途使用贷款，而是将款项转至 J 天公司账户，但其违约使用贷款的行为并不影响借款合同的效力。即使杨某在签订合同之时存有欺诈故意，借款合同也应属于可撤销合同的范畴，D 银行市中支行不主张行使撤销权，而是要求继续履行合同，则借款合同也应认定为有效。C 泰公司为杨某的借款提供保证，符合法律法规，担保合同亦为有效合同。

【案例分析】

1. 贷款人骗取贷款，担保人仍然承担担保责任，这是法律最终认定的结果。此案例的关键是如何防止骗取担保问题，当事人往往是先骗取担保再骗取贷款。而最后受损失最大的是担保公司，这说明担保公司在选择担保对象时，做好尽职调查、把握风控非常重要。

2. 常见骗取担保贷款的手段。

（1）提供虚假的证明材料。骗贷人为了骗取担保通常是伪造相关文件，如假的房产证书、经营合同、贸易合同、银行流水账单、个人征信报告等，从而达到骗贷的目的。

（2）抵押物重复抵押。例如利用车贷进行骗贷，借款人的通过贷款购买汽车，然后将汽车抵押再贷款，不断地进行重复抵押借款。

（3）专业骗贷。一些熟悉信贷机构审核流程的操作者人员，专门帮助蓄意骗贷者进行信息包装。就是这些专业的团伙，为贷款者进行身份包装，流水操作，征信记录做到完美，房子、车子、社保、公积金这些都可以解决。

【案例启示】

担保人在担保时应该注意什么，如何预防风险。

1. 落实好被担保人提供抵押物进行反担保的措施。抵押物要核实清楚，特别防止债务人拿已经抵押的标的物重复抵押。这样在债务人不能于清偿借款时，债权人可以申请法院拍卖担保人提供的抵押物，以该抵押物的变现价值优先获得清偿。

2. 债务人欺骗担保人的，担保人是否仍应承担担保责任，应当特别注意两点。一是如果金融机构和贷款人双方进行串通，骗取保证人提供保证，若证据确凿，担保人可以不承担担保责任。二是如果债权人采取欺诈、胁迫等手段，使保证人在违背真实意思的情况下提供保证的证据，若证据确凿，担保人可以不承担担保责任。

【关联法规】

《最高人民法院关于适用〈中华人民共和国民法典〉有关担保制度的解释》第二条①规定，当事人在担保合同中约定担保合同的效力独立于主合同，或者约定担保人对主合同无效的法律后果承担担保责任，该有关担保独立性的约定无效。主合同有效的，有关担保独立性的约定无效不影响担保合同的效力；主合同无效的，人民法院应当认定担保合同无效，但是法律另有规定的除外。因金融机构开立的独立保函发生的纠纷，适用《最高人民法院关于审理独立保函纠纷案件若干问题的规定》。

---

① 《最高人民法院关于适用〈中华人民共和国民法典〉有关担保制度的解释》，国家法律法规数据库，https：//flk.npc.gov.cn/detail2.html?ZmY4MDgwODE3N2U3NTdhYzAxNzgwMDc3ZDIyOTFiNzc%3D.

参考文献

[1] 蒋保鹏.《最高人民法院关于适用〈中华人民共和国民法典〉有关担保制度的解释》条文理解与适用指南 [M]. 北京：法律出版社，2021.

[2] 中华人民共和国民法典物权编 [M]. 北京：中国法制出版社，2023.

[3] 中华人民共和国民法典合同编 [M]. 北京：中国法制出版社，2021.

[4] 孙秀君. 金融法律及配套规定适用丛书 [M]. 北京：中国方正出版社，2003.

[5] 巴伦一. 信贷全流程风险管理 [M]. 北京：北京联合出版公司，2021.

[6] 王军伟. 风控——大数据时代下的信贷风险管理和实践 [M]. 北京：中国工信出版集团，2017.

[7] 张遂泉. 硬核风控——债权融资风控指南 [M]. 北京：中国人民大学出版社，2020.

[8] 何华平，一本书看透信贷 [M]. 北京：机械工业出版社，2023.

[9] [意大利] 保罗莱昂等. 信用担保机构与中小企业融资 [M]. 游春译. 北京：中国金融出版社，2013.

[10] 杨家学. 金融经典案例审判要览 [M]. 北京：法律出版社，2016.

[11] 王重润等. 中小企业信用担保风险分担与补偿机制研究 [M]. 北京：中国社会科学出版社，2017.

后　记

2010年我从英国留学回国到金融系统工作后，由于工作关系，对于防控金融风险问题，一直收集这方面的案例资料，学习这方面的知识，探讨金融纠纷产生的原因，分析应该注意的问题以及给我们的启示，现在本着抛砖引玉的想法将自己收集整理分析的案例结果，交给同行们批评指正，真诚希望能够引起同行们的关注，研究这个问题，为防控金融风险作出贡献。由于个人水平有限，难免有错误之处，敬请同行斧正包涵。

在本书的写作过程中，得到了许多领导、老师、同事和亲朋好友的鼓励和支持，我想向每一位支持过我的人表达我最深切的谢意。

感谢湖北省联投集团及联投资本的各位领导和同事、我的博士生导师中南财经政法大学工商管理学院张开华教授、中国法学会会员吴江明律师、金融高管贾艳敏女士等，他们为我提供了宝贵的建议和意见，让我不断完善自己的想法。武汉大学经济管理学院教授、博士生导师王永海先生给予了热情的鼓励和支持，在百忙之中为本书作序，在此，表示特别的谢意！

感谢我的父母，他们的教育与培养让我变得更加坚韧与有耐心；感谢妻子韩宁十几年来为家庭和我的工作事业默默地奉献，让我能够专心地工作和探讨；家人一直以来的支持和理解，是我写作的动力源泉。

感谢经济科学出版社负责本书的编辑和出版团队，他们对这本书的付出和专业指导使我的文字表达得更加准确和有力。他们的建议和改进意见无疑使这本书更加完善。

此书也是献给女儿丁心媛、丁心悠的一份礼物，祝愿她们快乐成长，心想事成。

丁　昆

2025年2月20日于武汉东湖之滨